자폐증 발달장애 치료의 작은 기적

사랑의 프로그램

썬 라이즈

[옮긴이 : 최영희]

이화여대 영어영문학과를 졸업했다. 큰아이를 키우는 과정에서 '썬 라이즈'를 알게 됐다. 큰아이와 책의 주인공 라운은 여러 모로 비슷했다. 아들 덕분에 작은 일에도 행복을 느낄 수 있게 되어 감사하며 살고 있다. 자폐 아이들과 그 부모들이 좀 더 행복하게 살기를 바라는 마음으로 이 책을 번역했다.

자폐증 발달장애 치료의 작은 기적

사랑의 프로그램
썬 라이즈

베리 닐 카우프만 지음 | 최영희 옮김

바람

추천사

역경에 맞서는 모든 사람에게 희망을 주는 작품입니다. 인간의 영혼이
지닌 무한한 잠재력을 일깨웁니다.

　　　　-코레타 스콧 킹, 마틴 루터 킹 센터 대표, 킹 목사의 아내

이 책을 읽으면서 심오한 울림을 받았습니다. 그들의 이야기는 자폐증
에 대한 사랑의 승리를 자세히 묘사하고 있습니다. 카우프만이 창조한
기적을 앞에 두고, '전문가'들이 아직도 자폐증은 불치라고 말하는 것
을 보면 참 당황스럽습니다. 이 책은 사랑의 실천입니다.

　　　　-존 웰트너, 소아정신과 의사, 가족치료협회 공동 대표

희망이 가득한 책입니다. 가망 없던 아이를 향한 그들의 노력을 보고
있노라면 경외감에 휩싸입니다. 게다가 아름답게 쓰여 있습니다. 너무
환상적이어서 하룻밤에 읽어버렸습니다.

　　　　-칼 로저스, 심리학자, 인간중심치료의 창시자

심리학 교수로서 나는 이 책이 모든 의료, 교육, 복지 분야에 필독서가
되길 바랍니다. '지금'을 바꾸기 위해 어떻게 돕고, 가르치고, 어떻게 우
리 스스로 기적을 누릴 수 있는지 배울 수 있습니다.

　　　　-리즈 디킨슨, 미시건대 심리학과 교수

이 책은 우리가 사랑과 받아들임, 행복의 열매로 살아간다는 것을 구체적으로 보여줍니다. 성직자로서 저는 현실세계에서 매일매일 기적이 일어난다는 증거를 종종 찾습니다. 책을 다 읽기도 전에 셀 수 없는 사례를 찾았습니다. 이 작품은 아이들과 그 가족에게 내린 은총입니다. 이 이야기를 나누게 해주신 하나님께 감사드립니다.

-엘리자 곰비크, 목사

왜 우리 '전문가'들은 사랑이 만들어낸 치유의 힘을 인정하는 것에 머뭇거릴까요? 이 책을 읽고 저는 스스로에게 말했습니다. "다시 '희망이 틀렸다'고 이야기할 수 있을까? 특별한 아이들과 가족들과 함께 내 안에 갇혀 있던 힘을 느끼자. 불가능하다는 믿음에서 자유로워지자! 자폐증은 치료할 수 있다!"

-엘리자베스 설만, 임상심리학자, 심리학 박사

썬라이즈 프로그램은 내 인생에서 가장 믿을 수 없는 경험이었습니다. 우리 가족은 자신도 없고 혼란스러운 상태로 그들을 찾아갔습니다. 이제 아들 지디와 우리는 더할 수 없이 끈끈하고 사랑스런 가족이 되었습니다. 우리는 지디가 자발적으로 완전히 우리와 함께 한다는 것을 압니다. 너무 너무 고맙습니다.

-토비 그린필드, 자폐증 진단을 받은 아홉 살 지디의 어머니

카우프만 가족은 단순히 사랑으로 우리의 눈과 마음을 열어줬습니다. 그들은 우리에게 아들을 되찾아 줬습니다. 우리는 어떻게 니콜라스의 세상으로 들어갈 수 있는지 배웠습니다. 지금은 니콜라스가 우리에게 들어옵니다. 이렇게 행복하고 평화로운 적은 없었습니다.

–데이비드 발렌티노, 전반적 발달장애 진단을 받은 니콜라스의 아버지

이 책은 참 행복하게 하는 책입니다. 특별한 아이와 함께 고통과 괴로움을 통과하는 어마어마한 여행을 통해 가슴이 활짝 펴지는 즐거움을 선사합니다. 사랑과 받아들임, 불굴의 정신이 가진 엄청난 힘은 우리의 삶을 더욱 풍부하고 즐거우며 열려있게 합니다.

–캐롤린 터너, 소아 임상심리학자, 하버드 의과대학 선임 연구원

이 책을 읽은 것은 놀라운 축복이었습니다. 사람이 이토록 온전할 수 있고 활짝 열린 마음으로 정성을 쏟아 사랑할 수 있다는 것, 행복한 체험이었습니다. 자폐아를 선물로 받아 일으켜 세운, 조건도 기대도 판단도 없는 온전한 수용과 인정의 태도, 저도 그렇게 통째로 삶을 수용하리라, 사랑의 기적으로 살리라 생각합니다.

–양 마리 비안네 수녀, 성남 베네딕토 여성사목터

우리 모두가 배울만한 영감을 주는 책입니다. 부모들뿐 아니라 역경을 극복하고자 하는 모든 사람이 읽어야 할 책입니다.

―버니 시걸, 의학박사, 『사랑+의술=기적』 저자

이 특별한 책은 자폐아를 둔 부모에게만 중요한 책이 아닙니다. 자폐증이나 그 치료에 대해 전혀 모르는 의료인들에게도 특별합니다. 나는 내 동료들에게 이 책을 꼭 권합니다. 이 책은 더 좋은 의사가 되게 만들뿐 아니라, 우리의 삶과 행복을 심오한 수준으로 바꿀 수 있습니다.

―크리스 애담스, 캠브리지 대학교 외과의사

| 차례 |

자폐에서 나온 라운의 이야기 · 10

독자에게 보내는 편지 · 16

기적의 탄생 · 19

순례를 시작하다 · 48

낯선 세계를 끌어안으며 · 78

스스로 만든 황홀경 속에서 살다 · 99

친구들에게 다가가기 · 123

자폐 밖으로 한 걸음 · 142

음표 없는 교향곡 · 174

터져 나온 말 · 202

다시 퇴행하다 · 216

매일 새로 태어나다 · 236

라운의 삶이 꽃을 피우다 · 263

네 살부터 열여덟까지 · 278

스무 살 즈음의 라운과 우리 가족 · 337

옮긴이의 글 · 342

특별한 아이들에게

너무나 쉽게 소외되어

슬프게 살아가는

모든 아이들에게

가장 사랑스럽고

인간다운 모습을 발견할 기회를 준

모든 아이들에게

저마다의 놀라움과 독특함

그리고 멋진 모습을 지닌

모든 아이들에게

이 책을 바칩니다.

또 그들이 참으로 얼마나

온전한 존재인지 바라보는 지혜를

하느님께서 우리에게 주시길 바라며...

우리를 둘러싼 상황이나 사건에 대해 의아하게 생각한 적이 있나요? 저는 종종 삶에서 일어나는 사건에 어떤 목적과 이유가 있는지 스스로에게 묻곤 하지만, 사건이 왜 일어나는지 혹은 우리 모두에게 어떤 계획이 있는지는 알 수 없었습니다. 그렇지만 각각의 사건이 우리 자신과 우리의 생활을 바꿀 새로운 기회를 가져다 준다고 믿습니다. 우주적 의미로 어떻게 세상이 돌아가는지에 대해서는 모르더라도 우리는 사건에 대응하는 방식에 큰 의미를 부여할 수 있다고 생각합니다.

제가 자폐증으로 진단받았을 때, 세상은 자폐증을 가망 없다고 생각했고, 부모님도 그렇게 보도록 부추겼습니다. 제가 세상과 교류할 수 있는 도구가 부족해서 제 머릿속에 갇혀 지낸다고 말이죠.

제 자폐증은 의미나 이유를 모르는 그저 한 가지 사건에 지나지 않았을 수도 있었습니다. 하지만, 부모님은 자폐증을 무서운 재앙이라고 보아온 고정관념을 거부하고, 이것을 짙은 안개구름 저편에서 길을 잃은 아이에게 도달할 수 있는 큰 기회라고 생각했습니다.

의심의 여지없는 비극적 사건이라는 생각에서 위대함을 이루어낼 수 있는 기회로 본 것이죠. 부모님의 끈질긴 열정과 새로운 관점 덕분에 저는 극적 변화를 겪으면서 흔적도 없이 자폐의 껍질에서 나올 수 있었습니다.

제 자폐증에 대해 부모님이 한 일을 생각해보면 우리가 직면하는 각 사건에서 우리 모두의 역할이 얼마나 대단한지 알 수 있습니다. 말할 필요도 없이 지금 저는 매우 행복하지만, 자폐증이란 사건을 놀랍고도 의미 있게 만든 것은 '회복'이라는 결과가 아니었습니다.

제 상태에 대한 우리 부모님의 열린 태도와, 결과에 상관하지 않고 그 상황 안에서 의미를 찾으려 했던 그분들의 열망에 의미가 있었습니다. 특별한 아이가 지닌 그 특별함에 의미와 가치를 부여하기 위해 그 아이를 꼭 '치료'할 필요는 없습니다. 가치는 '결과'에 있는 것이 아니라 아이에게 어떻게 대처하는가에 있습니다.

우리 삶에서 가능한 것은 무엇이고 불가능한 것은 무엇인지에 대한 의문은 항상 제 머리를 떠나지 않았습니다. 저도 '그건 불가능한 일이야'라고 생각했기 때문에 어떤 일을 시도하지 않았던 적이 있었습니다. 만약 계속 그런 사고방식이었다면 저는 일생을 시설에서 살 수도 있었겠지요.

제 삶이 제게 가르쳐 준 것이 있다면 모든 것이 가능하다는 것입니다. 우리가 바라는 것이 우리 힘이 미치는 곳에 있다고 진실로 믿으면 못할 것이 없다고 생각합니다. 어떤 외적 상황보다도 스스로가 저에게 가장 큰 한계임을 발견했습니다.

특별한 아이를 가진 부모들이 다른 누구보다도 더 많이 듣게 되는 말은 "그건 불가능한 일이야"라는 말입니다. 전문가들은 저에게 희망도 없고 회복할 수도 없고 고칠 수도 없다는 진단을 내렸습니다. 그들의 의견을 입증할 만한 상당한 증거가 있었기 때문에 우리 부모님은 그들의 말을 믿어야만 했으며 제 여정도 거기서 끝날 뻔했습니다.

그러나 부모님은 전문가들의 신념을 거부하고 그들의 진단을 믿지 않았으며, 적어도 불가능한 것을 가능하게 하고, 도달할 수 없는 것에 도달하려고 하고, 고칠 수 없는 것을 고치기 위해 노력은 할 수 있다고 믿었습니다.

"아드님은 비극적인 일생을 보내게 될 것이며 거기서 결코 빠져 나올 수 없습니다"라고 의사들은 장담했습니다.

"그래서요? 그래도 우리는 노력할 것이고 어떤 일이 일어나는지 볼 겁니다"라고 우리 부모님은 대답했습니다.

'전문가'라는 말은 이 세기가 잘못 붙여준 말입니다. 전문가들이 많은 부모들에게 보여준 비관적 전망을 심각하게 받아들일 필요는 없습니다. 그들이 아이의 상태가 얼마나 심각한지에 대해 말하더라도 그것에 괘념치 마세요. 엄마, 아빠 그리고 아이는 전문가들이 아는 것보다 훨씬 더 많은 것을 할 수 있습니다. 의사가 아무리 많은 증거를 보여준다 할지라도 어떤 것이 불가능하다는 것을 증명하기에는 절대로 충분하지 않습니다. 그 증거는 언제라도 부정되고 번복될 수 있는 것입니다. 참으로 증거를 믿는다면 불가능보다 가능을 증명하는 데 그것들을 사용하세요(저는 우리 학교 토론부에서 한 증거가 논제의 양쪽을 증명하는 데 어떻게 쓰이는지 보아왔습니다).

많은 사람들, 특히 전문가들은 제가 '거짓 희망'을 퍼뜨린다고 주장할지도 모릅니다. 거짓 희망? 세상에 어떻게 이 두 단어를 같이 쓸 수 있습니까? 제 성공적인 학교 경력, 격렬한 테니스 시합, 스테판 킹 소설에 대한 애정, 직접 쓴 공상과학소설, 선택한 대학, 친한 친구들, 여자 친구, 제 인생에 대한 온전하고도 황홀한 탐닉에 대해 생각할 때마다 이 모든 것과 각각의 체험이 '거짓 희망'의 산물이라는 생각이 듭니다. 희망에 관한 것은 그 어떤 것도 나쁘거나 잘못될 수 없습니다. 절대로! 저는 우리 주위에 있는 사람들에게 가능한 한 많은 희망을 주라고 말하고 싶습니다.

이 '거짓 희망'의 산물이 어떻게 생활하고 있는지 궁금하실 것입니다. 저는 지금 대학 2학년인데 다른 어떤 때보다도 학교생활을 즐기고 있습니다. 진로 선택에 매우 힘든 시간을 보냈고 집을 떠나 학교 음식을 먹고 살았습니다. 철학·정치학·연극예술·생물학을 이수했고 1학년 때는 미적분학도 들었습니다. 이것은 제 적성에는 맞지 않았습니다.

대학에서 사회적이고 학문적인 것을 즐기는 일 외에 토론부에도 들었고 사교춤도 배웠습니다. 사교 클럽에도 가입했고 정치그룹의 일원이기도 합니다. 최근에는 제가 지지한 후보자의 선거 운동원으로도 일했습니다.

저는 여러 나라와 미국 전역에서 온 특별한 아이들의 부모들과 이야기하곤 합니다. 그리고 그들의 질문에 대답하고 스스로에게 묻기도 합니다. 그들은 아이들을 위해 최선의 것을 원하며 그들이 할 수 있는 모든 방법으로 아이들을 도와주려는 강한 열망을 지니고 있습니다. 그러나 동시에 그들은 그들이 처한 상황을 끔찍한 것으로 여기고 있습니다.

더구나 그들은 '현실적'이기를 바라며, 아이들의 상황이나 잠재적 가능성이 실제보다 더 낮다고 꾸미지 않습니다. 부모들이 이런 식으로 생각하는 것은 물론 이해는 되지만 사물을 조금 다른 각도로 보면 더 효율적이고 더 즐거울 수 있다고 생각합니다.

개인적으로 저는 자폐 아이들은 결함이 아니라 독특한 재능이나 능력을 가졌다고 봅니다. 이런 재능이나 능력을 두려움으로 보지 말고 인정하고 받아준다면 어떤 경이로운 일이 일어날 수도 있습니다. 아이들은 사람들이 전혀 가능하지 않다고 생각하는 것을 이루어 낼 수도 있습니다.

현실적이라는 것에 대해 생각해 봅시다. 사물에 대해 끝없는 희망과 열망을 가지면서 어떻게 현실적 시각을 가질 수 있을까요? 때때로 저도 현실주의를 택할 때가 있었는데, 그때 일어나는 모든 일들은 제 기대치를 넘지 못할 때가 많았습니다. 그러나 한계가 없는 낙관주의를 선택할 때, 저는 꿈이나 목표에 어떤 제한을 두지 않습니다. 그 결과는 현실주의자가 되어 달성할 수 있었던 것보다 더 많은 것을 얻게 되고 더 많은 것을 할 수 있었습니다.

전화·자동차·소아마비 백신 같은 것을 세상에 가져다 준 사람들은 매우 비현실적인 사람들이었습니다. 현실주의는 현실을 있는 그대로 유지할 뿐이며, 현실주의자가 이루어 놓은 것은 아무것도 없습니다. 모든 위대한 역사적 발견이나 성취는 비현실적인 사람들의 잘못에서 온 것입니다. 우리 부모님은 현실감이 결여되었기에 지금의 저를 있게 했습니다. 따라서 저는 주위의 누구에게도 현실적이 되라고 말하지 않습니다.

세상에서 끊임없이 일어나는 야만적 폭력과 미국에 팽배한 인종차별주의를 생각하면 때로 낙관적이 되기 어렵습니다. 기숙사 방벽에는 온통 제가 가장 좋아하는 로버트 케네디의 사진이 붙어 있습니다. 전쟁과 인종차별주의는 그에게도 중요한 관심사였습니다. 그러나 그는 세상의 상황 때문에 절대로 위축되지 않았습니다. 세상이 달라지기를 원할 때, 희망에 대해서 생각할 때마다 저는 케네디의 말을 기억합니다.

"어떤 이는 있는 그대로 세상을 보고 '왜?'라고 묻습니다. 그러나 나는 우리가 이룰 수 있는 세상을 보고 '왜 안하지?'라고 말합니다."

우리는 어떤 일을 이룰 수 없다는 말을 들을 때 "왜 안돼?"라고 항상 말할 수 있습니다. 우리는 어떤 증거가 꿈을 가로막을 때 "그래서?"라고 말할 수 있습니다. 아이에 대해 특별한 꿈을 가질 때 "그건 가능한 일이야"라고 항상 말할 수 있습니다. 당신의 잠재력은 무한합니다. 포기하지 마세요. 당신은 당신이 생각하는 것보다 훨씬 더 위대합니다.

라운 카우프만

20여년 전, 우주는 나와 우리 가족의 생활을 결정적으로 변화시킬 도전을 내 인생 길에 놓아두었다. 우리 아들은 심한 자폐와 기능 장애로 진단받았고 우리에게는 희망이 없었다. 그러나 아내와 나는 우리 인생의 의미와 목적을 돌아보고 우리 안에서 최대한 열린 마음과 수용하는 자세, 사랑하는 마음을 찾으려 했다. 무엇보다 우리는 우리 아이를 돕고 싶었다. 그리고 다른 이들이 우리의 그런 행동을 무모하고 비현실적이라며 인정하지 않을 때도 우리는 노력해야 한다는 것을 알았다.

알 수 없는 세계에 대한 놀라운 모험이 계속되었다. 다른 이들이 판단한 대로 우리 아들의 괴상한 행동 때문에 용기를 잃는 대신 우리는 사랑하고 존중하는 마음으로 색다르고 예측할 수 없는 환상적인 아이의 세상속으로 완전히 뛰어들었다. 아들을 발견하기 위한 여정은 뜻밖에도 우리 자신을 발견하는 여정이 되었다.

18년 전에 쓴 책『썬 라이즈』의 출판과 그것을 바탕으로 만든 텔레비전 영화로 인해 세상 곳곳에서 많은 사람들이 우리를 찾아왔고 그들이 도움과 협력을 요청함에 따라 우리 생활은 극적 변화를 맞았다. 우리는 모든 시간을 특별한 아이들을 둔 가족뿐 아니라 행복이나 마음의 평화를 구하고 인생에서 도전에 직면할 때 어떤 영감을 얻고자 하는 사람들을 돕게 되었다. 우리의 배움자리인 옵션연구소The Option Institute and Fellowship에서 사람들과 함께 일하고 책을 쓰며 강의나 세미나, 워크숍을 하러 많은 곳을 다니면서 나는 두 가지 중요한 질문을 수없이 받았다.

첫째, 『썬 라이즈』라는 책이 끝났을 때 겨우 네 살이던 작은 소년은 그 후 어떻게 되었는가? 그의 치료는 끝났는가? 더 나아졌고 잘 자라고 있는가?

둘째, 그 치료는 어쩌다 운이 좋았던 것인가, 아니면 다른 아이들도 당신 아들과 같은 성취를 이룰 수 있는가?

나는 이 질문에 답하기 위해서 이 책을 썼다. 또한 우리가 배운 사건을 좀더 잘 이해할 수 있도록 본래의 책에는 없던 일화를 포함시키고 더 확장하고 심화시켜 다시 썼다. 그러는 동안 나 자신이 더 성장하는 것을 느꼈다. 우리의 배움자리에 오는 사람들은 나에게 그들이 도전과 맞닥뜨렸을 때 얻게 되는 마음의 평화와 개인적인 힘 그리고 해결책에 대해서 많은 것을 가르쳐 주었다. 이러한 교훈은 내가 아들과 함께하면서 경험한 엄청난 변화에 대해 훨씬 더 많이 이해할 수 있게 해주었다. 나는 그런 깨달음을 이 책에서 좀더 잘 구체화하도록 노력했다. 이 책을 읽으면서 그것이 나의 가족과, 우리 프로그램에 참여했던 모든 이들의 삶과 나눔에서처럼 당신에게도 놀랄 만한 경험이 되기를 바란다.

베리 닐 카우프만

독자에게 보내는 편지

기적의 탄생

아이는 작은 손으로 얌전하게 접시를 잡고 있다. 아이의 시선이 둥근 접시 둘레를 훑어보더니 기쁨으로 입꼬리가 살짝 올라간다. 아이는 무대를 꾸미고 있다. 전에도 그랬고 매번 그런 것처럼 지금은 그 애의 시간이다. 이것은 그 애의 세계가 되어버린 고독으로 들어가는 시작이다. 아이는 편안하고 균형 잡힌 자세로 앉아 접시 끝을 바닥에 대고 익숙한 손놀림으로 잽싸게 손목을 움직여 접시를 돌린다. 접시는 현란할 정도로 완벽하게 돌기 시작한다. 마치 어떤 정교한 기계에 의해 동작이 시작되는 것 같다. 그렇게 항상 시작되었다.

이것은 고립된 행위도 아니며 어린 시절의 단순한 환상도 아니다. 그것은 매우 대단하고 기대에 가득찬 청중(자기 자신)을 위해서 아주 작은 소년이 행하는 의식적으로 섬세하게 훈련된 행동이다.

접시가 빠르게 최면에 걸린 것처럼 돌고 있을 때 그 어린 소년은 몸을 구부리고 그것을 정면에서 바라본다. 그리고 자기 자신과 접시에 경의를 표한다. 처음 한순간 소년의 몸은 돌고 있는 접시와 비슷한 모양이 되다가 어느 순간 소년과 접시는 완벽하게 하나가 된다. 아이의 눈이 빛난다. 아이는 자신 안에 깊이 빠져 있다. 활기차고 충만하게 놀고 있다.

라운 카릴, 그는 우주의 끝을 차지하고 있다.

이전에도 우리는 우리 특별한 아이 라운에게 항상 놀라움을 느꼈다. 우리는 때로 그 애를 천재라고 생각했다. 그 애는 항상 행복의 절정에 있는 것처럼 보였다. 울거나 칭얼거린 적도 거의 없었다. 거의 모든 면에서 아이의 만족과 고독은 심오한 내적 평화를 시사해 주는 것 같았다. 라운은 다른 차원의 세계를 명상하는 17개월 된 부처였다.

자신만의 세계 속에서 순환하면서 떠도는 어린 소년, 그는 보이지 않는, 뚫고 들어갈 수 없는 벽 너머에 갇혀 있었다. 그 애에겐 비극이라든가 다가갈 수 없는 이상한 아이라는 꼬리표가 붙을 것이다. 그 애는 우리가 가망 없고 접근할 수 없으며 나아질 수 없다고 분류하는 사람들 속에 있게 될 것이다. 우리의 문제는 이것이다. 다른 사람들이 저주한 땅에 입맞출 수 있을까?

시작은 이랬다. 바로 1년 5개월 전 오후 5시 15분, 소용돌이치는 모래밭을 빠져 나가려고 애쓰듯이 사람들이 집을 향해 뉴욕시를 떠나는 시간이었다. 거리에는 금속 괴물 같은 자동차가 넘쳐났고, 무표정한 사람들은 하루 일에서 풀려나려는 듯 빠른 걸음으로 서로 밀치며 이리저리 흩어지고 있었다. 러시아워는 극에 달해 마지막 남은 에너지의 한 방울까지 빨아들이고 있었다.

나는 6번가에 있는 8층 내 사무실에 앉아 페데리코 펠리니 영화의 기본 테마를 찾아보면서 아이디어와 이미지를 구상하고 있었다. 어제는 잉마르 베리만의 영화를, 지난주에는 더스틴 호프만의 영화를, 지난달에는 제임스 본드 시리즈를 가지고 아이디어를 구상했다. 우리는 영화에 관한 설명 중에서 중요한 문구를 뽑아내고 목표로 삼은 관객층에게 적합한 마케팅을 설계하는 일을 하면서 우리 스스로를 두뇌집단의 일원으로 생각했다.

　우리 일은 항상 어두운 극장 안에서 시작되었다. 어떤 경우 고객의 요청에 따라 오천 명을 수용하는 라디오시티 뮤직홀의 텅 빈 객석 한가운데에 네댓 명의 스태프와 함께 앉아 이른 아침에 영화 시사회를 갖기도 했다. 또 어떤 때는 출연 배우·제작자·감독·작가·영화사 간부 등과 함께 개인 영사실에서 영화를 보기도 했다. 나는 전개되는 영화 장면을 분류하려고 애쓰면서 그 이야기의 핵심을 정지 화면에 담고, 각각의 영화에 맞는 확고한 마케팅 전략으로 삼을 컨셉트나 이미지가 떠오르기를 기다렸다.

　특별했던 그날 오후에도 내 책상 위에는 구겨진 종이가 널려 있었고 바닥에 놓인 휴지통에는 동그랗게 구겨진 휴지가 넘치고 있었다. 그 종이들은 채택되지 못한 수백 가지 아이디어를 끄적거린 낙서장 역할에 만족해야 했다.

　나는 아이디어를 짜내기 위해 내 생각 구석구석과 사이사이를 헤집으며 계속 휴지를 만들고 있었다. 내게 있어 그런 노력은 도전이면서 동시에 완전한 몰입이었다. 나는 고안하고 창조하는 것에서 최상의 자유를 느꼈다. 단어를 조합하고 사진과 그림을 이리저리 배치하고 나면 하나의 작품이 탄생하는 것이다. 사무실은 고객들에게 소개되기도 전에 휴지통으로 들어가 버린 그 많은 컨셉트에서 살아남아 선택된 아이디어의 산실이 되는 것이다.

나는 다른 기획안에 관한 생각까지 끝내고 거리에서 부딪칠 인파를 생각하며 퇴근 준비를 했다. 그리고 더 흥미로운 시나리오에 전념하게 될 것을 소망하며 아내 사마리아(옛날엔 수지라 불렸다)를 떠올렸다. 아내의 포옹은 나를 따뜻하게 맞이하면서 고된 하루를 위로해 줄 것이다.

일곱 살 된 큰딸 브린도 생각했다. 그 아이는 찰리 채플린처럼 식탁에서 모자를 벗어던지곤 했다. 그리고 꼬마 신비주의자 같은 검은 눈망울의 세 살 된 둘째딸 테아도 떠올랐다. 또한 천방지축인 사샤와 위엄을 갖춘 리퀘트가 생각났다. 사샤와 리퀘트는 몸무게가 60킬로그램 가까이 되는 벨기에산 소몰이 개로 곰처럼 큰 몸집에 잘생긴 녀석들이다. 내가 현관에 들어서기 무섭게 사샤와 리퀘트가 달려와 뛰어오르곤 했다. 친구들은 사샤와 리퀘트가 어딘지 나를 닮은 구석이 있다고 농담처럼 말했다.

갑자기 전화벨이 내 상념을 깨뜨렸다.

"지금...진통이 막 시작됐어요. 4분 간격으로 오고 있어요. 우리 애들을 봐줄 사람하고 나를 병원에 데려 갈 사람한테 연락해야겠어요. 당신 괜찮아요? 흥분하지 말고 진정해요. 다 잘될 거예요. 당신이 올 때까지 간호사들이 돌봐줄 거예요."

사마리아는 무척 침착한 것 같았다. 나는 온몸에 전율을 느끼는 동시에 갑자기 배가 아파오는 것 같았다. '하느님, 아직은 안 돼요. 제발, 러시아워만 피하게 해주세요.' 계단을 뛰어내려가며 나는 기가 막히다는 생각을 했다. 왜냐하면 나는 아내의 출산을 돕기 위해 몇 달 전부터 이 순간을 준비하며 아내와 함께 출산준비교실에 참석했던 것이다.

두 딸들 때와는 달리 이번에는 사마리아와 내가 협력해서 출산을 하게 되어 있었다. 우리는 함께 라마즈 출산법을 배웠고, 자연분만에 따른 호흡법과 그 밖의 보조기술을 익혔다. 진통제나 촉진제 같은 약이나 분만에 필요한 어떤 기구도 사용하지 않기로 했다. 진통이 시작될 때부터 아이를 출산할 때까지 아내 곁에서 분만을 돕는 훈련 프로그램도 이수했다. 이것은 준비된 과정이었고 감격적인 이 사건에서 나는 없어서는 안 될 중요한 존재였다. 그러나 우선 그곳에 가야 했다. 아내 곁에.

갑자기 공황 상태에 빠졌다. 미로와 같은 교통체증을 뚫고 제시간에 도착할 것 같지 않았다. 나는 우리가 계획한 대로 그녀를 보호하고 사랑하는 가운데 아이를 무사히 낳게 되기를 간절히 바랐다. 신호등은 나를 힘들게 했다. 출산준비교실에 대한 기억과 출산 후 기쁨에 겨워 함께 웃음짓는 모습이 느린 몽타주처럼 스쳐지나갔다. '제발 빨리 길을 내주세요.' 나의 맥박은 마치 차를 앞으로 움직이게 해줄 것처럼 머리 속에서 쿵쿵거렸다. 나는 하느님과 우주에게 기도했다. 나는 사마리아가 바람이 들어오는 추운 방에서 자신의 숨소리만 세며 혼자 있는 것처럼 느꼈다. 그렇지만 그녀는 내가 도착할 때까지 잘 참고 있을 것이다. 우리가 그동안 그렇게 준비해 왔던 것이 어떻게 물거품이 될 수 있겠는가? 나는 절대 그렇게 되도록 내버려두지 않을 것이다.

내 마음이 차의 속도를 앞질러 갔다. 사마리아에게 이번 출산은 단순히 셋째 아이를 낳는 데 그치지 않았다. 이것은 최고의 꿈이었다. 우리의 꿈은 출산 경험을 함께 나누며 우리 가족이 펼칠 이야기에서 중요한 역할을 담당할 것이었다. 또한 이번에는 아들을 얻을지도 모른다. 의사는 아내의 생리학적 징후로 볼 때 아들일 거라고 했다. 딸들

23

은 우리 삶을 사랑과 부드러움으로 가득 채웠다. 내게 아들은 생각지도 않은 선물이었다. 그러나 사마리아는 생각이 달랐다. 그녀는 딸들을 변함없이 열렬히 사랑했지만 아들이 있었으면 하고 바랐다. 그리고 지금 그런 특별한 일이 일어나려고 하고 있었다.

한순간처럼 느껴졌는데 벌써 한 시간이 훌쩍 지나갔다. '나는 지금 병원에 있어야 하는데…' 나는 사마리아에게 남아 있는 유일한 한 사람이다. 그녀의 아버지는 재혼해 아이들이 아직 어리고 사업하느라 정신이 없다. 그리고 그녀의 어머니는 4년 전 46세에 재혼해 아이를 낳다가 돌아가셨다. 그녀의 여동생은 혼자 남겨져 사마리아처럼 부모의 이혼으로 인해 혼란스런 어린 시절을 외롭게 견뎌야 했다.

그러다가 사마리아는 그녀가 이제껏 알고 있는 것과는 다른 종류의 사람들을 만나고 사랑하게 되었다. 그러나 그녀의 외로운 환경은 그녀를 매사에 겁 많고 자신없는 사람으로 만들었다. 밤이 되면 자기 방에 홀로 쓸쓸히 있던 그녀는 하느님과 이야기했고 그것이 기도가 되었다. 그녀는 사춘기에 자신을 회복하고 더 용감하고 안락한 생활을 위해 노력했다. 그녀는 뉴욕에 있는 예술고등학교에 합격했다. 그래도 여전히 수업에 참석하기 위해 네 시간이나 혼자 지하철을 탔고, 교실과 무대에서 발표할 때 자신감 없는 태도를 떨쳐버릴 수 없었다.

사마리아는 그녀 안에 상처로 느껴지는 것을 고쳐보려고 몇 년간 애썼다. 그녀의 목표는 자신을 다시 세우고 새로운 대안을 찾는 것이었다. 그러나 그러한 노력은 내게도 그랬던 것처럼 그녀에게도 어렵고 불안한 것이었다. 지금 이런 일들은 또 다른 시대의 안개 속에 싸인 추억일 뿐이다. 이제 우리는 서로 존재의 이유를 찾았다.

마침내 차가 병원으로 진입하는 도로에 들어섰다. 나는 차를 될 수 있는 한 병원 입구에 가까이 대고 서둘러 내렸다. 그러나 마음과 달리 빨리 걸을 수가 없었다. 나는 계단을 서너 개씩 뛰어올라가 열려진 승강기에 탔다. 분만실로 들어가는 문이 열렸을 때 나는 복도를 한걸음에 달려갔다. 내가 너무 급해 보였으므로 사람들이 길을 비켜주었다. 마치 미식 축구장에서 시합하는 것 같았다.

사마리아와 딸들은 나를 '큰 곰'이라고 불렀는데 그것은 내 모습과 체격에 잘 어울리는 말이었다. 그러나 단수로 하는 것이 충분하지 않다고 해서 사마리아는 나를 '곰들'이라고 불렀고 그것은 지금까지 내 이름이 되었다. 그렇게 내가 수염난 얼굴을 위아래로 흔들며 숱 많은 머리카락을 흩날리면서 병원 복도를 뛰어들어갈 때 의사·간호사·방문객들이 우스꽝스런 내 모습을 보고 웃으면서 길을 비켜주었다.

그때 내 이름을 부르는 소리가 복도를 울렸다. 멀리서 간호사가 나를 손짓했고 나는 한걸음에 달려갔다.

"시간이 없어요. 여기서 옷을 벗으세요. 아기가 나오려고 해요."

"아내는 괜찮아요?"

"네, 잘해내고 있어요."

다른 간호사가 내가 옷을 벗고 소독된 흰 가운을 입는 것을 도와주었다. 첫 번째 간호사는 마스크를 꺼내 내 머리에 매주었다. 사마리아는 주사나 어떤 도구도 쓰지 않고 자연분만하려고 나를 기다리고 있었다. 만약에 필요했다면 그녀 혼자서도 그렇게 했을 것이다. 나는 내가 제시간에 도착할 수 있었음에 감사했다.

다른 분만실에서 참을 수 없는 고통의 소리가 흘러나왔다. 나는 발끝으로 걸어 작은 방으로 들어가 마침내 사마리아 곁으로 갔다. 간호사가 아내의 손을 내게 쥐어주었다. 그녀는 지금 진통중이었다. 그녀가 입술을 오므릴 때 배는 작은 산처럼 부풀어올랐다. 그녀는 빠르게 숨을 내쉬었다. 그것은 긴장되고 조용한 한 편의 아름다운 무언극 같았다.

처음 그녀는 내가 온 것을 알지 못했다. 내가 키스하자 그녀는 내 손을 꼭 쥐었다. 그리고 우리는 큰소리로 숫자를 세기 시작했다. 그녀의 입가에 가벼운 웃음이 떠올랐다.

경부 확장을 재러 온 의사가 고개를 끄덕였다. 분만실로 옮길 때가 되었다. 불빛 아래 분만실의 흰 타일 벽이 빛나고 한쪽 옆에 수술 기구들로 가득찬 테이블이 있었다.

진통 사이사이에 나는 찬 물수건으로 사마리아의 땀을 닦아주었다. 그녀는 웃어 보였지만 지친 것 같았다.

"최고로 잘하고 있어. 그리고 멋지게 해내고 있어"라고 나는 속삭였고 같이 웃었다.

"당신이 함께 있어서 너무 기뻐요. 나는 계속 참고 있었어요. 그렇지만 당신이 올 수 없다면 우리가 계획한 대로 수술하지 않고 혼자 아기를 낳으려 했어요. 정말 이 아기에게는 우리가 결정한 대로 모든 것을 자연스러운 방법으로 하기로 해요."

또다시 진통이 시작되자 사마리아는 말을 멈추었다. 나는 숫자를 세면서 그녀가 숨을 내쉬고 들이쉬는 것을 조절해 주었다. 그녀는 내게 눈을 찡긋했고 머리를 뒤로 젖힌 채 통증을 잘 견딜 수 있도록 호흡법에 완전히 열중했다. 우리가 생각했던 것보다 배가 위로 더 팽창했지만 우리는 기다렸다. 의사도 그 순간을 기다리는 것 같았다.

드디어 아기의 머리 윗부분이 보이기 시작하자 우리는 경외하는 마음으로 지켜보았다. 머리는 아기가 나올 문보다 훨씬 큰 것 같았다.

간호사들이 빠르게 위치를 바꾸었다. 모두들 곧 벌어질 극적 사건을 준비하고 있었다.

자연분만 교실의 강사들은 절개에 대해서는 명확하게 언급하지 않았다. 의사가 익숙한 손놀림으로 회음부를 가르자 상처에서 피가 나오기 시작했고 나는 현기증을 느꼈다. 내 주위의 모든 것이 소용돌이치기 시작했다. 눈앞이 흐려지면서 내 모습이 산산이 부서지는 것 같았다. 내가 앞으로 넘어지려 할 때 누군가가 나를 데리고 밖으로 나갔다. 간호사 웃으면서 흔히 있는 일이라고 했지만 그런 것은 상관없었다. 나는 분만의 순간을 놓칠 수 없었다.

나는 마스크 안에 냄새나는 소금을 넣고 다시 안으로 들어갔다. 모두들 내가 다시 들어온 것을 보고 웃었다. 사마리아는 내가 옆으로 다가가자 웃음짓더니 곧바로 진통에 빠져들었다.

의사가 있는 힘을 다해 밀어보라고 말했다. 나도 사마리아와 같이 밀고 있었다. 내게는 그녀가 아주 용기있는 것처럼 보였다. 고통의 신음소리도 없이 불안해하지도 않고 그녀는 창조자와 참여자로서 온전히 열중해 있었다.

갑자기 아름다운 아기가 그녀의 자궁에서 미끄러져 나왔다. 아들이었다! 그 애는 숨을 쉬면서 동시에 울음을 터뜨렸다. 의사가 탯줄을 끊고 아기를 사마리아의 배 위에 올려놓았다. 믿을 수 없었다! 그 아이는 우리의 아이이고 우리는 그 아이가 세상에 나오는 것을 보았다.

간호사가 그 애를 '완전한 아기'라고 말했다. 우리는 경외하는 마음으로 아이를 바라보았다. 매순간 그 아이의 얼굴과 몸의 색깔이 변하는 것 같았다. 아이가 세상에 나왔을 때 신비로운 회색이었던 것이 금방 분홍색이 되었고 아이의 열린 눈은 우주를 보는 것 같았다. 기쁨의 눈물이 사마리아의 눈에서 흘러내렸다. 절정의 순간이었다. 나는 살아 있음을 우리가 서로 연결되어 있음을 강하게 느꼈다. 우리는 그 애를 라운 카릴이라고 부를 것이다.

집에서 보낸 라운의 첫 달은 우리가 생각한 것처럼 그렇게 조용하지는 않았다. 그 애는 괴로운 듯이 밤낮으로 울어댔다. 몸에 무슨 문제가 있는 것처럼. 안아주거나 먹이거나 할 때도 반응을 보이지 않았다. 우리는 우리 아기가 완전하게 건강하고 정상이라는 확답을 받기 위해 계속 소아과 의사를 찾아갔다. 사마리아는 뭔가 잘못되고 있다고 했다. 그녀의 직관이 우리 두 사람을 긴장시켰다.

4주가 되었을 때 귀에 심각한 염증이 생겼다. 우리는 다시 의사를 찾아갔고 항생제를 처방받았는데도 그 애는 계속 울어댔다. 어떤 것도 아이를 진정시킬 수 없어서 의사는 약의 양을 늘렸다. 염증은 뜨거운 용암이 흘러내리듯 그 애의 두 귀와 목까지 번졌다. 그러자 항생제로 인한 탈수증이 그 애를 위험한 상태로 빠르게 몰고 갔다. 라운은 생명의 불꽃을 잃기 시작했다. 그 애는 눈을 반쯤 감고 있었고 움직임은 둔해졌다. 사마리아는 소아과 의사에게 전화를 걸어 라운의 상태를 자세히 설명했다. 의사는 우리 아들의 여러 상태가 약에 대한 정상적 반응일 것이라며 하루만 더 기다려 보자고 했다. 그러나 사마리아는 라운을 곧 진찰해 주기를 바랐고 의사도 동의했다. 그녀는 아픈 아기를 담요에 싸서 병원으로 데려갔다. 그녀는 라운이 정상적으로 숨을 쉬고 있는데도 피부가 창백하다고 생각하면서 복잡한 거리를 달렸다.

의사는 우리 아들의 모습을 보고 무척 놀랐다. 탈수증이 그렇게 빨리 진행되리라고는 생각지 못한 것 같았다. 라운은 의사가 어떤 움직임을 이끌어내려 하는데도 눈을 감고 있었다. 즉시 입원하라는 명령이 떨어져 우리 아들은 소아과 병동에 입원하게 되었다. 라운의 상태는 심각했으며 모든 것이 순식간에 일어났다.

우리가 아들을 볼 수 있는 시간은 병원에서 정해준 시간뿐이었다. 라운은 우리에게서 떨어져 여러 가지 줄로 연결된 플라스틱 보육기 안에 누워 있었다. 사마리아와 내가 그 애를 보려면 흰 가운을 입어야 했다. 우리는 살균을 위해 요오드 용액으로 손과 발을 씻었다. 투명한 보육기를 보러 들어갈 수는 있지만 그 애를 만질 수는 없다. 우리는 무력하게도 그 애를 바라보기만 할 뿐이었다. 그리고 우리는 그 애를 잃어버릴 수도 있다는 것을 알았다.

아기들이 가냘픈 생명을 유지하기 위해 여러 전선과 펌프로 연결되어 있었다. 다음 방에서는 젊은 간호사가 의료용 장갑을 낀 손을 보육기 옆에 있는 작은 구멍에 집어넣고 있었다. 그 여자 아기는 간호사가 모든 밸브와 장치를 조심스럽고 정확하게 조절하는 동안 보육기 안에서 끊임없이 움직였다. 간호사가 그 아기를 보며 웃음 띤 얼굴을 보육기에 가까이 대고 장갑 낀 손으로 배를 쓰다듬어 주면서 부드럽게 노래를 불렀다. 그러자 아기가 작은 손가락으로 그녀의 손을 잡았다. 그 둘은 아름다운 사랑의 순간 속에서 서로를 만졌다.

이 모습을 보고 라운과 그곳에 있는 다른 아기들이 같은 상황이라는 생각이 들었다. 우리가 병원에서 돌아올 때마다 사람들은 우리에게 신중하고도 조심스러운 예측을 했다. 귀 염증이 심각하긴 했지만 현재의 그런 위기가 나타난 것은 심한 투약 때문이었다. 마음이 흔들렸다. 우리는 수많은 차트, 주사, 대답 없는 질문 속에서 길을 잃었다.

며칠이 지나고 모든 것이 벼랑 끝에서 균형을 잡았다. 이른 아침 사

29

마리아와 나는 조용히 앉아 커피를 마시며 텅 빈 아기 침대를 의식적으로 보지 않으려 했다. 그러나 우리는 감정이 북받쳐 올라 고요함을 깨뜨리고 아들에 대한 이야기를 함으로써 그 아이에 대한 우리의 사랑을 나누었다.

우리는 오후와 저녁시간을 병원에서 보냈다. 때때로 우리는 그 애에게 가까이 다가가는 방법으로 면회시간 후에 병원 로비에 앉아 있곤 했다. 다섯째 날, 우리는 처음으로 낙관적인 예감이 들었다. 아이는 회복되고 있었다. 마침내 그 애는 음식을 받아들였고 몸무게도 안정되었다. 그러나 불행하게도 염증은 손상을 가져왔다. 그 애의 양쪽 고막은 심한 염증으로 파열되어 청력이 손상되는 결과를 가져왔다. 그러나 우리에게 그것은 문제가 아니었다. 만약 라운이 부분적으로라도 귀가 먹는다면 우리는 아들에게 세상의 음악을 들려줄 다른 방법을 찾을 것이다. 문제는 그 애가 살아 있고 다시 잘 자란다는 것이다.

고맙게도 우리는 두 번째 시작을 집에서 했다. 라운은 다른 아이처럼 행동했다. 원기왕성하고 잘 움직이고 아프지 않은 것 같았고 항상 웃었다. 고통에서 벗어난 첫 달에 그 애의 반응은 놀라울 정도로 좋아졌다. 그 애는 잘 먹었고 세상에 대한 사랑을 보였다. 우리는 다시 사는 것 같은 느낌이 들었다. 밤의 악몽이 새로운 아침으로 다시 태어났다.

안정이 되자 사마리아와 나는 딸들에게 관심을 돌렸다. 우리는 딸들이 새로 태어난 동생에게 적응하도록 도울 뿐 아니라 딸들의 희망과 필요에 민감해지려 했다. 조숙한 브린은 외향적이며 남을 즐겁게 하는 광대 노릇을 곧잘 했다. 그 애는 긴장과 극적인 것을 즐겼다. 우리는 그 애를 딸보다는 친구나 동료처럼 대했다. 브린에게 라운은 단순한 남동생이 아니었다. 라운은 어떤 때 그녀의 아이가 되기도 했다. 브린은 동생이 죽음의 문앞에서 구출되었다는 것을 알고 있었고 우리가 하는 것만큼이나 동생의 존재를 잘 이해하고 보물처럼 여겼다.

테아에게는 상황이 아주 달랐다. 예술적이고 분위기를 타며 약간 변덕스럽고 예측할 수 없는 신비스러운 테아는 '중간 아이로 태어난' 악동의 기질을 가지고 있었다. 나도 우리집에서 그처럼 불안하고 성가신 아이였다. 첫째로 태어났으면 하고 불평할 수도 없었으며 더 이상 영원한 '아기'로 관심을 받는 막내도 아니었다. 그렇지만 우리는 테아가 막내 자리를 뺏기고 내몰림당한 것처럼 느끼지 않기를 바랐다. 우리는 그 애에게 충분한 사랑을 주기로 했다. 자신의 특별하고 개성있는 모습에서 더욱 발전할 수 있도록 많은 것을 테아에게 주었다.

라운의 첫해는 믿을 수 없는 속도로 빠르게 지나갔다. 그 애는 딸들이 그랬던 것처럼 웃고 잘 놀며 더욱더 아름답게 자랐다. 소리가 나는 곳을 향해 머리를 조심스레 움직이는 것으로 보아 듣는 감각도 괜찮은 것 같았다. 안아줄 때 두 팔을 늘어뜨리고 있는 것을 제외하면 모든 면에서 정상이고 건강한 것처럼 보였다.

라운이 한 살이 되었을 때 우리는 아이의 듣는 감각이 둔한 것을 깨달았다. 이름을 불러도 어떤 소리에도 반응이 없었다. 듣는 힘이 점점 줄어드는 것 같았다. 매일 그 애는 마치 어떤 마술적인 내면의 소리가 주위에 관심을 갖지 못하게 하는 것처럼 혼자 떨어져 행동했다. 우리는 청각장애의 가능성을 생각하며 아이의 청력을 검사했다. 청력이 상실되었다고 판단하기에는 너무 이르지만 귀가 들리지 않을 가능성이 있었다. 그러나 의사는 라운이 임상적으로 문제가 없어 보인다고 단언했다. 아이가 사람들과 어울리지 않고 혼자 있으려 하는 것은 큰 문제가 아니며, 지금의 특이한 버릇도 나아질 것이라고 우리를 설득했다.

그후 4개월 동안 어떤 것을 응시하거나 수동적 반응을 보이는 라운의 버릇이 나타났다. 그 애는 가족과 함께 있는 것보다 혼자 노는 것을 더 좋아했다. 우리가 안아줄 때도 그 애의 팔은 마치 몸과 전혀 관련이 없는 것처럼 옆구리에서 흐느적거렸다. 안아주거나 귀여워해 줄 때도 그 애는 우리 손을 떨쳐버림으로써 신체 접촉을 싫어한다거나 불편하다는 것을 표현했다. 그 애는 동일한 것, 규칙적인 것 그리고 혼자 집안의 특별한 장소로 가서 한두 개의 물건만 가지고 노는 것을 좋아했다.

그리고 그때 그 애의 청력에 어떤 분명한 특징이 보였다. 그 애는 가까운 곳에서 나는 크고 예리한 소리는 듣지 못하고 먼 곳에서 들려오는 부드러운 소리에는 관심을 갖는 것 같았다. 또한 전에는 아무런 반응도 보이지 않던 소리에 갑자기 아이가 주의를 집중하기도 했다.

그 애가 내는 소리나 흉내내는 한두 마디의 말조차 더 이상 들을 수가 없었다. 말을 배우려는 대신에 그 애는 점점 말이 없어져 갔다. 말을 배우기 전의 어떤 가리킴이나 몸짓도 하지 않았다.

우리는 아이를 병원에 데리고 갔다. 청력에 관한 반복된 실험 끝에 우리는 라운이 잘 듣기는 하지만 이상할 정도로 초연하며 둔한 행동을 하는 것이 정확한 진단을 내릴 수 없게 한다는 것을 알았다. 검사를 받는 동안 전문의가 특별한 어조로 라운에게 충격을 주었는데도 그 애는 전혀 반응하지 않았다. 실제로 눈이나 눈꺼풀에 확실한 반응이 없었으므로 그 애가 듣지 못하는 것처럼 보였다. 그러나 10분쯤 후에 그 애는 초점 없이 벽을 바라보면서 비록 천천히 반응하기는 했지만 바로 얼마 전에 전문의가 했던 말을 똑같은 어조로 그대로 반복하는 것이었다. 그곳에 있는 모든 이들이 놀란 것은 물론이고 반응이 없어 듣지 못한다고 했던 우리 아들이 들을 수 있다는 것을 알게 되었다.

그 애의 청력이 가끔씩 중단되는 것일까, 아니면 그 애가 들을 수는 있지만 선택해서 반응하는 것일까? 어쩌면 그 애는 들은 것을 요약해서 사용하는 데 어려움이 있는지도 모른다. 임상의들조차도 우리의 날카롭고 예리한 관심과 가설에 어깨를 으쓱했다. 결국 라운에 대한 여러 가지 검사는 그들이 대답한 것보다 훨씬 더 심각한 의문들을 불러일으켰다.

일요일 오후의 공원, 눈부신 태양이 잔디와 나무를 부드럽게 비추고, 여름 산들바람이 나뭇잎을 흔들고 지나갔다. 20세기 모네의 그림이 현실로 살아난 것처럼 자연이 내 눈앞에서 춤추고 있었다. 주위의 모든 것들이 무한하고 완전해 보였다. 나는 그네 옆에 자전거를 세우고 뒷바퀴 의자에서 라운을 내려놓았다. 나는 아들이 따라오지 않을 것을 알았지만 천천히 걸었다. 그 애는 가까이에 있는 단풍나무 잎을 쳐다보면서 조용히 서 있었다. 불러도 대답이 없었다. 나는 아이를 품에 안고 동그랗게 원을 그린 다음 그네에 사뿐히 앉혔다. 안전띠를 채우고 라운을 가볍게 밀었다. 나는 그네 앞에서 앞뒤로 움직이는 그네를 바라보았다. 그 애는 내가 웃고 간지럽혀도 전혀 반응하지 않고 자기 눈앞에서 엄지와 집게손가락을 톡톡 치고 있었다. 나는 그동안 라운을 희망과 행복의 눈으로 보아왔다. 그러나 갑자기 내 머릿속의 어떤 환상을 걷어버리고 아이를 있는 그대로 보아야 한다는 생각이 들었다.

나는 새로운 눈으로 내 특별한 어린 아들을 보았고 그 애가 완전하게 들을 수 있다는 것을 확신했다. 나는 언제나 그랬던 것처럼 동등한 인격체로 대하며 아들에게 말을 걸었다. "라운, 우리는 알고 싶어. 제발 우리를 도와 다오." 대답이 없었다. 아이의 몸은 그네와 함께 움직였지만 마음과 관심은 다른 곳에 있는 것 같았다. 때때로 그 애는 멀리 있는 시소에 내리쬐는 한 줄기 태양빛을 날카롭게 바라보았지만 다른 때는 마치 눈이 먼 것처럼 흐려 있었고 한 곳에 고정되어 있었다. 이상하고 거의 섬뜩할 정도의 웅웅거리는 소리가 그 애의 목에서 흘러나왔다.

이 아이와 우리에게 무슨 일이 일어난 것일까? "라운, 나를 볼 수 있니?" 그 애는 머리를 돌렸지만 나를 보는 것이 아니라 나를 통과해 다른 어떤 것을 보는 것 같았다. 나는 계속 이야기했지만 그 애는 반응하지 않았다. 몇 달 전 그 애는 몇 마디 말을 배웠으나 지금은 그것도 잊어버린 것 같았다. 무뚝뚝할 정도로 말이 없었다. 혹시 응답없는 것이 어떤 신호는 아닐까?

아이의 눈앞에서 몸을 움직이며 어떤 실마리를 찾으려고 아이를 바라보았다. 그러나 아이의 눈은 내 모습을 담지 않고 그냥 나에게 반사하는 것 같았다. 내 말은 응답받지 못하고 바람에 실려갔다.

"나는 너를 사랑한다, 라운. 제발 내가 너를 사랑한다는 것을 알아 다오." 내가 이야기를 하고 있을 때도 내 마음 깊은 곳에서 나온 이런 표현이 아이에게 어떤 의미도 되지 못한다는 것을 인정하고 있었다. 사마리아와 나는 이 아이를 아주 다정하게 대했다. 브린과 테아도 사랑을 아낌없이 표현했다. 라운도 말이나 행동은 아니지만 그런 감정을 표현했다. 우리는 이해할 수 없는 이 이상한 아이에게 우리의 사랑과 마음을 모두 열었다.

라운에게 좀더 가까이 다가가 그 애의 눈을 주의 깊게 바라보면서 나는 나 자신이 그 안으로 들어가 대답을 찾는다는 것을 알았다. 결국 나는 내 아들 라운 카릴에 대한 모든 특징을 찾아내고 분류하기 시작했다.

라운은 몇 시간이라도 자신의 세계에 빠져 앞뒤로 흔들흔들하면서 있을 수 있었다. 접시를 돌리고 그 접시가 원을 그리면서 돌아갈 때 손을 팔랑팔랑 나부끼는 신비한 능력도 있었다. 사람들을 무시하고 피하기까지 하면서도 생명이 없는 물체와는 최면에 걸린 것처럼 몰두하며 놀았고, 혼자 웃으며 입술이나 눈앞에서 손을 톡톡 치는 행동을 자주 했다. 눈맞추는 것을 피하고 다른 사람들을 밀어냈다. 아이의 시선은 사람들을 보는 것이 아니라 사람들을 통과해 다른 어떤 것을 보는 것 같았다. 그러나 이상하게도 그 애는 우리가 볼 수도 없고 들어갈 수도 없는 벽 안에 들어가 있을 때 오히려 편안해하는 것 같았다.

라운이 18개월 된 또래 아이들처럼 말을 하리라는 기대는, 그 애가 6개월 먼저 몇 마디 말을 시작하고 갑자기 그만둔 사실만 아니라면 터무니없는 것이었다. 우리의 관심은 그 애가 언어를 사용하지 않는다는 것뿐 아니라 소리나는 것, 원하는 것, 좋아하는 것, 싫어하는 것을 표현하려는 생각이 없다는 데 있다. 그 애는 원하는 어떤 것도 가리킨 적이 없었다. 놀이터에서 나는 이런 저런 생각 끝에 결론을 내렸다. 다시 아들을 바라보았을 때 그네의 나무의자와 사슬이 그 애가 주방 바닥에 앉아 돌리던 접시의 대용품이 되고 있었다.

나는 그 애를 불렀고 내 상상 속에서 아이의 대답을 들었다. 그리고 혼자서 웃었다. 내가 다시 부르자 이번에는 그 애가 나를 보며 아주 잠깐 동안 눈을 맞추고는 다시 눈을 돌렸다. 영화 '소공녀'의 주인공 셜리 템플의 곱슬머리 같은 금발이 그 애의 얼굴을 감싸고 있었다. 아이의 매혹적인 커다란 갈색눈이 다시 한번 내 모습을 반사하고 지나갔다.

한 단어가 갑자기 내 생각에 네온사인처럼 나타났다. 혼란스럽고 놀랍고 기묘한 명칭. 우리가 본 어떤 의사도 이런 가능성에 대해 말한 적이 없었다. 나는 라운을 다시 바라보았고 그 애의 부드러움에 힘이 났다. 그러나 거부할 수 없는 어떤 힘으로 나는 그 단어를 중얼거렸다.

자폐증…유아 자폐증…. 심각하게 혼란스럽고 정신병적이며 치료할 수 없는 증상. 그 말이 우리의 꿈을 파괴시키고 우리 아들을 정상이 아닌 쪽으로 몰아가는가?

가설일 뿐이지만 그것은 옳은 것 같았다. 계속 아들을 관찰하면서 내 생각은 뚜렷해졌다. 갑자기 대학원 시절, 이상심리학 시간에 교수가 사용하던 교과서에서 본 말이 튀어오르는 것 같았다. 나는 동료 학생 하나가 자폐증에 관한 짧은 보고서를 발표하면서 모든 문헌과 증거로 볼 때 자폐아는 회복 불가능하고 정부에서 운영하는 수용시설에서 평생을 보내야 한다고 했던 말이 기억났다. 그 교수는 재미있다고 낄낄거리며 자폐아들을 '진짜 미친 친구들'이라고 불렀다. 그는 자기가 직접 경험했다고 주장했으므로 우리 학생들은 그가 자폐증에 대해 알고 있다고 믿었다. 그러나 지금 나는 기능장애아에 대한 책의 통계나 비판적 소견을 중시하지 않는다. 하느님, 이 아이는 내 아들입니다, 인간이라고요.

생각이 빠르게 돌아갔다. 우리가 만났던 의사들이나 전문의들이 왜 그런 진단을 내리지 않았을까? 우리가 시간을 낭비하고 귀중한 기회를 놓친 것인가? 나는 라운을 그네에서 내려 자전거 뒷자리에 앉혔다. 자전거 페달을 밟으며 집으로 돌아오면서 나는 내 생각이 정확하다는 것을 알았다. 그렇지만 나는 계속 반항하고 싶었다.

마약을 찾는 마약 중독자처럼 나는 탈출구를 찾기 위해서 내 마음을 살펴보았다. 라운은 항상 행복하고 평화스럽고 천년의 명상 같은 감미로운 색조에 사로잡힌 것처럼 보였다. 이 평온함은 일반적으로 자폐아를 불행하고, 분노에 차 있으며, 자기 파괴적이라고 묘사한 것과는 맞지 않는 것이었다.

그날 오후 난 내가 가지고 있는 오래된 교과서의 정보가 유효하다는 사실에 넋을 놓고 있었다. 햇빛이 사라지고 저녁이 왔다. 사마리아는 브린과 테아에게 열 번이나 "굿나잇"이라고 인사를 했지만 "5분만 더"라는 딸들의 간청에 못이겨 결국 두 딸과 뒹굴며 즐겁게 놀았다. 나도 이 갑작스런 놀이를 함께하면서 웃음과 감추어진 한숨을 모두 느꼈다. 수없이 키스를 퍼부으며 딸들은 시간을 벌고 불 끄는 것을 미루기 위해 나름대로 계산을 했다. 사마리아가 그 애들을 어르고 달래면서 계단으로 데려가는 동안에도 애들은 계속 재잘거렸다. 나는 밤마다 딸들과 그 애들의 사랑하는 엄마, 이 귀여운 세 여인이 벌이는 생동감 넘치는 무도회를 즐거워했다. 이 모든 광경과 무관하게 라운은 한편에 비켜서서 조용하고 평화롭게 자신의 반복적인 행동에 깊이 빠져 있었다. 브린과 테아가 동생을 껴안고 밤인사를 하자 그 애는 누나들을 밀어버렸다. 그래도 딸들은 동생에게 웃음을 보냈다.

사마리아가 아이들을 침대에 눕히고 나오기를 기다리면서 나는 그 단어를 연습했다. 나는 그 단어를 부드럽고 조용하게 확신을 가지고 발음했다. 나는 그것을 질문으로 표현했다. '그래, 그게 방법인지도 몰라.'

사마리아가 돌아와 앞에 앉더니 나를 똑바로 쳐다보았다. 그녀는 내가 무슨 말을 할지, 내 말이 얼마나 심각한 것인지를 아는 것 같았

37

다. 마침내 '자폐증'이라는 단어가 내 입에서 흘러나왔다. 사마리아는 움찔하지도 않았다. 그녀는 내 가설을 주의 깊게 들었다. 그녀의 맑고 푸른 눈은 알아듣고 이해한다는 것, 그리고 결국엔 우리가 우리 동네를 떠나야 될지도 모른다는 생각을 담고 있었다. 그녀의 긴 머리는 어깨 위에서 부드럽게 구불거렸고 그녀의 손가락이 입술에서 이마의 주름으로 천천히 옮겨졌다. 우리는 눈물이 글썽한 눈으로 서로를 바라보았다.

우리는 조용히 거실에 앉아 있었다. 사마리아에게는 자폐증이라는 말을 받아들이는 데에 시간이 필요했다. 나는 기다리며 거실 구석구석을 하나하나 둘러보았다.

사마리아의 푸른 눈은 거실의 허공을 응시하고 있었다. 길고 구불거리는 머리는 그녀의 얼굴을 빛나게 했다. 가죽과 인디언 천조각으로 장식한 낡은 청바지와 장미가 수놓인 긴 소매 폴로 셔츠를 입은 그녀는 침착해 보였다.

그녀가 거실에서 다리를 꼬고 앉아 웃는 매력적인 모습이나, 라디오에서 흐르는 빠른 템포의 음악에 맞추어 춤을 추려고 뛰어 일어나는 모습은 사춘기 소녀 같기도 하고 어린아이 같기도 했다. 부드러운 재스민 향기가 방을 가득 채웠다. 사마리아는 내게 태양이었고 단 하나뿐인 여인이었다. 지금 이 슬픔 속에서도 그녀의 생에 대한 풍부한 사랑이 춤추듯 넘실거렸다. 그녀는 나를 향해 긴 한숨을 내쉬고 고개를 끄덕였다. '네, 나는 다 알고 있어요'라고 말하는 것처럼….

우리는 자폐증에 대해 같이 연구하고 찾아보기로 결정했다. 그녀는 라운이 들을 수 있으며 '어떤 예외의 일'이 그 아이에게 일어나고 있다고 굳게 믿었다. 우리는 우리가 갖고 있던 심리학 책을 찾아 읽었고 도서관에서 새 책을 빌려보기도 했다. 그리고 마침내 우리는 자폐증에 관한 책을 발견했다. 레오 케너가 1943년 자폐증에 대해 처음 썼고 다른 이들이 그 연구를 넓혀갔다. 자폐증은 그 기원이나 원인에 의해 정의되는 것이 아니고 일련의 관련된 증상이나 행동양식에 의해 구분되는 병이다.

자폐증의 범주는 다음과 같다. 반사회적이고 혼자 떨어져 행동하며 마치 최면에 걸린 듯이 돌리거나 흔들거나 다른 반복적 행동에 몰두하고, 말로 하는 의사소통이 없고 때로 언어 이전의 몸짓 언어조차도 없으며, 사람을 자세히 들여다보고, 생명이 없는 물건은 좋아하며, 가까이 다가가거나 안아주는 것에 대해 무감각하며, 거의 들리지 않는 것처럼 보이고, 반응이 없고, 자기자극적이며, 동일한 것을 원하며, 신체 접촉을 피한다. 일반적으로 뚜렷한 이유는 없지만 자폐아들은 신체적으로 아주 매력적이다. 레오 케너는 30년 전에, 아직 태어나지도 않은 우리 아들이 보이는 행동을 적어놓았던 것이다. 라운은 자기 자신을 물거나 자기 머리를 치는 것 같은 파괴적 행동을 하지 않는 것만 제외하고는 그가 적어놓은 모든 범주에 맞아떨어졌다.

사마리아와 나는 서로의 눈속에서 어떤 반응을 기대하면서 서로를 바라보았다. 우리는 분노와 실망을 느꼈으며 우리가 발견한 것이 엄청난 사실임을 깨달았다. 그러나 우리는 마침내 결정했다. 우리는 모든 것을 잘 되게 할 것이다. 라운이 자폐증이라도 우리는 그 애를 도울 것이다. 그 애를 사랑할 것이고 그 애의 누나들과 함께 길을 찾을 것이다.

그 책은 우리의 낙관론을 반박했다. 그 책은 자신의 고독한 베일 너머로 빠져들어 우리가 도달할 수 없는, 의사소통이 되지 않는 아이에 대해서 썼다.

브루노 베틀하임은 저서 「빈 성채」에서 자폐증은 정신적 쇼크이며 자신의 연구 결과가 낙관적이 아니라고 분명히 말했다. 그가 연구한 대부분의 자폐아들이 병원에서 생애를 보내거나 특별한 관리를 받고 있었다. 그들의 인격은 와해되었고 (혹은 결코 계발되지도 못했고) 가족 간의 유대도 무너져 버렸다. 베틀하임은 그가 접촉한 사람이 얼마 안 되지만 모두가 심각하게 제한된 소통력과 적응력을 보였다고 지적했다. 그는 자폐증의 원인을 그 부모에게 돌렸다. 왜냐하면 그는 이 아이들이 냉정하거나 무반응한 환경에 대항하기 위해 일부러 비정상적 행동을 한다고 믿었기 때문이다. 그의 이론적 가설은 자폐아들의 엄마에게 비난의 화살을 퍼부었다. 그는 어떤 실질적 조사나 의미있는 증거를 제출하지도 않고 그 엄마들이 '얼음 같은' 성격의 소유자라고 판단했다. 그의 주장 대부분은 판단과 가설에 근거한 것이었다. 그는 모든 자폐적 행태를 증상 곧, 추측컨대 아동이 자신의 주위 환경에 대한 거부감을 보여주기 위해 내세우는 주장이라고 규정했다.

그러나 우리는 라운을 사랑하며 지내는 동안 그와는 전혀 다른 관찰을 하게 되었다. 우리 아들은 주변에 대항하거나 반응하기 위해서 행동하는 것이 아니었다. 라운은 마치 깊은 내면으로부터 어떤 특별한 부름을 받는 것 같았다.

우리는 저술상의 모든 모순점과 자폐아들에게서 볼 수 있는 빈약한 성공비율-정상 상태라는 어떤 추상적 기준에 따라 측정된-을 주목했다. 우리는 열려 있어야 했다. 결론을 내리기 전에 받아들이고 배워야 할 것이 너무 많았다. 우리는 미래에 대해 두려움을 느끼고 싶지 않았으며 그래야만 지금 우리와 우리 아이에게 무슨 일이 일어나는지 알 수 있을 것이다.

사마리아는 전문가들과 끝없는 전화 상담을 시작했다. 그들의 충고는 퉁명스럽고 모순된 것이었다.

"그 애는 너무 어립니다, 그렇게 어린아이는 다룬 적이 없습니다, 여기로 가 보세요, 저기로 가 보세요, 희망 없습니다, 잘됐군요. 우리도 그렇게 어린 환자를 검사하고 싶었습니다, 정신과 진단을 받게 하시죠, 현실을 직시하세요. 그 애는 공공시설에 수용돼야 할 겁니다, 그 애는 신경과 치료나 검사가 필요할 것입니다, 좋아질 것입니다, 아마 뇌종양일지도 모릅니다, 우리는 자폐증에 대해 아는 것이 없습니다, 우리가 할 수 있는 것이 별로 없으니까 1년 후에 데리고 오십시오, 불행하게도 우리는 그런 아이들에 대해 아는 게 없습니다."

우리는 뉴욕 근처 병원의 의사들과 이야기했다. 필라델피아에 있는 뇌손상과 자폐아들을 전문으로 다루는 기관에도 질문했다. 브루클린과 나소 지역에 각각 특수학교가 있었지만 우리 아이가 어리다고 어느 곳도 봐주려고 하지 않았다. 어쩌면 나이 들어서도 받아줄지 불투명한 상태였다. 우리는 캘리포니아 대학에 본부를 두고 연방 정부로부터 자폐증 연구 지원을 받는 유명한 행동학 전문가와도 접촉했다. 우리는 신경약리학·정신분석학·행동주의 심리학, 비타민요법·영양분석·중추신경계통CNS 요인과 유전학설도 조사했다. 여러 가지 의견이 있었지만 대부분 입증되지 않은 학설이나 검토 중인 가정에 근거한 것이었다. 사마리아가 도시를 다니면서 정보를 얻는 동안 나는 그 주제에 유용한 것이라면 무엇이든 읽기 위해 칩거했다. 나는 카를 드라카토가 행동양식과 감각기관의 손상에 대한 개념에 관해 쓴 논문을 주의 깊게 읽었다. 그는 자폐증을 정신과적 문제로 설명한 베틀하임과는 달리 뇌손상으로 인한 지각기능장애로 보았다.

나는 정신분석에 관한 논문을 면밀히 살펴본 다음 뉴턴 쿠겔마스의 논문을 탐독했다. 손상된 인식기능이라는 개념과 오래된 기억 정보를 새로운 자극과 연결시키는 능력이 이 아이들에게 없다는 버나드 림랜드의 연구를 찾아냈다. 또한 나는 마르틴 코즈로프와 조작적 조건에 관한 그의 학설을 공부했다. 나는 행동수정을 공부했는데, 그 제안자는 원인과 의미는 무시하고 보상과 체벌의 면밀하고 복합적인 시스템으로 이런 아이들의 삶을 다시 만들어 주는 데 그 뜻을 두었다. 그들의 이론은 이런 아이들을 로봇으로 만들려는 훈련이 아닐까?

아이바 로바스 박사가 행한 연구는 독특하고 놀랄 만한 것이었다. 나는 과학적 모델을 만든 그의 공헌을 존중했으나 그의 방법, 특히 초기에 아이의 행동을 바꾸기 위해 전기 충격과 육체적으로 혹사하는 여러 방법은 받아들이기 어려웠다. 나는 확고한 발판을 찾으려는 희망에서 기초 원리를 샅샅이 파악하며 스키너와 프로이트까지 공부했다. 수많은 관찰과 학설·이론·통계는 광범위하고도 모순된 것들이었다. 이 시대의 연구 보고서에서는 분명 아니지만 고대에서라면 라운은 '신성한 병'에 의해서 축복받은 것으로 간주되어 버림받기보다는 오히려 존경받았을 것이다.

우리 부부는 함께 알게 된 것들을 종합하고 각자 수많은 책, 연구 보고서, 긴 전화 상담으로 결과를 이해하려고 애썼다. 우리가 가야 할 방향을 잡기 위해 열심히 노력했다.

우리는 라운이 종합진단과 정밀 검사를 받도록 했다. 라운은 거의 17개월이 되었고 우리는 뭔가를 시작해야 했다. 하지만 우리는 전보다 많은 것을 알게 된 것처럼 느껴졌다. 먼저 우리는 면담과, 유명한 정신과가 있는 주요 연구소의 임상적 진단을 받기로 했다. 그들은 우리 아들의 심각한 발달상의 문제와 자폐 행동을 확인시켜 주었으나 아이를 자폐로 분류하지는 않았다. 그들은 만약 라운이 자폐증으로 공식 진단을 받으면 그 기록이 어떤 학교 교육이나 프로그램에서 아이를 제외시킬 수도 있다고 우리에게 말했다. 더구나 다른 많은 전문가들은 그런 아이들의 잠재력이 극히 제한된 것으로 간주해 왔다. "1년 후에 다시 오세요. 그러면 그때 다시 진단해 보겠습니다"라고 그들은 말했다. 우리는 실망했고 화가 나기까지 했다. 우리가 원하는 것은 이론적 진단이 아니라 도움이었다.

우리는 추가 검사를 계획했다. 자폐증이라는 진단이 더욱 분명해졌다. 사실 몇몇 의사와 신경심리학자들은 라운이 기능적으로 뒤처진 것뿐 아니라 전형적으로 심각한 자폐증이라는 데 의견을 같이했다. 지능검사 결과 지능지수는 30이하로 나왔다. 전문가들은 그토록 어린아이에게서 자폐적 증상을 발견한 우리의 능력에 놀라워했다. 왜냐하면 보통 아이가 두 살 반 내지 세 살이 되기 전에는 그런 증상이 뚜렷하게 나타나지 않기 때문이다. 그러나 우리는 기묘하고 이상한 행동을 발견했기 때문에 뭔가가 아주 잘못되고 있다는 사실을 인정하지 않을 수 없었던 것이다.

전문가들은 열심이었고 친절했으며 깊은 관심을 보여주었다. 제일 먼저 그 애를 관찰한 사람과 마찬가지로 다른 의사들도 우리에게 아이를 9개월이나 1년 후에 다시 데려오라고 했다. 왜 9개월인가? 라운이 잘 적응하지 못해서가 아니라 그렇게 어린아이는 관련 시설을 사용할 수 없었기 때문이다. 일반적으로 이런 증상을 가진 아이는 서너 살이 되어야 전문적 도움을 받을 수 있다. 우리는 예외가 있지 않겠느냐고 간청했다. 우리는 당장 도움이 필요했다. 우리의 간청에 의사 가운데 한 사람이 여름이 지난 후에 그녀의 시설을 방문하라고 제의했지만 그러나 이런 조건의 아이에게 큰 희망을 기대할 수 없다고 말했다. 그 의사의 말에서 우리는 이런 메시지를 간파할 수 있었다. '뭘 그렇게 서두르세요? 언제 시작하든 결과는 마찬가지예요. 심각한 기능장애인이라고요.'

다른 임상의가 라운이 행복하게 원을 그리면서 돌고 있는 것을 보고 딱하다는 듯이 머리를 흔들며 "불쌍도 하지!"라고 중얼거렸다. 나는 우리 아들이나 다른 자폐아들을 그런 식으로 보는 것을 원치 않는다고 말했다. 우리 아들은 마치 다른 별에서 방금 이곳에 떨어진 것처럼 보였다. 어쨌거나 우리는 아이의 독특함·기이함·신비로움을 보려고 했다. 그렇다. 그의 신비함까지도 보려고 했다. 그 임상의는 우리를 안됐다는 듯이 바라보며 이 상황이 초래할 불행한 결과를 우리에게 알려주려 했다. 그리고 우리에게 정상인 아이들이 둘이나 있는 것이 다행이라고 하면서 그 두 아이에게 관심을 두고 우리 아들은 수용시설을 고려해 보라고 했었다. 결코 그럴 수는 없다. 우리는 그들의 눈을 통해서 아들을 볼 수는 없었다. 사마리아와 나는 계속 이야기했다. "그건 그들의 판단이고 믿음일 뿐이야. 누구도 미래를 예언할 수는 없어. 이 전문가들조차도…."

우리는 다른 사람들이 현실적인 생각이 아니라고 말할지라도 희망을 갖기로 했다. 희망 없이 우리는 해낼 수 없다.

평가를 통해 우리는 충분한 진단과 테스트 점수를 받았다. 그러나 도움은 없었다. 우리가 이미 알고 있는 대로 노력하는 길만이 남아 있었다. 우리는 더 이상의 확인을 원하지 않았다. 우리가 아이를 더 일찍 도울수록 상태가 더 좋아지며, 또 실제로 그 애가 너무 어리기 때문에 그 아이를 어디로 보내는 것은 너무 잔인하고 자멸을 초래하는 것처럼 보였다. 통계 자료 때문에 실망할 것인가? 그 태도로 낙담할 것인가? 자폐증을 고칠 수 없고 회복할 수 없다고 믿는다면 의사들은 왜 그렇게 시설에 보낼 것을 주장하는가?

우리는 뭔가 해야 한다고 느꼈다. 우리는 매일 아들이 우리에게서 떨어져 나가 점점 더 움츠러들고, 보는 것과 듣는 것에 대해 무감각해지는 것을 볼 수 있었다. 라운은 점점 더 강해진 자기 자극적인 행동에 빠져 있을 때 그 자신도 어리둥절해하는 것 같았다. 이 18개월 된 작은 소년에게 의학적인 어떤 것이나 기관의 도움이 주어지지 않았고 그것이 이 아이에게는 유용하지도 않았다. 전문가들이 끊임없이 그러나 쓸데없이 지적하는 바가 오히려 괴로움을 주어 도움이 되지 않았다.

자폐아 전국협의회와 접촉하면서 우리와 비슷한 부모들과 이야기해본 결과 대부분의 사람들이 정보와 조언을 구하기 위해 애썼지만 거의 도움을 받지 못했다는 것을 알았다. 그들은 각기 실망과 좌절을 겪으며 자신들의 상황을 받아들이는 것을 배우게 되었다.

우리는 자폐아 전국협의회 지방 단위 모임에 참석했다. 다른 부모들과 전문가들이 우리를 반갑게 맞아주었다. 그러나 격식을 차리고 시작된 그날 저녁 모임은 점점 다른 분위기로 변했다. 사람들은 아이들과 겪은 어려움과 가슴 아픈 경험을 나누면서 눈물을 글썽거렸다. 회의실 큰 테이블에 둘러앉은 많은 사람들이 동감을 나타내듯 고개를 끄덕였고 회의 분위기는 우울하게 가라앉았다. 어떤 이들은 우리 아이가 자기 파괴적이 될 뿐 아니라 10세 이전에 발작 같은 장애도 갖게 될 것이라고 경고했다. 그러자 다른 이들이 우리에게 이 협회의 기본 방침을 이해하고 인정하라고 했다. '자폐증은 장애이고 일생 동안 고칠 수 없다. 회복할 수도 없다.' 이것이 그들의 기본 방침이었다. 그들도 역시 우리에게 현실적이 되라고 경고했다. 우리는 그들이 말하는 것은 잘 알았지만 그러한 생각을 가지고 어떻게 더 나아지기를 바라는지 이해가되지 않았다. 우리가 별을 가질 수 있다는 생각을 하지 않는다면 어떻게 별에 도달할 수 있겠는가? 우리는 더 많은 것을 원했기 때문에 그 모임에 끝까지 있을 수 없었다. 우리는 양해를 구하며 일어섰다. 그들이 잘해내길 빌면서, 그리고 그들과 우리가 지금과는 아주 다른 새로운 비전을 갖기를 바라면서 그 자리를 떠났다. 이 아이들에 대한 어두운 전망과 미래의 두려움은 전혀 반박되지 않고 회의에 참석한 전문가들에 의해서 오히려 강조되었다.

아무도 이 어린이들을 축복하지 않았고, 아이들이 아직 살아 있다는 사실을 슬퍼하였으며, 서로가 나누었던 고통은 가슴의 큰 구멍이되었다. 우리는 그 방에 있는 모든 부모들이 자신의 아이를 사랑하고 아이에게 해줄 최선책을 원한다는 것은 알았다. 그러나 우리는 그들과 전혀 다른 길을 가야 한다는 것도 알았다.

우리는 라운을, 그의 평화를, 그의 아름다움을, 그의 행복을 믿었다. 우리는 모든 것이 우리와 아이에게 달려있음을 알았다. 아마도 항상 그래왔을 것이다. 모든 진단과 분석은 숫자에 굶주린 사회에서는 통계적 의미를 가질지도 모른다. 그러나 그것은 이 특별한 작은 아이들에게는 아무것도 아니다. 만약에 라운이 도움을 받아야 한다면, 이 작은 자폐 손님이 우리의 세계로 들어오려면 바로 지금 우리에 의해서만 가능할 것이다. 아직 그 애가 어릴 때, 우리가 원하고 있을 때 그리고 그 애가 어린이 놀이터에서 아직 행복할 때 가능할 것이다.

우리가 그냥 기다렸다면 그 애는 그저 또 하나의 통계 숫자에 지나지 않았으리라는 명백한 증거가 충분히 나와 있다. 우리는 라운의 행동양식이 아직 굳어지기 전에, 주위에 가까이 다가가는 것을 어려워하는 그 애가 심각한 감정 문제를 유발시키기 전에, 그리고 그 애가 지닌 평화와 기쁨이 순박하고 때묻지 않은 동안에 이 게임이 끝나야 한다는 것을 알았다.

우리가 할 일은 별로 없었지만 라운에게 가까이 다가가서 그를 도우려는 깊은 열망이 우리를 감쌌다. 전문가들은 진정한 희망이나 도움을 주지 않았다. 그러나 아들에 대한 사랑과 그의 아름다움 속에서 우리는 끝까지 가겠다는 어떤 단호함을 발견했다.

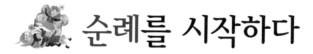# 순례를 시작하다

어디에서부터 시작해야 할까? 우리는 우리 자신에서부터, 우리의 신념과 느낌에 따라 시작하기로 했다.

그것은 앞으로 나아가기 위해 과거로 순례를 떠나는 것과 같았다. 지금까지 우리를 이끌었던 기본 지식을 분명히 하고 구체화하겠다는 마음으로 지난 기억을 전부 연구하고 면밀히 조사하는 일이었다. 나는 철학으로 학위를 따고 대학을 졸업하던 1960년대 중반을 생각했다. 수많은 질문과 답변이 내 정신세계를 온통 휘저어 놓은 나날이었다. 그 후 대학원에서 심리학을 공부했지만 나는 점점 혼란스러워졌고 나 자신을 완전히 믿을 수 없다는 생각에 빠져버렸다.

나는 어머니가 방사선 치료를 받도록 맨하튼까지 모시고 다녔다. 치료는 끝없이 계속되었으며 심한 메스꺼움 때문에 어머니가 토하려고 할 때마다 고속도로 길가에 잠시 차를 세워야 했다. 죽어가는 어머니의 말년을 도우면서 나는 내 감정에 벽을 쌓았다. 나는 어머니의 세계가 무너져 내리는 것을 고통 속에 바라보았다. 그러면서도 어머니의 아픔을 함께 이야기하며 나누어야 한다는 것을 몰랐다. 내가 어머니를 사랑하고 있으며 어머니가 곧 돌아가신다는 것을 내가 알고 있고, 어머니의 고통이 잔인한 칼날처럼 나를 찌른다는 사실을 어머니에게 말해야 한다는 것을 몰랐다.

우리는 어머니의 침대 옆에서 웃으며 하찮은 이야기나 하며 바쁜 척 떠들어댔다. 나는 결국 내가 얼마나 어머니를 사랑하는지 말하지 못했다. 우리 가족은 그렇게 하는 것이 인도적 처사라고 생각하며 분별 없이 함께 침묵을 공모했다. 그러나 우리의 그 인도적 처사로 말미암아 어머니는 외로움 속에서 홀로 죽음을 생각하며 두려워했을 것이다. 마지막 순간이 다가왔을 때 나의 이런 심리 상태는 내 상상력으로는 결코 이해할 수 없는 모태로 어머니를 데려가려는 우주에 대한 혼란과 반항으로 터져나왔다. 죽음의 향기가 어머니를 덮었을 때 마음을 열고 어머니를 사랑하지 못했던 나 자신을 보며 너무나 슬퍼 울부짖었다.

스물한 살에 쌓았던 벽이 나락으로 떨어졌다. 그리고 나는 인간 실존에 대해 우울한 시각을 갖게 되었다. 비록 영화사에서 일하면서 핵심 기획을 하고 영화와 관련 기업의 시장 개척에 전념했지만 나는 그것을 나 자신의 성장과 구원을 위해 주요 발판이 되는 지속적 교육보다는 덜 중요하게 여겼다. 나는 우리를 둘러싼 생각·정신 그리고 보이지 않는 잠재력을 사랑했다. 가장 중요한 것은 나의 실존과 모든 인간 존재로부터 어떤 의미를 찾는 것이었다. 우리가 사는 목적은 무엇인가? 왜 우리는 살고 죽는가? 나는 대학원 공부를 하면서 인간 역학에 관한 연구에도 참여했고, 프로이트파 정신분석학자와 별 소득 없는 대화에 실망하면서 파크에비뉴의 한 한적한 사무실로 무거운 발걸음을 옮기기도 했다.

내 안 깊숙이 느끼는 고통스러운 절망감을 인정하고 싶지 않아서 나는 표면상으로는 교육적인 목적을 위해 여러 가지 시도를 하고 있었다. 비록 학문과 사업 분야에서 두각을 나타내긴 했지만 어머니의 죽음과 그에 따른 분노와 혼란의 세월이 나를 이끌고 있었다. 나는 나의 무의식 속에서 떠오르는 대로 무언가를 찾아 새로운 대안과 이해를 종합해 보려고 애썼다.

생각이 명료해지고 편안해지면서 나를 짓누르던 중압감이 어느 정도 가벼워졌다. 그러나 삶과 죽음의 수수께끼에 관한 통찰과 부서지기 쉬운 일시적 타협, 그리고 몇 년간의 탐구에도 나는 마치 밧줄 끝에 매달린 것처럼 여전히 상처받기 쉬운 존재라고 느꼈다. 내가 진실이라고 생각한 것은 전부 제한되고 일시적인 것으로 보였다.

결국 나는 삶에 관한 어느 정도의 비전을 갖고 정신분석 치료를 끝냈다. 나는 내가 마지막으로 정신과 의사의 사무실을 나올 때 내게 호의를 가졌던 그의 말을 아직도 기억한다. "분노하거나 두려워할 때가 앞으로도 있을 것입니다. 그러나 이제 당신은 그때를 대처하고 적응해 갈 수 있을 만큼 준비가 되었습니다." 실망이었다. 어떤 지적이고 감성적인 타협으로 들렸다. 고통과 불안을 피할 수 없다고 해서 영혼을 찾는 노력을 그만둔다는 것은 견딜 수가 없었다. 만일 찾을 수만 있다면 더 노력해야 한다고 생각했다.

나의 맨 처음 꿈은 작가가 되는 것이었다. 나는 열네 살에 그 생각을 확고히 했다. 나는 자신의 한계를 넘고 인생의 질을 높여 다른 사람으로 계발되기를 원했다. 야망을 이루겠다는 것은 사춘기의 환상이었다. 두 번째 꿈은 달랐다. 그것은 심리(정신) 요법과 교육분야에 관심을 두면서 생겨났다. 나는 한때 정신의학 쪽으로 진로를 생각했다. 그러나 막상 접근해 보니 의학분야는 제한적이고 시대에 뒤진 것 같았다. 대학원 강의는 낡은 책과 현실에 대한 괴상한 접근방식으로 나를 혼란스럽게 했다. 내 안의 속삭임은 나만의 길을 찾으라고 용기를 주었다.

우리가 결혼 후 처음 몇 년 동안 일어난 이 다양한 탐험에 사마리아도 함께했다. 우리는 끝없는 심연처럼 보이는 곳으로 함께 모험을 감행했는데, 처음에는 최면상태에서 실험을 통해 그 짧은 순간의 꿈을 알아내려고 노력했다. 그리고 우리는 자기 최면을 개발했다. 나는 이 방법을 절묘하게 개발해 집게손가락 끝으로 눈썹을 가볍게 스치기만 해도 나 자신을 최면상태에 둘 수 있었다. 대단히 훌륭하고 유용한 기술이었지만 불완전했으며, 분명 내면세계를 진정시키기는 했지만 만병통치약은 아니었다.

우리에게 갖가지 다양한 탐구를 촉진시킨 의문이 라운의 탄생과 그에 따르는 진단에 앞서 일어났다. 그것은 마치 미래에서 어떤 것이 손짓하며 우리 인생 속으로 아들이 축복받으며 들어오는 것을 준비하고 우리 자신을 변화시키도록 이끄는 것 같았다. 나는 수많은 책을 열심히 읽었고 실용 강좌나 세미나에서 새로운 학설을 경험했다. 프로이트·융·아들러 그리고 설리번과 호니를 읽었고, 펄스와 게슈탈트와의 극적 만남까지도 있었다. 나는 사르트르와 키에르케고르의 작품에 잠깐 관심을 가졌고 칼 로저스의 사랑스러운 단순함에 빠져들었다. 에릭번의 부모·자식·어른이라는 세 가지 인격 관계에 흥미를 가진 후에 야노프의 황홀하고 연극적인 외침에 매혹당했다. 집단 역학 강의와 개인간의 의사소통 연구를 통해 나를 충전한 다음, 스키너와 매슬로를 섭렵하고 마침내 선(禪)과 요가의 지혜에 빠지면서 나는 오랫동안 전해 내려온 실재에 대한 새로운 깨달음을 얻고자 고대의 길을 걸었다.

도교의 아름답고 통찰력있는 가르침에 나는 얼마나 기뻤던가! '인생은 어느 곳으로도 가지 않는다. 왜냐하면 그것은 이미 이곳에 있기 때문이다.' 곧 나는 명상과 고독으로 눈을 돌렸고 공자의 통찰력에도 매료되었다. '아는 것을 안다고 하고 모르는 것을 모른다고 하는 것이 곧 아는 것이다.' 침술요법의 철학적 기초를 공부하고 나서 나는 다시 인간의 집단 무의식과 그 유전 관계를 공부했다. 내가 섭렵하고 빠져들기도 했던 철학·심리학·종교 또는 신비주의의 모든 것은 인간 조건의 의미를 파악하기 위한 시도였다. 비록 그런 것들에게서 도움을 받고 일시적으로는 깨달음도 얻었지만, 언젠가는 내 마음을 꿰뚫고 인생의 많은 혼란을 해결해 줄 무언가를 찾으리라 믿으면서 나는 계속해 나가야 한다는 것을 알았다.

많은 것을 얻었지만 나는 온전히 개인적인 순례를 계속하려 했다. 나의 냉소주의는 어느 정도 사라졌지만 원하는 것을 얻지 못하리라는 근거 없는 회의를 계속할 거라는 것도 알고 있었다. 어느날 강의시간에 우리가 인간의 조건이라고 부르는 모든 것에 영향을 미치는 신념과 태도에 관한 이야기를 들었다.

그 말을 들으면서 나는 새로운 깨달음을 얻게 되었는데, 그것은 마치 씨에서 싹이 움트는 것처럼 내가 갖고 있던 어떤 지식이 갑자기 선명하게 드러났다. 이 지식은 급속도로 투명해졌고, 나는 내 감정과 행동이 사실은 내 신념에서 비롯된 것이며 그 신념은 성찰할 수도 바꿀 수도 있다는 것을 깨닫고 인정하기 시작했다. 사마리아와 나는 우리에게 하나의 전개 과정으로 제공된 것들을 우리 것으로 내면화하고 또 사용했다. 나중에 우리는 우리가 배운 것들을 여러 종류의 시도를 통해 적용하고 적응시키며 수정할 것이다. '옵션 프로세스The Option Process®'이라고 부르는 우리의 이 새로운 시각과 사고방식은 '사랑하는 것은 함께 행복해하는 것이다'라는 태도에서 나온다. 그 과정은 철학보다 더 새로운 삶의 방식으로 이끌어 주는 비전을 제시했으며 라운을 도우려는 우리 노력의 기반이 되었다. 계속된 깨달음의 결과 우리는 우리 아들과 우리 자신을 한층 더 분명하고 편안하게 볼 수 있게 되었다.

우리 각자는 자신의 관점을 선택할 힘을 갖고 있으며, 그 관점에서 정서적 체험(결과로 나타나는 인생체험)을 만들어 낸다. 이렇게 단순하고도 강력한 통찰은 전혀 다른 방식으로 삶을 포용하는 문을 열어준다. 행복은 선택이다. 우리는 우리가 원하는 경험을 더 이상 서서 기다리지 말아야 한다. 우리는 자신의 감정을 새롭게 할 책임이 있고 그러기 위해서는 새로운 선택을 해야만 한다. 나는 내 생애 처음으로 '나는 내 감정을 선택하지 않는다. 다만 그것들이 내게 올 뿐이다', '나는 과거에 내게 일어났던 일들의 희생자다', '난 어쩔 수가 없다. 난 그렇게 생겼을 뿐이다'라는 오랜 신념에 의문을 갖고 그것들에 도전하기 시작했다.

한 개인의 성격은 어떤 신념의 덩어리라고 볼 수 있다. 모든 사건(실제이든 상상이든, 인식의 차원에서든 실행의 차원에서든)과 그 반응(싸움이나 도망, 두려움이나 기쁨 또는 중립적 침착함 등) 사이에는 신념이 있다. 그 신념은 우리의 감정·요구·행동에 불을 지핀다. 신념을 바꾸면 행동뿐 아니라 감정도 바꿀 수 있다.

사마리아와 내가 나눔을 시작하고 다른 이들에게 가르치면서 개인에게 변화를 일으키는 힘에 대한 우리의 깨달음은 훨씬 더 깊어갔다. 만일 우리가 이런 방식으로 자신에게 도전하고 자신을 변화시키기 전에 아들 라운이 우리 생활에 들어왔더라면 분명 우리는 아이로 인한 엄청난 어려움 앞에서 감정이 마비되고 정신적으로 황폐해지고 압도당했을 것이다. 다행히 우리의 믿음과 판단이 먼저 변했기 때문에 우리는 아이를 돕고 그에 필요한 에너지와 통찰력을 미리 준비할 수 있었다.

훌륭하게 진행된 그 선택의 과정은 될수록 판단을 배제하는 태도와 더불어 경이롭게 시작되었다. 그것은 사람이나 사건에 대해 좋다 나쁘다를 판단하지 않고 그저 열어놓고 받아들이는 것이었다.

판단하지 않는다. 일정표에 맞춰 강요하지 않는다. 이 과정의 중추는 본질적으로 소크라테스의 문답 과정이 있기 때문에 어떤 방향을 제시하지 않는 데에 있다. 여러 가지 질문은 자연스럽게 학생이나 대상자의 말이나 대답으로부터 나왔다. 서로 놀리며 주고받는 농담도 대화가 될 것이다. 이런 문답과 대화의 의도는 우리 자신이나 다른 사람들이 언짢은 기분을 느낄 때 그 속에서 그런 감정을 불러일으키는 신념과 판단을 알아보도록 돕는 것이다. 우리는 우리가 원하지 않는 감정, 예를 들면 불안·두려움·분노·공포·질투와 같은 여러 감정에 단순히 적응하고 대처하는 것 이상을 배울 수 있었다. 우리는 그런 감정을 깨끗하고도 완전하게 버리도록 우리 자신을 재교육할 수 있었던 것이다.

어떤 시각이나 과정도 최상의 것이라고 단언할 수 없다. 나는 내가 가능하다고 알고 있는 것을 완전하게 구체화하지 못해 아직도 비틀거리고 넘어진다. 어쨌거나 내가 이전에 탐구했던 대부분의 접근 방법은 변화의 도구로 아픔과 고통을 권했다. 고통이 없으면 얻는 것도 없다. 고통은 우리를 천국으로 인도할 것이다. 그러나 고통은 내게 결코 천국을 가져다주지 않았다. 오히려 더 깊은 슬픔과 실망 속에 빠뜨릴 뿐이었다. 나는 고통 없이 변화할 수 있는 부드럽고 빠르고 쉬운 길을 찾아낸 것이 진실로 축복받은 일임을 깨달았다. 그리고 사랑하고 받아들이는 자세가 이 과정을 가능하게 했음을 깨닫고 경이로움을 느꼈다.

인간 역학에 관한 조사방식이나 연구를 보면 우리 대부분은 뿌리깊은 한 가지 공통점을 지닌다. 곧 우리는 때로 불행해야 하며, 심지어 그것을 생산적이고 좋은 것이라고 믿고 있다는 사실이다. 우리 문화는 이런 성향을 옹호한다. 어떤 이들은 불행이 사려 깊고 민감하다는 표시이며, 어렵고 불확실한 이 세상에 대응하는 가장 '이성적이고 인간적인' 방식이라고 여긴다.

우리는 이러한 심리 과정이 어디서나 작용하는 것을 볼 수 있다. 불행을 느끼고, 그로 인한 불편함을 가지고 자신과 타인, 그리고 우리가 처하는 상황을 다루는 한 가지 방식으로 이용한다. 금연을 실천하기 위해 죽음을 두려워하고, 과식과 비만을 막기 위해 타인에게 받는 거부감을 두려워한다. 우리는 더 열심히 일하고 더 많이 성취하기 위해 우리 자신을 밀어붙이면서 불안해한다. 하고 싶지 않은 것을 피하기 위한 구실로 우리는 머리가 아프다. 앞으로 똑같은 잘못을 저지르지 않기 위해 우리 자신을 몰아세우면서 죄책감을 느낀다. 사랑하는 사람이 불행하면 우리가 얼마나 그를 좋아하는지 보여주기 위해 우리도 불행해진다. 우리는 함께 일하는 사람들이 더 빨리 일처리를 하도록 만들기 위해 화를 낸다. 우리는 아이들이 옳은 것을 배우게 하기 위해 소리지르고 때리기까지 한다. 우리는 미연에 방지하기 위해 벌을 준다.

평화에 대한 우리의 갈망을 유지하기 위해 전쟁을 증오하며, 살기 위해 죽음을 두려워한다.

이런 예들은 우리가 원하는 것을 계속 소유하고 그 이상의 것을 원하도록 자신에게 동기를 부여하려고 가하는 압력인데, 궁극적으로 행복과 만족을 느끼기 위한 것들이다. 이러한 고통과 불안의 역학관계는 우리를 움직이게 하는 복잡미묘한 내적 장치로서 우리에게 익숙한 부분이 된다.

테아가 세 살 때 우리를 놀라게 한 사건이 있었다. 어느날 오후 그 애는 살며시 다가와 사탕을 달라고 했다. 집에는 사탕이 없었고 바빠서 사러 갈 수도 없어서 우리는 그 애의 청을 거절했다. 아마 나중에 사주겠다고 했을 것이다. 그랬더니 이 고집스럽고 꾀 많은 아이는 불만스러운 얼굴로 계속 떼를 쓰다가 점점 얼굴을 찡그리며 애처롭게 울었다. 이제 테아는 전혀 고집을 꺾을 기세가 아니었고 나중에는 요란한 몸부림까지 쳤다. 마치 엄청난 도전이나 싸움을 준비해 온 아이 같았다.

테아는 여러 가지 주장으로 자기의 요구를 구체화하면서 사탕이라는 목표를 쟁취하려고 계속 필사적 노력을 했다. 다시 한번 우리는 상황을 설명해 주었다. 사마리아는 테아의 머리를 쓰다듬으면서 이 고집불통을 우리가 얼마나 사랑하는지 말했다. 한순간 그 애는 진정되면서 만족해하는 것 같았다. 그러나 다음 순간 그 애는 다시 울음을 터뜨렸다. 우리는 아이가 그렇게 지속적으로 애쓰는 과정을 보면서 놀라고 말았다. 그 애는 원하는 것을 얻기 위해 열심히 애쓴 것이다.

나는 우리 딸이 기분 나쁜 상태로 있는 것을 원치 않았기 때문에 옆에 앉아서 아이의 배를 쓸어주고 간지럼도 태웠다. 깔깔거리며 웃음이 터져나오자 아이는 내 손을 밀어버렸다. 그래도 내가 계속하자 그 애는 항의하듯이 방구석으로 달아났다. 잠깐 동안 눈물 고인 눈으로 나를 보더니 웃음으로써 기분 나쁜 상태에서 벗어났다. 그러나 다시 울기 시작했을 때 아이는 내 눈길을 피했다. 마치 그 애는 '내 노력을 망치지 말아요. 나는 내가 기분이 나쁘다고 믿게 함으로써 사탕을 얻으려고 애쓰고 있어요'라고 말하는 것 같았다.

그 애는 수도꼭지처럼 눈물을 흘렸다 그쳤다 했다. 웃는 것도 우는 것처럼 쉽게 할 수 있었다. 자신의 불만을 도구로 이용하는 것이었다. 그날 저녁 테아와 사마리아와 나는 그 일에 대해 이야기했다. 테아가 자신의 행동 하나하나를 정확히 깨닫고 있었다는 것은 얼마나 역설적이고 또 놀라운 일인가. 그 애는 아무렇지도 않게 그 점을 우리에게 알려주었다. "전에도 내가 울면서 떼를 썼을 때 사탕을 사주었잖아요."

테아처럼 불행하다는 기분을 도구로 이용하는 것 말고도 우리 가운데 많은 사람이 불행을 열망이나 사랑의 크기를 재는 잣대로 사용하는 경향이 있다. 원하는 것을 얻지 못했을 때나 사랑하는 것을 잃어버렸을 때, 더 비참하게 느낄수록 우리가 그 대상을 더 사랑했다고 믿게 된다. 반대로 별로 불행하다는 느낌이 들지 않으면 그 대상을 그렇게까지 원하지 않았다고 믿는다. 이런 믿음보다 더욱 두려운 것은 대부분의 여건에서 일단 만족과 행복을 느끼면 더 이상 아무것도 원하지 않고 아무도 사랑하지 않게 될 것이라는 생각이다. 자신의 처지에 완전히 만족한다면 새로운 기회를 향해 나아가지 않을지도 모르며, 더 나아가 스트레스가 많거나 비극적 상황에서도 불행하다고 느끼지 않는다면 우리는 자신을 냉정하고 감정이 없는 목석 같은 사람이라고 판단할지도 모른다.

나의 가장 큰 두려움도 만약 내가 완전하게 충분히 행복하다면 더 나아가기를 중단할 것이라는 점이다. 그러나 내가 자신을 받아들이고 믿게 됨에 따라 나는 내가 원하는 것을 얻기 위해 표현하고 노력하면서 더욱 강해지고 열정적이 되었다. 내 감정은 더 이상 문제가 되지 않았다. 내가 원하는 것을 얻었거나 말았거나 간에 나는 여전히 편안할 수 있었다. 편안함을 더욱 만끽하면서 원하는 것에서부터 나를 자유롭게 만들어 가는 동안 나는 내가 원했던 것을 더 많이 얻어가는 나 자신을 발견했다.

우리가 라운을 위해 무엇을 할 수 있으며 어떤 선택을 해야 할지. 그에 대한 열쇠는 우리의 신념에 근거를 두어야 할 것이다. 이 신념이 얼마나 힘있는 것인지를 깊이 깨달으면서 우리는 아들을 분명하게 보고 우리의 결정을 믿으며 우리의 바람을 이루려는 열망을 키우고 또한 편안한 마음을 가질 수 있었다.

각자의 신념은 쌓여진 수많은 신념을 바탕으로 한다. 그리고 불행하다는 느낌 또한 어떤 특정한 신념의 체험으로 논리적 이성 체계 위에 기초한다. 그러므로 이러한 이성이나 신념은 추적이 가능하다. 우리가 배워 온 신념 체계를 일단 벗기기만 하면 불행과 연결된 짧은 회로를 폐쇄하는 길은 분명해진다. 자기 패배적 판단과 개념의 플러그를 뽑으면 태도는 서서히 변화할 것이다. 부처는 '번뇌에서 벗어나라. 그러면 행복을 얻게 된다'라고 했다. 그것은 우리가 비참함·불안함 그리고 두려움을 뚫고 나올 때 남는 것이며, 나쁜 감정과 불안정한 시각 아래 묻혀진 것을 발견하는 것이다.

열려진 문이 내 앞에 흐릿하게 나타났다. 그리고 나에게 손짓하고 있다. 나는 문제를 푸는 데 도움이 되는 방법이나 기술보다 더 좋은 것을 찾아냈다. 이 접근 방법—철학적이지만 단순히 철학에 그치지 않으며, 치료법이지만 단순히 치료가 아니며, 교육적이지만 교육에 그치는 것이 아닌—은 나로 하여금 보기 위해 판단하지 않고 얻기 위해 원하는 것으로부터 자유롭도록 해주었다.

원한다면 우리 자신을 재창조할 수 있다. 우리는 수많은 철학자·스승·치료사들이 불가능하다고 한 것을 가능하게 할 준비가 충분히 되어 있다. 이 시각은 역동적이고 아름다우며, 자기 패배적 태도와 왜곡된 신념을 자유롭게 추적할 수 있을 뿐 아니라 완전히 새로운 시작이었다. 나는 더 이상 일시적 미봉책을 받아들이지 않게 되었다. 나는 내가 원했던 바를 믿거나 믿지 않는 선택을 스스로 할 수 있음을 알았다. 나 자신이 내가 원하는 것의 설계자였고 궁극적 판단은 나에게 달려 있었다.

다른 학파들(프로이트 학파, 게슈탈트 심리요법, 행동주의, 프라이멀 스크림 요법 등)과 달리 '옵션 프로세스(선택과정)'는 치료사나 선생만이 확실한 답을 알 수 있는 고통스러운 노력이 아니었다. 이 과정은 어떤 치료나 기적도 아니며 학생이나 환자에 대한 지극한 존중을 유지했다. 우리는 더 이상 어떤 교실이나 사무실에 앉아 누군가 우리 자신에 대해 말해 주고 판단해 주기를 기다릴 필요가 없었다. 나는 이 과정이 나 자신을 드러내고 발견하며 재창조하는 즐거운 모험이 될 것을 알았다. 진취적 모험을 통해 우리는 자신의 역동적 움직임에 대한 전문가가 되었다.

우리는 오래된 신념을 다시 선택하거나 새로운 신념을 만들어 낼 수 있음을 알게 되었다. 얼마나 놀라운 해방인가! 우리 내면의 풍경이 이해하기 쉽고 친밀한 것으로 다가왔다. 나는 나 자신과 함께할 수 있는 새로운 길을 발견했다.

이 엄청난 개인적 변화의 시기에 친한 친구가 자신의 사촌이 죽었다고 내게 말했다. 나는 즉시 그에게 죽은 사촌과 얼마나 가깝게 지냈느냐고 물었다. 그가 한 말에서는 그 점을 분명히 느낄 수 없었기 때문이다. 그것은 마치 내가 얼마나 슬프게 느껴야 할지 결정하려는 질문과 같았다. 만약 친구가 사촌과 가깝고 중요한 사이라고 이야기했다면 나는 아마 그의 슬픔을 나누는 방법으로 그와 함께 울었을지도 모른다. 그러나 만약에 관계가 멀고 기분좋은 사이가 아니라고 말했다면 나는 그것을 아무렇지도 않게 받아들여야 한다는 것을 느꼈을 것이다. 나는 내가 취해야 할 반응을 자신에게 지시하기 위해 다른 사람에게서 단서를 얻어낸다는 사실을 깨달았다.

나는 나의 행복이나 불행의 정도를 그 상황에 적절한지 판단해서 선택하는 것이다. 이러한 깨달음이 점점 더 커지면서 이제 나는 어떤 상황에서 내가 느끼는 불안의 근거가 되는 믿음과 이성에 대해 도전을 제기할 수 있게 되었고, 나의 감정과 행동의 근거가 되는 믿음을 수정하거나 버리는 결정을 할 수 있다.

예를 들면 나는 일하러 가거나 생계를 유지하는 것이 '반드시 해야 할' 어떤 것이 아니라 내가 원하고 선택한 어떤 것이라는 사실을 깨달았다. 나는 일에 대한 스트레스를 면밀히 살펴보기 시작했고, 일을 '반드시 해야 할' 어떤 것이라고 믿기 때문에 즐겁게 선택할 자유를 나 자신에게 절대 허락하지 못한다고 이해하게 되었다. 또한 나는 열망과 긴장이 창의성과 근면함을 야기시켜 일을 성공시킨다는 나의 신념을 상세히 살펴보고 내던져 버렸다. 실제로 불안감은 자주 나를 산만하게 만들고 심지어 맹목적이게 만들었다. 그러나 내가 긴장을 풀면서 다가올 미래를 걱정하지 말고 매순간 기분좋게 보내자고 나 자신을 다독거리면서 새로운 생각과 영감이 쉽게 떠올랐다. 그리고 경제적으로 가난하다고 믿는 모든 '그럴듯한' 이유와 이전에 필요하다고 생각했던 것들과 갖지 못해서 불행하다고 생각했던 것들에 대한 자기 패배적 개념을 거부했다. 나는 이 심각하고도 진지한 해방 작업에 몰두했다.

내게 날개가 생긴 것일까? 내 머릿속의 모든 것이 다르게 느껴졌고 더 좋게, 더 가볍게 그리고 더 자유롭게 변화했다. 나는, 그전에는 존재하는지조차 몰랐던 문들을 열었다. 사마리아와 나는 우리가 믿는 것들을 자세히 검토하고 새로운 선택을 취하면서, 우리가 불행이라고 느껴왔던 많은 것들을 내버리고 존재와 상호작용의 새로운 방법을 창조하면서 급속도로 발전해 나갔다.

우리는 사람들과 개인적으로 또는 단체로 함께 일하면서 우리처럼 자신을 재설계하고 싶어하는 몇몇 학생을 지도했다. 우리는 거의 3년 동안 다른 사람들을 가르치고 조언하면서 우리의 삶을 다시 설계하고, 깨달음의 깊이를 더해 갔다. 몇 년 후에 우리는 도움을 청하는 사람들을 위해 매사추세츠주 셰필드에 옵션연구소를 세웠다. 그러면서 내면의 아름다움을 드러내는 것에 중점을 두었고, 다른 사람들에게 가능성의 씨앗을 뿌릴 기회를 무한히 갖게 된 것에 열광했다.

우리는 우리 자신이 더 많이 즐거워하는 동시에 더 많은 것을 원하도록 했다. 그동안 사마리아와 나는 우리 관계와 결혼에 대해 새로운 기초를 세웠다. 우리는 더 이상 '당신이 나를 사랑한다면 이러이러하게 해줘요'라는 말을 하지 않게 되었고 우리 둘 다 자신과 상대방에 대해 더 편안하게 되었다. 우리는 우리가 함께라는 사실을 받아들였고 모든 세부적 기대치와 조건으로부터 벗어났다. 그래서 우리는 많은 실망과 다툼에서 벗어났고 서로를 덜 비판하고 더 받아들이게 되었다. 우리의 이러한 성장은 브린과 테아에게 부모 노릇을 하는 데에도 좋은 영향을 주었다. 우리는 그들의 개성을 더 존중하게 되었고 더 많은 인내심을 갖게 되었다. 바로 이러한 자세가 우리 자신에게 확실한 기초가 되었고 라운과 함께 우리가 해나갈 모든 방법에 새로운 출발점이 되었다.

우리가 내린 모든 결정, 우리의 불편함과 편안함, 우리의 모든 근심과 혼란, 우리 자신과 가족의 탐구 그리고 라운에 대한 연구는 우리의 신념과 함께 시작되었다. 다음에 나올 한 예에서 우리는 그런 경우에 우리의 신념이 얼마나 다양할 수 있는지 그리고 신념이 우리 감정과 반응을 어떻게 결정하는지 볼 수 있다.

한 소녀가 대학생활의 첫걸음을 내딛기 위해 기차역에 서 있다. 그녀의 가족이 역구내에 모여 있다. 그녀의 아버지는 딸이 그렇게 독립적 젊은 여성으로 성장한 것이 매우 자랑스러운 동시에 딸이 보고 싶을 것이라는 믿음에 기분이 언짢다. 그녀의 어머니도 딸을 떠나보내며 상실감과 흘러간 세월의 아쉬움에 흐느껴 울고 있다. 그러나 이와 대조적으로 그녀의 여동생은 언니의 방을 물려받고 이제는 그녀가 가족의 중요한 구성원이 되리라는 생각에 기뻐하고 있다. 바로 그 순간에 낯선 이가 이 광경을 보면서 지나간다. 그는 그 일에 대해서는 아무 감정이 없다.

이처럼 같은 상황에 처해 있으면서도 이 사람들은 그들이 믿는 데에 따라 행동한다. 아버지는 이 상황을 좋은 쪽으로 보는 동시에 나쁜 쪽으로도 보며, 어머니는 나쁜 쪽으로 보고 여동생은 좋은 쪽으로 본다. 낯선 이는 아무 생각이 없다. 그는 개입하지 않으므로 상황에 대해 어떤 생각을 하지 않는다. 그래서 그 일에 아무런 느낌이 없다.

우리가 무엇을 느끼고 어떻게 행동하는가는 우리가 자유로이 선택한 우리 믿음에 달려 있다. 우리는 부모·동료·교사·잡지·텔레비전·정부·종교기관 그리고 우리의 문화로부터 계속해서 믿음을 받아들인다. 그리고 나서 우리 자신만의 결론과 믿음을 만들어 낸다. 그런 다음 사람과 사건을 순간적으로 파악해서 좋다 나쁘다라고 단순화된 범주에 꼬리표를 붙이면서 신념을 만드는 과정을 확장한다. 그러나 어떤 행동이나 사건, 사람은 본질적으로 좋거나 나쁠 수는 없다. 그저 우리가 부르고 싶은 대로 정의를 내리고 사랑하고 미워하며, 포용하고 거부하며 우리 믿음에 따라 행복하거나 불행하게 느낄 뿐이다.

나는 사물들의 좋고 나쁨이 나와는 별개로 존재하면서 사람들과 사건의 중요한 부분을 구성한다고 보곤 했다. 그러나 우리 아들의 출현은 나에게 매우 특별한 것을 가르쳐 주었다. 사마리아와 나는 의사·가족·친구들이 아이에 대해 "심하다, 비극적이다"라고 말을 했지만 우리는 그들이 보는 아이와 전혀 다른 '어떤 아이'를 아들에게서 보았다. 우리에게 라운은 경이로움이었고 기회였으며 우리가 사랑할 특별한 존재였다. 정말 이 아이는 두렵거나 멋진 존재가 아니었다. 우리가 볼 수 있었던 것은 사람들이 그에 대해 여러 가지 신념을 만들고 있다는 것이었다. 그리고 놀랍게도 나는 그들의 시각보다 우리의 관점을 훨씬 더 좋아했다. 그들의 시각이 실망과 좌절로 향할 때 우리의 관점은 풍요롭고 낙천적인 쪽으로 우리를 이끌었다.

만일 내 신념을 내가 선택할 수 있다면, 내 행동의 근거를 잘 이해할 수 있다면, 내 신념과 행동은 내가 원하면 드러내고 발견하며 다시 창조할 수 있을 것이다. 나는 자신의 오랜 신념을 선택하거나 다른 이들의 신념을 선택할 수 있고, 전혀 새로운 신념을 만들 수도 있다.

우리가 라운으로 인해 불행하다면 그것은 우리가 라운의 상황을 우리 식구들에게, 그 자신에게 그리고 다른 이들에게 나쁜 것으로 믿게 하거나 판단했기 때문이다. 다른 아이들이나 우리 아들이 우리의 행동 기준이나 수용 기준을 채우지 못해 불행하다고 생각하면 우리는 그들을 거부하고 학대하는 행동을 하게 된다. 극단적으로 말해 자폐아에 대한 부당한 취급은 흔히 불행한 결과를 가져온다.

아이는 '정상적'으로 행동하지 않는다는 이유로 버림받아 차갑고 이름없는 어느 시설의 벽 저편으로 보내진다. 그리고 그의 존재는 짐으로 간주된다. 이 아이들은 흔히 다른 이들에게 불행의 원인이 되어왔다. 많은 가족과 부모들은 이런 결론을 내리고 절망 속에서 살아왔다. 그들은 우리처럼 자신 이외의 어느 누구도 우리의 행복이나 불행의 원인이 될 수 없다는 사실을 깨닫지 못했다. 우리 자신만이 그럴 힘이 있다.

이것은 나쁜 소식이 아니라 좋은 소식이다. 만일 우리가 자신의 감정과 반응의 설계자요 건축가라면, 그리고 많은 실망과 불안을 견디고 살았다면 우리 자신을 재교육할 수 있고 우리 삶의 여러 가지 도전과 자기 자신에 대한 다른 시각이나 관점을 선택할 수 있기 때문이다. 우리는 이 새로운 관점을 선택함으로써 기쁨과 희망을 체험하고 새로운 선물을 볼 수 있도록 우리 자신을 가르칠 수 있다.

우리에게 가장 핵심이 되었던 질문은 무엇인가? 우리가 행복해지는 것보다 더 원하는 것이 있었던가? 그렇다. 우리는 그것을 다른 이름 곧 편안함, 마음의 평화, 충족, 열광, 하느님과의 친교 등으로 불렀다. 그렇다. 우리는 성공하고 유명해지고 존경과 사랑을 받으며 경제적으로 안정되는 것이 우리에게 바람직한 감정을 가져다주리라고 믿는다. 그러나 궁극적으로 어떤 외적 사건도 우리의 마음 상태를 결정할 수는 없다. 그리고 지속적 행복이나 편안함은 사건의 결과나 다른 사람들의 사랑에 좌우될 필요가 없다. 그러한 관점은 우리를 연약하게 만들고 쉽게 희생자로 만들어 버린다. 이제 더 이상 감정의 희생자가 될 필요가 없는 것이다.

프로이트 학파는 그것을 적응이나 순응이라고 부를지 모른다. 게슈탈트 학파는 자각이며 만남이라고 한다. 인본주의자들은 자아실현이라고 할 것이다.

그러나 왜 그런가? 우리가 이토록 서두르며 매혹되어 찾아나서는 것은 무엇인가? 단지 행복하고 싶어서인가? 우리 자신을 좋게 느끼고 또한 주변의 다른 사람들을 좋게 느끼기 위해서인가? 그렇게 되고 싶다면 왜 기다리는가? 지금 당장 그렇게 될 수는 없는가? 우리와 라운은 우리가 바라는 바를 따르고 우리의 방향을 명백하게 하면서 지금 현재에도 행복할 수 있다. 아들과 함께하는 작업에 있어 또한 그에 대한 우리의 기대에 있어 실망이나 죄책감, 혹은 두려움이나 불안보다는 행복감이 더 큰 효과를 가져오지 않을까? 라운을 어떻게 해야 할지 모르는 두려움으로 우리가 혼란을 느끼지 않고 오히려 행복을 느낀다면 그를 더 분명하게 볼 수 있지 않을까? 그것이 아이에게도 좋고 우리에게도 더 유용하다.

이 세상에 어리석은 사람은 없으며 단지 불행한 사람들이 있을 뿐이라는 말을 들은 적이 있다. 너무 많은 것을 알거나 너무 적은 것을 알게 될까봐 두려워하는 사람들이 바로 그런 사람들이다. 내가 그것을 원할 것인지, 원하지 않을 것인지 선택의 자유를 두려워하는 마음, 또는 타인의 판단에 급급하거나 자기 비난에 빠지는 것, 이런 것들이 바로 우리가 미처 첫발을 내딛기도 전에 우리의 발목을 잡는 것들이다.

불안이나 두려움으로 방해받지 않고 행복한 사람들은 모든 것에 열중할 수 있다. 그래서 그들이 일단 행동하기로 결정하면 그들은 최대한의 유용한 정보를 가지고 시작한다. 그들은 더 많이 알수록 더 많이 준비할 수 있다는 것을 안다. 그들은 미래에 대한 걱정에서 자유롭고 그들이 얻거나 잃거나 간에 어떤 경우에도 괜찮다고 생각한다. 성공에 대한 자유, 성공하지 않았지만 만족할 수 있는 자유.

그것은 백일몽이나 오즈의 마법사의 환상처럼 쉬워 보이지 않는가? 우리는 우리의 믿음을 자유롭게 선택하는가 아니면 유전 구조 속에 이미 굳어져 있는 것인가? 그런 믿음은 이해할 수 있고 알 수 있는 것인가 아니면 설명할 수 없는 무의식 속에 신비롭게 남아 있거나 잃어버린 것들인가? 우리 아들은 회복할 수 없는 병에 걸린 것인가 아니면 새로운 영감의 원천이 될 수도 있는 것인가? 무엇이 아들에 대해 좋다·나쁘다·행복하다·불행하다고 느끼도록 결정하는가? 우리의 감정의 근원은 무엇인가? 아들에 대한 우리의 특별한 시각이 정신 건강을 염려한 의학적 사고의 결과인가 아니면 우리의 소신이나 태도의 결과인가? 우리는 불행·두려움·분노 같은 것을 학습하는가 아니면 '불행 바이러스'가 존재하는 것인가? 우리는 있는 그대로의 라운과 더불어 완전한 행복을 선택할 수 있는가, 더욱더 열정적으로 노력할 수 있는가?

어느 금요일 오후에 브린은 친구 집에서 놀다 들어왔다. 그 애는 말을 하고 싶어했다. 친구 엄마와 다른 아주머니가 말하는 것을 들었다며 몹시 실망하고 혼란된 모습이었다.

"아빠, 다나의 엄마가 라운을 '비극'이라고 말한 것이 무슨 뜻이에요?" 그 애는 나를 뚫어지게 바라보며 평소와 달리 매우 조심스럽게 물었다. 브린은 그 말뜻을 아는 것이 분명해 보였지만 그 말이 갖는 미묘한 의미와 파급효과를 완전히 이해하지는 못했다. 그러나 대화의 어조나 태도에서 은연중에 드러난 분위기는 직관적으로 파악한 것 같았다.

"브린, 어떤 일이 나쁘거나 무서운 것이 되면 그것을 '비극'이라고 부른단다. 불행하거나 슬프게 느끼는 것을 그렇게 설명하는 거야. 내 생각엔 라운이 이상하고 다른 애들과 다르게 행동하니까 그분들이 그것을 나쁜 것이라고 생각한 것 같구나. 너는 네 동생이 다른 애들과 달라서 나쁘거나 슬프다고 생각하니?"

"아니에요. 나는 라운을 사랑해요. 나는 내 친구들이 동생들과 노는 것처럼 라운과 놀고 싶어요. 그 애는 정말 귀엽고 재미있어요."

다른 사람들의 신념과 두려움이 만들어 낸 라운에 대한 판단이 우리 두 아이에게 스며들고 있었다. 귀엣말과 비꼬는 말들, 그들에게 비극이란 무엇인가? 그들이 상황을 나쁜 것으로 판단한 후에 느끼는 감정을 표현한 것에 지나지 않는가? 아마도 그럴 것이다. 그러한 관점은 많은 파급효과와 함께 파괴적일 수 있다. 불행하게도 많은 사람들은 판단을 내포한 여러 가지 신념이 실제로 영향력이 크기 때문에 그것이 자기만족적 예언이 된다는 것을 전혀 깨닫지 못한다. 만일 우리가 아이의 무능이 비극이고 희망이 없으며 회복할 수 없다고 믿으면 우리는 그 신념대로 행동하게 되는 것이다.

우리는 도울 수 없다고 믿는 사람을 도우려 애쓰지 않는다. 우리는 수리할 수 없다고 믿는 것을 고치려 하지 않는다. 우리는 수영을 시작하기도 전에 물속에서 죽고 마는 것이다.

우리가 라운의 행동과, 우리와 라운의 관계에서 생기는 문제를 해결하지 않고 아무 해답도 얻지 못한 지금 이 순간에 라운과 행복해질 수 없을까? 우리는 왜 라운과 우리 자신에 대해 좋게 느끼기 위해 반드시 그 애가 특정한 방식으로 행동해야 한다고 생각해야 할까? 왜 우리 아들에 대해 기쁘게 느끼려면 우리가 원하는 방향으로 뭔가 변해야 한다고 믿어야만 할까? 우리는 왜 행복이란 우리가 원하는 것을 얻은 후에 느끼는 보상이라고 생각할까?

나는 불행한 것이 나쁘다거나 모든 사람이 다 행복해야만 한다거나 누구나 행복하게 해주어야 한다고 말하는 것이 아니다. 그러나 행복을 원하는 사람들은 새로운 선택을 해야 한다. 우리의 견해나 관점을 바꾸면 우리의 삶도 바꿀 수 있다.

우리 대부분이 불행에 대해 깨닫지 못하는 것이 한 가지 있다. 그것은 불행이 치명적이라는 사실이다. 불안이나 괴로움은 반가운 것은 아니지만 개인이나 공동체 구성원에게 좋지 않다고 판단되는 여러 상황에서 받아들여지고 있다. 우리는 그런 감정을 흔히 동기 유발의 도구나 관심과 참여의 척도로 이용한다. 분노·갈망·증오·편견·질투 같은 형태의 불안감은 대단히 파괴적인 힘을 가지고 있다. 강간·아동 학대·약물 중독·마약 등도 불안감의 한 단면이다. 아픔과 고통을 내면에 껴안고 있으면 고혈압·혈액암·만성 대장염·편두통 같은 병이 된다.

불완전하지만 사랑으로 받아들이는 자세로 살았기 때문에 우리는 불행을 부추기고 뒷받침하는 온갖 가르침에 대항할 수 있었다. 우리가 시작한 내면의 순례가 우리 삶의 방식에서 중대하고도 해방적 측면이 되었다.

비록 우리가 진퇴양난 속에 있고 라운과 함께하는 초기 단계에 있었지만 문제를 해결하기 위한 노력을 시도했다. 우리는 아들과 뭔가를 주고받을 수 있는 길을 찾고 싶었고 그 접촉에 의미를 두었다. 보이지 않고 뚫을 수도 없을 것 같은 벽을 뛰어넘어 온 힘을 다해 아이에게가 닿음으로써 그 애가 우리 존재를 알고 자기 주변을 알도록 할 수는 없을까? 우리는 우리가 그 애를 얼마나 사랑하는지 그 애가 알기를 원했다.

사마리아와 나는 두려움과 열망을 서로 나누면서 끝없는 시간을 보냈다. 우리는 차마 드러내기 어려운 생각이나 의견도 빠뜨리지 않고 나누었다. 우리는 울고 싶으면 울었고 환호하고 싶으면 소리질렀다. 죄책감도 온통 분출시켰다. 우리가 무엇을 잘못한 것일까? 아무것도 떠오르지 않았다. 우리는 계속했다. 그 애가 나빠지는 것을 막을 기회를 우리가 놓쳤을까? 무엇인가 다르게 할 수 있지 않았을까? 우리는 생각나는 모든 것을 들춰내고 다 살펴보았다. 우리가 더 많이 이해할수록 더 많이 라운을 도울 수 있다고 믿었다. 우리의 생각을 분명하게 정리해야 했다.

저녁식사 후에 시작된 질문과 조사에 대한 대화는 침실에까지 이어졌다. 우리의 대화는 새벽 서너 시까지 계속되었다. 어떤 때는 침실 유리창으로 밤하늘을 보기도 했다. 달빛이 방안으로 스며들어 벽과 천장을 비추었다. 천장에는 한 친구가 디자인하고 또 다른 친구가 석고판 위에 색칠한 딜리풍의 그림이 그려져 있었다. 기하학적 형태의 추상적이고 입체적인 커다란 숟가락이 바로 우리 머리 위에 매달려 있는 꼴이었다. 우리는 잠시 그 우스꽝스러운 그림을 보며 웃기도 하다가 다시 이야기를 계속했다. 공공시설은 어떨까? 신뢰할 수 있을까? 앞으로 어떻게 될까?

저녁시간은 곧 눈꺼풀이 무거워지는 새벽으로 바뀌었다. 비몽사몽 속에 아침을 맞은 우리는 정신을 차리고 이야기를 계속했다.

정신분석 이론은 자폐증이 냉정하고 적대적인 환경에서 온다고 주장했다. 라운이 태어난 첫해 동안 우리는 라운에게 애정과 사랑을 듬뿍 주었다는 것을 기억하며 이런저런 예를 들어 이야기를 주고받았다. 우리는 그 애가 태어났을 때 정말 기뻤고, 딸들에게 한 것처럼 그 애와 놀아주고 안아주었다. 그 애가 처음 움츠러든다고 느꼈을 때 우리는 아이에게 따뜻하고 부드럽게 대해주었다. 우리는 아이를 혼자 두지 않았다. 처음에 우리는 라운을 자립적이고 독립적인 아이로 보았다. 우리는 아이의 인내심을 자랑스러워했고 힘이 세다며 흥분했다. 그러나 손가락 사이로 모래가 새는 것처럼 그것이 바로 시작인 것을 누가 알았겠는가? 처음 넉 달 동안 아이의 알 수 없는 행동에 대해 우리는 조심스럽게 살피면서도 아이를 힘들게 하지는 않았다. 그것이 잘못이었을까? 그럴 수도 있겠지만 그렇게 생각되지는 않는다.

그 애가 혼자 있으려 하고 이상한 행동을 할 것이라는 소아과 의사와 전문가들의 말은 어떻게 할 것인가? 그러한 평가 때문에 고민을 하면서도 우리는 그들의 의견을 받아들였다. 시간이 흘러갔다. 우리는 한쪽으로 비켜서서 그들의 이야기를 듣고 또 기다렸다. 우리가 좀더 빨리 행동을 취할 수는 없었을까? 그러나 어쩔 수 없다. 그건 이미 지나간 일이기 때문이다.

아직 공기가 따뜻한 여름날 저녁에 사마리아는 잔디에 앉아 있었다. 눈물이 그녀의 뺨을 타고 흘러내렸다. 어제 그녀는 하느님께 기도했던 내용이 생각났던 것이다. "여보, 두 딸을 임신했을 때 나는 하느님께 그 애들이 건강하게 해달라고 기도했어요. 그게 전부였어요. 그런데 라운을 임신했을 때는 다른 기도를 했어요. 제발 아들을 달라고 기도했어요." 나는 흐느끼는 그녀를 진정할 때까지 안아주었다.

"여보, 그런데 왜 울어?" 내가 물었다.

"내가 건강한 아이를 달라고 기도하지 않은 것 같아요. 왜 그랬는지 모르겠어요. 그저 아들이기만을 바랐을 뿐이에요."

"사마리아, 당신이 건강한 아이를 원하는 것을 전지전능하신 하느님이 모르셨을 거라고 생각해?"

그녀는 고개를 저었다. 물론 그럴 리가 없다. 그러나 그 생각이 그녀를 괴롭혔다. 그녀가 기도를 소홀히 한 것이 결함을 가져왔나? 그러면 그것이 결함이란 말인가? 우리는 거기에 대해 서로 공감할 때까지 계속 이야기를 주고받았다. 밤공기가 차가워지고 저녁 이슬이 내리는 것을 느낄 수 있었다.

요람에 누워 밖을 내다보던 라운의 작은 얼굴이 생각났다. 내가 그 애에게 해준 것은 무엇인가? 나는 우리 딸들이 어렸을 때와 같이 그 애에게도 정성을 쏟았다. 어쩌면 그 아이에게 더 많은 관심을 가지고 뭔가 다르게 해줄 수도 있지 않았을까? 그러나 내 생각을 살펴본 결과 '아이에게 어떻게 해주기보다 많은 시간을 함께 있어주는 것이 더 중요할지도 모른다'는 생각에서 두려움이 비롯되었음을 알았다. 한편 나는 꼭 시간만 중요한 것이 아니라는 사실을 알고 있었기에 그러한 생각을 떨쳐버렸다.

라운의 귀가 감염되었을 때 의사가 항생제를 과다하게 처방한 건 아닐까? 그것이 뇌에 손상을 가져온 것은 아닐까? 아기였을 때 생긴 심각한 탈수증이 원인은 아닐까? 우리가 의사를 선택하는 데 엄격하지 않았고 그가 상태를 진단했을 때 우리가 전혀 의문을 갖지 않은 것이 잘못은 아닐까? 청각에 결함이 있을 것이라는 진단에 치중한 나머지 다른 사실을 간과한 것은 아닐까? 우리는 여러 가지 의문에 대해 이야기했고 마침내 지쳐버렸다.

우리는 서로를 힘들게 하며 마음속 깊은 곳까지 헤집고 내려가서 생각할 수 있는 모든 부정적이고 잘못된 것을 끄집어냈다. 그리고 그것을 테이블 위에 던져놓았다. 우리 감정을 깨끗이 청소할 수 있다면 그렇게 하고 싶었다. 온갖 오래된 불행까지 다 끌어내려고 노력했다. 다 끄집어내라! 그 모든 것들을 처리해야만 우리가 자유로울 수 있다!

우리는 악마와 싸우듯 두려움이라는 유령과 씨름했다. 비록 힘들고 지쳤지만 결국 우리는 자유를 느꼈고 열망으로 인해 생동감을 느꼈다. 그것은 우리 가족, 우리 인생이었고 우리는 이제부터 모험을 할 것이다.

여름이 시작되었다. 따뜻한 공기는 습하고 무거웠다. 갓 태어난 초록빛 생명에서 비옥한 대지의 향기를 느낄 수 있었다. 우리는 수업 준비와 과제를 뒤로하고 셸터섬에서 딸들과 함께 주말을 보냈다. 라운은 지난 5년간 우리 가족과 함께한 식구나 다름없는 열일곱 살의 낸시와 함께 있었다.

우리는 브린과 테아와 함께 우리 가족과 라운에 대한 모든 감정과 생각을 나누고 싶었다. 이 특별한 아들을 위해 삶의 새로운 장을 열고 획기적 변화를 가질 생각이었다. 더불어 우리는 아이들에게 철저하고 주의 깊은 관심을 기울이고 싶었다.

브린은 계속해서 동생 라운과 놀아보려고 애썼다. 그 애는 동생의 무관심을 이해했지만 그래도 동생의 거부에 점점 더 좌절하고 우울해 했다. 지난주에도 동생이 같이 놀기를 거부했기 때문에 마음이 몹시 상해 있었다. 우리는 원탁회의를 했다. 다섯 살인 테아까지도 우리의 작은 그룹의 참석자이자 동료였다.

"아빠, 라운은 나를 좋아하지 않나 봐요. 내가 뭘 잘못해서 나랑 같이 있기가 싫은가 봐요"라고 브린이 말했다.

"그건 아니야. 라운이 네 말을 듣지 못하기 때문에 대답하지 않는다고 생각해 보면 어떨까? 들을 수 없다고 상상해 봐. 그러면 네가 불렀을 때 너를 보지 않아도 화가 나지 않겠지?"라고 내가 말했다.

"그럼요, 아빠."

"좋아." 내가 말했다. "우리는 네 동생이 왜 그러는지 알 수가 없어. 그 애를 본 많은 의사들은 그 애가 자폐증이라고 한단다. 아마 라운은 지금 어떻게 할 수가 없나 봐. 이유는 모르지만 그 애가 우리를 보거나 같이 노는 것이 어려운가 봐. 그렇지만 그 애는 최선을 다하고 있단다. 그래서 네가 그 애를 부를 때 그 애가 대답하지 않는 건 그 애가 대답할 수 없거나 어떻게 대답을 하는지 모르기 때문일 거야. 그러니까 네가 잘못하는 것도 아니고 동생이 너를 사랑하지 않는 것도 아니란다." 브린의 뺨 위로 눈물이 흘러내렸다. 이렇게 새롭게 깨닫게 되자 그 애의 표현에는 더 이상 분노와 좌절이 없었다. 사마리아는 브린을 꼭 안아주었고 나는 그 애의 손을 꼭 잡아주었다.

다음날 아침 우리는 모래밭에 누워 일광욕을 했다. 햇빛은 물결 위에서 반짝이고 있었다. 우리는 참치 샌드위치와 따뜻한 음료수를 마시면서 즐거운 시간을 가졌다. 브린과 테아는 깔깔거리면서 발끝으로 부드러운 잔디를 밟으며 놀다가 우리에게 손을 흔들기도 했다. 테아는 결코 자신의 감정을 말하지 않았다. 그 애와 라운과의 사이에는 문제가 별로 없는 것 같았다. 테아는 우리 집안의 화가 고갱이었고 혼자 있는 것을 좋아했다. 그래서 라운이 혼자 있고 싶어하는 것에 전혀 신경을 쓰지 않았다. 만일 라운이 싫어하지 않는다면 그 애는 같이 놀지 않더라도 동생 옆에 앉아 그림을 그리면서 놀 수도 있었다.

그러나 사마리아는 테아를 주의 깊게 살펴보았다. 이따금 한두 마디 하더니 그 애는 처음으로 자신의 판단을 이야기했다. 그 애는 우리가 라운에게 점점 더 관심을 쏟고 있다고 말했다. 질투가 섞인 말이었다. 저울의 무게중심이 다른 쪽으로 옮겨가는 것으로 느꼈던 것이다. 우리는 테아에게 특별한 관심이 필요한 라운의 상태를 설명해 주면서 테아에 대한 사랑이 결코 줄어들지 않았음을 이야기해 주었다. 테아는 안심한 듯이 수줍게 웃었다. 그 애는 우리의 대답에 만족한 듯 했다.

그곳에서 보낸 마지막 날 저녁에 우리는 오토바이를 빌려 그 작고 색다른 섬을 둘러보았다. 지난 시간들이 떠올랐다. 결혼 첫 해에 우리는 오토바이를 타고 버몬트 산맥과 캐나다 산악지방을 일주했다. 도로 변에 앉아 길바닥을 식탁 삼아 저녁식사를 하곤 했다. 담배를 사기 위해 한푼이라도 아끼면서 나는 고뇌하는 젊은 작가에 대한 현대극을 쓰고 있었고, 사마리아가 생계를 책임지고 있었다. 대학시절과 졸업 후 몇 년 동안 나는 한 편의 전설을 소설화해서 생명을 불어넣으며 동시에 희곡화하는 작업을 병행했다. 그러나 결국 유사한 구조의 작품을 헤르만 헤세가 저술했으며 나보다 훨씬 훌륭하게 그렸다는 사실을 알게 되었다.

바람이 얼굴과 살갗을 간질이며 지나갔다. 사마리아는 내 허리에 손을 감고 있었는데 나는 그녀가 울고 있는 것을 알았다. 우리는 내려서 물가를 따라 걸었다. 그녀는 울음을 참지 않고 끝까지 쏟아냈다. 하늘에서 물 위로 떨어지는 다이아몬드 같은 빛이 사마리아의 얼굴에 흘러내리는 눈물을 비추었다.

우리는 일요일 밤에 집으로 돌아왔다. 그리고 그때부터 생활에 새로운 변화를 준비하고 운명에 단호하게 대처하기로 마음먹었다.

우리는 모든 진단기록과 메모를 분류하고 모든 정확한 이론과 발표된 원고를 살펴보았다. 우리는 전문가들이 자폐증을 희망 없고 제한된 미래라고 이야기하는 것을 들었다. 우리의 주치의조차 그 진단에 고개를 끄덕였다. 우리는 비슷한 아이들을 가진 부모들을 만나보았다. 우리는 그들의 분노·절규·저주·죄의식·혼란을 들었다. 그들 역시 통상적이며 부정적인 견해 이외에 어떤 도움이 되는 대안이나 충고를 듣지 못했다. 어떤 이들은 포기했고 어떤 이들은 반쯤 정신을 잃고 비틀거렸다. 결국 그들 대부분은 하는 수 없이 절망적으로 수용시설을 택했다.

우리에게 신념의 힘에 대해 가르쳐 준 사람에게 자문을 구했을 때 그조차도 라운을 혼자 놓아두라고 말했다. 그는 라운이 할 수 있다면 또 원한다면 우리에게 다가올 것이라고 생각했던 것이다. 우리는 동의할 수 없었다. 우리는 라운이 우리 세계로 들어오기를 바라는지 아닌지를 결정할 어떤 개념적 능력이 있다고 믿지 않았다. 우리는 우리가 할 수 있는 것과 하기를 바라는 것 저편에 뭔가 있다는 것을 알았다. 왜 우리는 어른들을 가르칠 때 받아들이고 사랑하고 판단하지 않는 원칙을 라운과 같은 아이들에게 다가가고 그들을 교육하는 프로그램의 기초로 사용할 수 없을까? 우리에게 있어 받아들이는 것은 결코 수동적이거나 게으르다는 의미가 아니었다. 그런 자세를 가짐으로써 우리가 한때 비판하고 피했던 사람들이나 상황에 우리 마음을 열고 손을 내미는 데 도움을 받았다.

결국 사마리아와 나 둘뿐이었다. 우리는 이 문제를 함께 껴안았다. 우리가 아들에 대해 무엇을 알고 있는가? 그 애는 분명히 멀리 있고 갇혀 있지만 부드럽고 온화하며 아름답다. 그 애는 몇 시간 동안 한 가지 대상에 집중하는 놀라운 재능을 가졌고, 자기 자신과 더불어 행복해하고 혼자만의 세계에서 행복을 느끼는 평화로운 여행자였다. 라운은 잡초가 아니라 꽃이었고 짐이 아니라 모험이었다. 다른 사람들이 고통으로 생각할 때 우리는 선물로 받아들였다. 우리는 전혀 괴롭지 않았으며 그저 헌신적이었고 생각을 분명히 했을 뿐이었다. 사마리아와 나는 어느날 밤늦게 라운이 요람에서 잠든 것을 보면서 서로 손을 잡았다. 우리는 서로를 바라보았다. 우리는 알았으며 결정을 내렸다. 우리는 어떤 대가를 치르더라도 우리 아들에게 다가가기 위해 노력할 것이다!

우리는 라운에게 특별하고도 색다른 도움을 줄 수 있음을 깨달았다. 그렇다고 우리와 라운의 관계가 그 애가 그 도움을 받아들이느냐에 좌우되지 않으리라는 사실도 알았다. 행동하되 판단하지 않는 것, 이것이 우리가 라운과 시작하는 자리가 될 것이다. 이러한 태도는 그동안 우리가 취해온 태도였으나 그것을 다시 확인하고 말로 표현함으로써 우리는 우리의 '특별한' 아들을 대하는 방식의 근본 관점을 좀더 분명하게 깨달을 수 있었다.

우리는 문헌들이 저주한 대지에 입맞출 것이다. 우리는 우리 아들의 모든 경이로움과 개성을 포용할 것이다. 라운은 인류애로 들어가는 아름답고도 풍요로운 여정에 우리를 초대했고 우리는 함께 걸어갈 것이다.

낯선 세계를 끌어안으며

기대하지 말고 판단하지 말고 조건을 부여하지 말 것. 이 태도로 라운과 함께하고 교류를 시도하기로 했다. 우리는 계속 받아들이고 인정하는 시각을 유지하며 헌신할 것이다. 우리는 그의 '행동(몸을 앞뒤로 흔들고 돌리고, 손가락을 까닥거리는 등의 반복적 행동)'을 전적으로 받아들였다. 사실 좀더 자세하게 관찰한 결과 우리는 그 애가 복잡하고 당황스럽고 혼란스러운 인식의 혼합체에서 어떤 의미를 발견하기 위해 이러한 행동을 이용할 수도 있다는 것을 알아차렸다. 이런 행동은 아마 그 애의 세계를 유지하는 건강한 방식일 수도 있지만, 우리나 자신의 주변 환경에 어떤 설명을 하려는 것은 결코 아니었다. 무엇이든지 입으로 가져가고 침을 흘리는 것, 몇 시간이고 손가락을 관찰하는 것, 같은 것을 계속하려는 강박적 욕구 등은 아마 그 애가 예측할 수 없는 세상을 만나고 헤쳐 나가기 위해서 기능장애 자체가 개발해 낸 적응과정에 지나지 않을 것이다.

우리는 먼저 그 애를 완전하게 알아야 했다. 우리는 장기적 관찰기간을 갖기로 했다. 사마리아와 나는 끝없는 시간들을 라운과 함께 앉아 그 애를 관찰하면서 상세히 적고 하루가 끝날 무렵 함께 검토했다. 아침 시간에는 창문을 통해 햇살이 비쳐오는 식탁에 아이를 앉혀놓고 몸을 앞뒤로 흔드는 행동을 지켜보았다. 우리는 아이의 기묘한 의식절차의 배경막이 되어주는 스테인드글라스에 비친 실루엣을 보면서 아이 주위를 왔다갔다했다. 오후에는 집 뒤 숲속에서 라운을 우리 사이에 앉히고 밖에서 보냈다. 여름 햇살을 가려주는 백년 된 참나무 그늘에 앉아 우리 아들은 최면에 걸린 것처럼 자신의 눈앞에서 손가락을 돌리고 있었다. 그 애는 주위를 보기는 하지만 그 경치는 관심 밖인 것처럼 단지 손가락을 움직이는 행동에만 사로잡혀 있었다.

우리는 그 애가 반복적으로 몸을 흔들면서 눈에 띄는 둥근 물체는 무엇이든 찾아내 돌리려고 애쓰는 것을 지켜보았다. 우리는 그렇게 하면 뭔가 관련된 것을 알아내거나 이해할지도 모른다는 생각을 하며 아이를 위해 그리고 우리를 위해 그 행동을 따라했다. 우리는 또한 아이의 행동을 따라하는 것이 우리가 함께 있다는 것을 아이에게 알리는 방법 가운데 하나라고 믿었다. 그 애가 우리를 따라올 수 없다면 우리가 그 애를 따라가고 싶었다.

저녁시간에 서재에서 라운은 손가락으로 능숙하게 접시를 잡더니 여러 가지 색의 기하학적 무늬로 복잡하게 짜여진 나바호 양탄자 위에 앉아 접시를 돌리기 시작했다. 그 애는 우리를 한 번도 쳐다보지 않았고 벽에 걸린 엄마의 그림도 보지 않았다. 그 애는 창밖으로 하늘을 내다보거나 바람 속에 서 있는 나무를 바라보지도 않았다. 한 번도 눈을 돌리지 않았다. 그러다가 접시가 회전이 느려지면서 기우뚱거리다 양탄자 위에 정지하면 라운은 재빨리 다시 잡고 돌리는 것이었다. 라운은 몇 시간 동안 수백 번 그 과정을 반복했다. 우리가 아무리 노력해도 아이가 홀로 즐기는 그 놀이를 멈추게 할 수는 없었을 것이다.

관찰 시기를 연장하면서 우리는 매우 힘든 모방 방법을 시작했다. 라운이 방에서 접시를 돌릴 때 사마리아와 나를 비롯해 집 안에 있는 모든 사람들이 접시와 냄비를 모아 그 애 옆에서 같이 돌리는 것이었다. 때로는 일곱 사람이 그 애와 함께 돌리기도 했다. 이렇게 하여 라운의 '행동'은 기꺼이 받아들여지고 즐거운 공동 이벤트가 되었다. 그것은 우리가 그 애와 함께 있는 방법이었고, 그는 그 모습대로 괜찮으며 어디에 있든지 우리가 그 애를 사랑하고 보살피며 받아들인다는 것을 아이에게 알려주는 방법이었다.

우리가 취한 방법은 자폐아를 다루기 위해 개발된 행동수정이라는 방법과 분명하게 대조된다. 행동수정은 최근에 널리 알려져 많이 사용하는 심리적·교육적 훈련 방법이다. 지금까지 행동수정은 단지 부적절하거나 비정상적인 행동을 통제하는 데 제한적으로 성공을 거두었다. 그런데도 점점 더 많은 전문가들이 이 방법을 자폐아와 발달장애아들에게 다가가기 위한 유일한 방법으로 이용했다. 비록 때로는 그것이 교육적으로 유용한 방법이라고 생각되기도 하지만, 그 근본적 전제와 철학을 자폐아 관련 프로그램의 유일한 근거로 삼는 것은 의문의 여지가 많아 보였다.

행동주의 심리학자들은 처음부터 자폐아나 발달장애아에 대해 그리고 그들의 행동에 대해 많은 판단을 한다. 그리하여 어떤 행동은 '나쁜 것'으로 또는 바람직하지 않은 것으로, 또 다른 어느 것들은 좋은 것으로 분류하거나 이름을 붙인다. 그들은 행동에 내재된 원인을 치료 과정에서 적용해야 한다고 생각지 않고 다만 구체적으로 관찰할 수 있는 것만 다룬다. 그래서 만약에 그들이 '행동'을 바람직하지 않다고 생각하면 보상과 처벌의 정교한 체제를 통해 그 행동을 소멸시킨다.

행동수정 프로그램에 사용되는 혐기조절요법(嫌忌調節療法, 해로운 자극을 주어 어떤 버릇이나 행동을 그만하게 하는 요법—역주)에는 소리지르고 꼬집고 때리며 아이들 얼굴에 물총을 쏘거나 잠시 동안 벽장에 가두거나 전기 쇼크를 주는 방법이 포함된다. 내가 관찰한 행동주의 심리학자는 아이의 내면세계에 대한 우리의 감수성을 무시하고 나를 어리석은 낭만주의자라고 불렀다. 그는 자신을 감성적 휴머니스트가 아닌 과학자라고 하면서 (낭만주의자인) 내게 건투를 빌어주었다. 그의 프로그램은 정부 보조금으로 아낌없이 지원되는 실험 모델이었다.

그나 그와 비슷한 사람들이 고려하지 않았던 것은 아이의 존엄성이었다. 아이가 누구건 어떤 행동을 하건 존엄성은 아이의 권리다. 그가 고려하지 않았던 점은 아이 자신의 메시지와 그가 스스로 말하는 어조였다. 만일 프로그램이 단지 일부분이라도 은연중에 비난으로 시작된다면, 다시 말해 꼬마들이 나쁘고 그들의 행동이 어쨌거나 잘못된 것이라는 생각에 기초를 둔다면 그 결과는 어떻게 될까? 당신이 사람들을 밀어버리면 그들은 자동적으로 당신을 되밀어 버리는 경향이 있다.

행동수정 프로그램은 아이들에게 그들이 치료사나 교사, 또는 그들 때문에 고통받는 사람들의 지시에 따라야 한다는 강한 메시지를 보낸다. 아이가 원하는 것은 무시되거나 거부된다. 아이들이 자신을 진정시키고 집중하기 위해 사용하는 부적절한 행동은 거칠게 때로는 폭력적으로 제지된다. 세상과 교류하거나 이해하는 데 특별한 어려움이 있는 어린아이가 자신을 인정하지 않고 위협하는 사람들과 소통하고 포용하기를 원하겠는가? 발달장애를 가진 어린아이가 그들의 기본 인권조차 인정하지 않는 사람들로부터 무엇을 배우고 싶어하겠는가? 왜 어린아이가 흥미로워하고 원하는 것을 무시하는가? 내가 본 바에 의하면 특별한 도움이 필요한 아이들에게 치료나 교육이라는 이름으로 행해진 것들은 일반 가정이나 학교였다면 아동학대로 간주될 수도 있는 것이었다. 이 문제에 대해 나나 다른 사람들이 어떻게 18개월 된 내 아들을 판단할 수 있겠는가? 어떻게 그 아이의 행동이 부적절하고 나쁜 것이라고 단정지을 수 있겠는가? 그리고 어떻게 그 아이를 변화시킨다는 이유로 묶고 때릴 수 있겠는가?

만약 라운이 나를 똑바로 바라볼 수만 있었어도 그 애는 그런 방법으로 변화될 수 있었을 것이다. 만약 그 애가 말을 할 수 있다면 다른 아이들처럼 언어를 사용할 것이다. 그 애는 자기 자신을 돌보는 방법으로 손가락을 돌리고 몸을 흔드는 것이다. 내가 이해하지 못하는 것을 왜 나쁘다고 비난해야 하는가? 왜 아이의 병을 적으로 여기는가? 왜 마음을 열고 배워서 그것을 우리의 친구로 만들지 않는가?

우리는 특별한 아이들을 위해 일하는 전문가들이 그들 스스로에게 단순하고도 기본적인 질문을 결코 하지 않는다는 것을 알았다. 그들의 의도는 좋지만 인간적인 면은 전혀 고려하지 않는다. 비정상 행동을 다루면서 그들이 순간순간의 전투에서는 승리했을지 모르지만 결국에는 구하려 했던 사람을 잃고 말았다.

우리는 전혀 다른 방법으로 라운에게 다가갔다. 이제 겨우 걸음마를 하는 어린아이였지만 우리는 그 아이를 존중했다. 우리는 우리가 그 애를 사랑하고 받아들인다는 사실을 모든 가능한 방법으로 라운에게 알려주는 것이 아이에게 다가가기 위해 해야 할 최초의 그리고 최선의 길이라고 믿었다. 그 애가 만약 우리 세계로 올 수 없다면 우리가 그 애에게 기꺼이 갈 것이다.

우리가 만약 그를 밀거나 끌어당겼다면 우리가 기울인 노력의 결과가 하찮았을지도 모른다. 우리가 그 애의 세계에 개입하고자 한다면, 그것은 그의 허락을 구하며 그와 함께 있어야 함을 뜻한다. 우리는 우리 행동이 아이가 원하는 것과 조화를 이루기 바랐다. 우리 모두처럼 라운도 최선을 다했다. 만약 아이가 더 많은 것을 하기 바랐다면, 그를 돕고 보여주고 사랑해 주면서 먼저 아이가 더 많은 것을 원하도록 해주어야 했다.

관찰의 날들이 이어졌다. 사마리아와 나는 서재에서 라운의 반대편에 앉아 있었다. 그 애는 먼저 몸을 흔들었고, 다음에는 원을 그리며 몸을 돌렸다. 그 동작은 숙련된 것이어서 결코 아무렇게나 하는 것처럼 보이지 않았다. 우리는 개척시대 사람들이 새로운 세계의 역동성을 탐구하는 것처럼 느꼈다. 그 작은 소년은 자신을 자극하는 복잡한 행위 속에 빠져 있었다. 우리는 아이가 아주 행복한 기분이라는 것을 알았다. 우리 시대의 문헌이 비록 자폐증을 감정적이며 정신병적 상태로 규정했지만 라운은 그것에 맞지 않았다. 자폐적이지만 정신병적은 아니었다.

내가 읽은 것들은 모순된 것처럼 보였다. 어떤 권위자들은 자폐아들의 행동을 증상으로 규정했다. 그 행동은 논의되어야 할 것이 아니라 단순히 잠재된 느낌을 아무렇게나 표현한 것으로 무시해도 되는 행동이라고 보았다. 또 다른 이들은 아이가 자신의 세계를 인정하지 않는데 대한 항의의 표현을 하는 것이라고 단정했다. 나는 만약 어떤 사람이 선입견이나 판단없이 라운 같은 아이와 함께 앉아 있으면서도 그런 가정에 이를 수 있는지 궁금했다.

라운의 행동은 우리와 같이 있을 때나 혼자 있을 때나 항상 하던 행동이었다. 움직임은 정확했고 그 애를 편안하게 해 주는 것 같았다. 혼자 있거나 행동을 바꾸는 순간에만 그 애는 자신에게서 나와 다른 사람들과 접촉을 시도하는 것 같았다. 그럴 때마다 심한 어려움을 겪는 것처럼 보였다. 그 애의 행동양식이 그 자신에게 도움이 된다는 사실을 우리가 점차 깨달았을 때 우리는 흥분하며 그의 세계로 들어가게 되었다.

일반적으로 자폐아는 서너 살이 되기 전까지는 정확한 진단을 할 수 없다. 어떤 부모들은 아이의 행동에서 이상한 점이 확실하게 드러나기 전까지는 형식적 검사를 받을 생각조차 안 한다. 또 어떤 이들은 두려움과 분노 때문에 아이의 문제를 인정하려 하지 않는다. 그래도 어떤 부모들은 조기 상담을 시도하지만, 많은 소아과 의사와 전문가들에게서 기다려 보자는 말만 듣게 된다.

자폐아는 주변 세상과 어떻게 잘 지내야 하는지 모른다. 또한 애정을 가진 가족이나 친구들은 이 작은 아이의 수수께끼 같은 행동에 어떻게 대처해야 하는지 모른다. 그러므로 몇 년의 기능적 자폐상태 후에 아이는 좌절·분노·고통을 일련의 특별한 행동양식과 뒤섞어 걱정하는 사람이나 비난하는 사람에게 드러낸다. 한때 자폐증의 원인으로 여겼던 불만 표출은 두 세계가 충돌한 결과 느끼는 고통을 의미한다.

자폐증을 신경학적·유전학적 기능 부전(不全)으로 규정한 최근의 발전된 전망도 고통에 억눌린 부모의 아픈 마음을 위로해 주거나, 고립되고 스스로 갇혀버린 아이를 자유롭게 해주지 못한다.

만약 바깥세상을 의미있는 하나의 모습으로 만들지 못하는 이 아이들에게 '세상을 한데 모으고 연결시킬 것'을 기대하고 부담을 주는 환경에 강제로 참여시킨다면, 그들의 결함은 이 압력과 합해져 쉽게 불안과 두려움을 만들어 낼지도 모른다. 또한 누그러지지 않고 계속되는 그들의 감정 문제는, 그들의 불행이 더욱 날카로워지고 더 광범위하게 퍼져 마침내 태도와 행동에 영향을 미칠 때까지 점차 확대된다.

그러나 17개월 된 라운에게는 그런 특성이 나타나지 않았고 조용하고 편안하게 보였다. 우리는 그 아이에게 강요하거나 판단을 내리지 않았다. 독특한 반복적 행동에 거부감을 보이지도 않았다. 아이와 눈을 맞추고 싶었지만 강요하지는 않았다. 라운은 8~10개월쯤 되었을 때 자신만의 세계 속으로 빠져들었다. 산발적으로 보이는 자폐적 행동양식은 비교적 오래된 것이 아니었다. 아이의 세계와 우리 세계는 충돌하지 않았다.

사마리아와 나는 우리 생활의 기본 전제를 다시 평가하고 아이의 어려움에 대처하기 위해 우리의 생활 방식을 조정했다. 우리는 새로운 눈으로 보는 법을 배웠다. 라운은 화를 내거나 불안감을 드러낸 적이 없었다. 우리는 장난스럽게 그 애를 '다른 별에서 온 작은 부처'라고 불렀다. 라운은 부엌바닥에서 몸을 흔들 때나 두 음절의 세레나데를 끝없이 흥얼거릴 때 아주 즐겁고 행복해 보였으며 때로 명상에 잠긴 듯이 보였다. 그 애의 기능 이상이 심리적 충격이나 억압에서 나왔다거나 그 애의 병을 내적 혼란에 대한 반응으로 판단할 이유가 없었다.

대부분의 전문가들은 아이가 인간적 접촉에서 멀어지기 시작하는 시점, 곧 자폐증의 발생 단계를 관찰하지 못한다. 그들은 아이의 단순하고 정상적인 매일의 행동이 강박적이고 극적인 형태로 옮아가는 것을 보지 못한다. 그들은 보통 이렇게 변화된 행동을 몇 달 또는 몇 년 동안 계속 한 아이를 볼 뿐이다. 그때쯤이면 가족이라는 전통적 사회 조직은 이미 큰 충격을 받고, 그들의 스트레스는 그 작은 아이의 세계에 영향을 미친다. 왜냐하면 가족들은 더 이상 자폐적 증후와 구별하거나 분리할 수 없는 여러 가지 감정에 휩싸인 아이에게서 떠나기 때문이다. 우리는 라운이 판단하고 부정하는 세상에 아직 어떤 영향도 받지 않는 아이라고 느꼈다. 우리는 라운을 두려움 없이 사랑으로 또한 열린 마음으로 만날 수 있었다.

매일 아침 요람에서 일어날 때 라운은 자신의 거울을 바라보는 것 같았고 두 눈은 도자기처럼 빛났다. 산들바람이 아이의 곱슬머리를 부드럽게 어루만지면서 얼굴을 스쳐지나갔다. 그 애는 다른 별이나 다른 시대에서 온 방문객 같았다. 사마리아가 기저귀를 갈아주고 얼굴을 닦아줄 때는 얌전히 있었고 엄마를 흘깃 바라보고는 다시 자신의 세계로 돌아갔다. 뇌의 손상인가, 아니면 뇌의 축복인가? 우리가 그 애에게 다가가 더욱 의미있고 지속적인 태도로 그를 사랑하고 그를 만질 수 있기를 바란다면 바로 그 순간이 그 아이와 함께 시작할 시간이었다.

탁자 위나 타일 바닥에 앉아 있을 때, 양탄자 위에서 몸을 흔들 때, 시멘트 길 위에서 원을 그리며 돌 때 우리는 관찰하고 참여하며 그 애와 함께 있었다. 매일 아침 일찍부터 이른 저녁 그 애가 잠자리에 들 시간까지 우리는 계속 그 애와 함께 있었다. 우리는 식사를 거르거나 마루 위에서 아이 옆에 앉아 먹기도 했다. 밤에 토론하기 위해 시간을 재고 기록하고 의문나는 것들을 적었다. 여러 날이 지나갔고 다시 또 여러 주일이 지났다. 우리는 그 아이 내면에 들어가 있는 것처럼 아이를 알고 싶었다. 우리가 그 아이의 존엄성과 특별함을 끝없이 존중하게 되면서 시간이 지날수록 우리의 사랑이 더해가는 것을 느꼈다.

그 일은 장기 관찰을 시작한 두 번째 주간에 일어났다. 라운은 부엌바닥에 앉아 접시·병뚜껑·냄비와 그릇 등 눈에 띄는 온갖 둥근 물건을 돌리면서 시간을 보냈다. 그런데 이번에는 직육면체인 구두상자를 집어들더니 거의 25분 동안이나 손에 쥐고 있었다. 그 애는 눈으로 상자의 모서리를 이리저리 살피면서 가끔씩 손가락으로 상자를 톡톡 치는 것 말고는 움직이지 않았다. 그러다가 갑자기 상자의 한쪽 모서리 끝을 바닥에 대고 왼손으로 안정감 있게 균형을 잡더니 오른손으로 그것을 능숙하게 돌렸다. 몇 번의 시도나 실패도 없었고 연습도 없었다. 그 애는 자신이 원하는 대로 움직이게 하려고 머릿속으로 정밀한 분석을 했던 것이다. 움직이거나 한 번의 시도를 하기 전에 그 애는 상자를 돌릴 수 있는지 그 가능성을 분석하고 목적을 이루기 위해 여러 방법을 종합했던 것이다. 아직 17개월밖에 안 된 아이가 어떻게…? 그것은 참으로 놀랍고도 훌륭한 것이었다. 이 중대한 행동이, 그 애의 특이한 행동 안에 존재한다고 느꼈던 그의 엄청난 지능 세계를 암시해 주었다.

라운을 계속 관찰하면서 우리는 자폐아들의 전형적 주요 증상에 대해 많은 의문점을 가졌다. 그것은 생명이 없는 물건에 대한 맹목적 집착과 사람이나 사회적 상호작용을 무시하는 경향에 대한 의문이었다. 자신을 자극하는 이상한 행동에 빠져 있지 않을 때 그 애는 멈춰서 한 곳을 10~20분 동안 계속 바라본다. 한번은 무엇이 그 애의 관심을 끄는지 보기 위해 그 애 옆에 앉았다. 그러나 어떤 특별한 것은 보이지 않았다. 그곳에서 어떤 흔적이나 자국도 없었다. 나는 우리에게 보이지 않을지도 모르는 어떤 것을 느끼려고 손으로 벽 표면을 쓸어보았다. 그 결은 아주 부드럽게 느껴졌다. 라운은 계속 한 곳만 응시했다. 우리는 그 애가 혹시 우리 눈에는 보이지 않은 어떤 것을 볼 수 있는 건 아닐까 생각했다. 우리를 그토록 놀라게 한 이 아이는 누구인가? 라운은 직접 느껴볼 수 있는 3차원의 피라미드보다 더 환상적인 보이지 않는 피라미드를 살피면서 시간을 초월하여 앉아있는 장엄한 인간 스핑크스 같았다.

어느 날 라운은 고풍스러운 당초무늬로 화려하게 장식된 식탁 받침대에 시선을 고정했다. 받침대가 움직이는 것도 아니고 소리를 내는 것도 아닌데 아이의 눈은 붙어버린 듯했다. 그 받침대는 누군가 옮기지 않으면 그대로 있을 물체였고 아무도 그것을 움직일 생각은 없었다. 그러므로 활동성이 없다는 점에서 그 금속 받침대는 분명히 예측할 수 있는 안전한 것이었다. 라운은 고정된 물체나 접시와 같은 물건을 다룰 수 있었다. 다시 말해 아이는 자신이 다룰 수 있고 특별한 목적을 위해 사용할 수 있는 제한된 물건과는 상호작용을 할 수 있었다.

이런 물건과 대조적으로 사람은 방에 들어오면 불규칙적으로 움직이고 소리를 낸다. 예측할 수도 없고 통제할 수도 없다. 만약 라운의 생체구조적 결함 가운데 하나가 사고력의 부족이나 기억과 상상력의 혼란, 그리고 생활 속의 경험을 시간과 공간 안에 함께 모을 수 있는 능력 부족이라면 확실히 생명이 없는 물건이 사람보다는 다루기 쉬울 것이다. 만일 각각의 사람이 방에 들어와 그때마다 라운에게 새롭고도 관련성이 없는 체험을 하게 했다면, 같은 한 사람이 아이에겐 아마 100명쯤의 다른 사람이었을지도 모른다. 그렇다면 우리는 매우 혼란스럽고 당황스러운 자료를, 엄청나게 다양하고 산발적인 영상을 그에게 쏟아붓고 있었던 것이 아닌가!

우리가 비록 라운을 사랑했고 오랜 시간을 함께 보냈지만, 아이는 우리를 인식하지 못했고, 잠깐 동안 자신의 세계로 들어왔다 나갔을지도 모르는 선반공이나 우체부, 그 밖의 어떤 사람보다 우리를 더 좋아하는 것 같지도 않았다. 라운과 놀 때마다 그에게 온 마음을 쏟은 브린과 테아조차도 그 애의 눈빛에서 좋아하는 감정을 찾을 수 없었다. 아이는 대부분 우리 존재를 무시하거나 우리를 지나쳐 다른 곳을 보았다. 아이는 우리와 눈을 맞추려 하지 않았다.

우리는 매번 다른 속도와 다른 방향으로 움직이며 다른 소리를 내서 아이를 더 복잡하게 만든다. 만약 라운이 우리가 누군지 알아차리지 못하고 우리를 복잡한 개념 덩어리로 본다면 왜 우리와 단절하지 않겠는가? 사람보다 평화롭고 상호작용이 가능한 생명없는 물체의 세계를 왜 더 좋아하지 않겠는가?

자신이 다룰 수 있는 물체에 힘을 쏟아붓는 동안 아이는 사람들과 떨어져 혼자 있다. 사람들을 관찰하지 않으면 다른 아이들과 달리 그들을 모방하지도 않는다. 그러므로 우리는 그의 학습이 극히 제한된 것이고 많은 예를 볼 때 학습이 전혀 일어나지 않는다는 것을 알았다. 언어 습득 역시 듣고 따라 하는 것이므로 라운에게 심각한 영향을 미칠 것이다. 결국 주위에 있는 다른 사람들과 관계를 맺고 의사소통하는 것은, 사람들이 없는 세계 속에 있는 라운에게는 아무런 의미가 없는 것이다.

라운을 관찰하면서 우리는 그런 아이들은 사람들과 관계를 갖지 않는다는 가설에 동의했다. 왜냐하면 그들은 관계를 맺지 않는 쪽을 선택하기 때문이다. 그러나 우리는 한 가지 중요하고 근본적인 조건을 알게 되었다. 그 아이들은 실행하기가 극히 어렵고 문제가 있다고 여겨지면 그것을 하는 데에 주저한다는 점이다. 불행하게도 여기에는 대부분의 정상적인 행동양식이나 간단한 일도 포함된다. 우리는 라운을, 내이(內耳) 균형 장애로 인해 수많은 연습을 했음에도 결국 줄타기 곡예를 포기한 사람과 비교했다. 라운 역시 그가 할 수 있는 것을 선택할 것이었다. 결국 라운에게는 그가 만들었던 포착할 수 있는 세계를 떠나 이해할 수 없는 세계로 가기 위해 엄청난 갈망과 추진력이 필요했던 것이다.

마침내 세 가지 영역의 분명한 기능장애를 가정할 수 있었다. 첫째, 사람과 사물로부터 자료를 받고 이해하는 능력이 라운에게는 부족했다. 둘째, 그는 자신이 얻는 정보를 다른 사람에게 의미있는 방식으로 적용할 수 없는 듯하다. 셋째, 아이는 강력한 심리 체계를 이루어 충분한 알파파와 엔돌핀을 만들어 내서 자신의 내면 깊이 들어갔다.

라운은 잠에서 깨어난 후 손을 바라보면서 앉아 있곤 했다. 아이는 보통 한 손에만 집중하는데, 손을 눈 가까이 댔다가 뗐다가 하면서 손가락을 위아래로 움직였다. 때로 그러한 움직임에 리듬이 따라오기도 했다. 손이 시야에 들어올 때마다 그는 손을 정지하고 눈으로 훑어보는 것이었다. 그것이 몇 시간씩 걸릴 때도 있었다. 만약 아이가 4개월에서 8개월쯤 된 아이라면 손발을 처음으로 의식하게 되는 그 행동이 정상이라고 볼 수도 있을 것이다. 그러나 17개월 된 아이가 아직도 그런 행동을 한다면 그것은 무슨 의미인가? 손이 시야에 들어올 때마다 라운은 마치 처음 손을 보는 아이 같았다. 그렇다면 그것은 끝없는 응시가 될 것이다. 손이 보일 때마다 그것은 그의 기억 또는 어떤 중요한 인식과도 전혀 연관이 없는 새로운 경험이 되었다.

이 사랑스럽고 외로운 아이가 이전의 상황이나 이해를 끌어올 능력이 없어서 각각의 경험을 하나의 격리된 사건으로 만들고 있단 말인가? 만약 아이가 경험을 한데 모을 수 없다면 아이는 똑같은 경험을 인식하는 데에 많은 시간과 세월이 필요할지도 모른다. 그렇게 된다면 아이는 새로운 것을 배울 시간이 없다. 그는 그를 도와줄 과거가 남긴 유산이나 미래에서 손짓하는 가능성 없이 현재에서만 살 것이다.

이 가설이 우리의 주의를 끌었다. 우리들 대부분은 전개되는 사건에 초점을 맞추면서 순간순간 현재에 머물기가 어렵다. 우리는 자주 '머릿속에서' 과거를 돌아보며 미래를 예측한다. 이전에 사마리아와 나는 우리의 모든 불행이 과거에 대한 유감이나 미래에 대한 걱정에서 나오는 것임을 알게 되었다. 그래서 행복은 현재에 존재하는 것이라고 결론지었다. 라운은 확실하게 바로 현재에 있을 수 있었다. 아마도 이것이 모든 행동에 쉽사리 집중하고 기뻐하는 그의 모습을 설명해 줄 것이다. 하지만 동시에 정보와 이해를 저장하는 중요한 능력이 상실되어 있었다.

라운의 아이큐를 30이하로 진단한 한 임상의는 고개를 저으며 그 애가 자폐적이며 발달장애를 가졌을 뿐만 아니라 심각한 지진아라고 말했다. 물론 우리도 알고 있다! 그렇지만 그것이 어떻다는 말인가? 우리는 이미 오래전에 우리 아들을 위해서는 어떤 것도 가능하며, 성공하든 실패하든 우리의 신비스럽고 특별한 어린 아들을 위해 우리

가족은 어떤 경우에도 노력을 게을리하지 않을 것을 결심했다.

우리는 라운과 함께하는 실험을 계속했다. 우리는 과자를 아이의 눈앞에 갖다 놓고 아이의 시선이 따라올 수 있도록 과자를 천천히 움직이면서 눈맞춤을 시도했다. 그러다 사마리아가 종이를 집어 들면 나는 과자를 그 뒤에 감추었다. 라운은 과자가 사라질 때까지 보았고 그의 눈은 과자를 본 마지막 장소에 고정되어 있었다. 아이는 빈 공간을 응시하며 혼란스러워하다가 잠시 망설이더니 시선을 돌려버렸다. 일단 종이가 아이의 시야를 가리면 종이 뒤에 있는 과자를 보여줘도 연관짓지 못하고 혼란을 겪는 것 같았다.

피아제에 따르면 18개월 된 아이는 물체가 시야에서 사라져도 마음속에 그 물체의 영상을 유지시킬 수 있는 지적 능력과 기술이 개발된다. 대부분의 경우 18개월 된 아이는 사라진 물건을 추적할 수 있다. 17개월 된 라운은 보지 않고는 마음에 물건을 그릴 수 없고 볼 수 없는 것은 추적하려 하지 않았다. 물체가 눈앞에서 사라지면 그것은 그의 머리와 지구상에 존재하지 않는 것이 된다.

다른 문제는 라운이 돌리는 행동 이외에 어떤 음식에 지속적 관심을 갖는다는 것이다. 아이는 결코 음식을 달라고 요구하거나 울지 않았고, 자기가 원한다는 것을 표현한 적이 없었다. 먹을 것을 주지 않아도 칭얼거리거나 애원하지 않았다. 그러나 우리가 아이 앞에 음식을 놓으면 아이는 어떻게 하는지 몰랐기 때문에 음식을 달라고 하지 않았을 것이다. 부드러운 유아식(라운이 씹지 않고 먹을 수 있는 유일한 음식 종류)을 주었을 때 아이는 눈에 띄는 관심을 갖고 먹었다. 그러나 많건 적건 일단 다 먹고 나면 더 달라고 하지 않았다.

먹는다는 것이 그에게는 매번 과거와 관련이 없는 새로운 경험처럼 보였다. 그래서 배가 고프다는 느낌이 들어도 아이는 그전의 방법(먹는 것)과 연결시킬 수 없었다. 마치 음식이 배고픔을 채워준다는 사실을 매번 잊어버리는 것처럼 보였다. 할 줄 아는 것이 아무것도 없었기 때문에 음식을 얻기 위해 아무것도 할 수 없었고, 대부분의 경우 주변상황은 아이에게 어떤 의미있는 실마리가 되지 못했다.

그리고 무언가를 돌리고 몸을 흔드는 것은 무엇을 의미하는가? 그런 반복적 행동은 끝없는 충격으로 다가오는 감각 경험을 마주할 때 진정시켜 주는 것 같았다. 물체에 몸을 기울이면서 라운은 움직이기 시작하는데 마치 그 물체와 하나인 것처럼 흔들었다. 그의 손과 손가락은 움직일 때 불규칙하고 경련하는 듯한 모양을 만들어 낸다. 라운이 그렇게 돌고 있는 세상에서 살 수 있을까? 어렸을 때 앓은 귀의 염증이 내이(內耳)의 적절한 성장과 안정시키는 기능을 방해했을까? 항상 어지러운 상태 속에 있는 것일까? 한 살이 되었을 때 걷는 법을 배우고 균형을 유지하면서 움직였는데 자주 발끝으로 걸었다. 그것이 더 나은 균형 상태를 찾으려는 방법일까? 아마도 그렇게 도는 것이 세상을 인식하는 아이만의 방식인지도 모른다. 만약 그렇다면 사실 아이는 자기 몸을 돌려야만 세상을 조용히 서 있게 하는 것이다.

라운이 조정하는 이런 자기 자극적 행동들은 그 나름대로의 감각 반응 장치를 갖고 있다. 그것은 우리 대부분이 콧노래를 부르거나 안락의자에 앉아 몸을 흔들거나 음악에 맞추어 손가락으로 소리를 낼 때 느끼는 편안함이나 기쁨과도 비슷하다. 이런 것들 역시 자기 자극적 행동이며, 전반적으로 받아들이는 것이기는 하지만 대부분의 사람들은 그런 행동을 '과도하게' 하지 않는다. 의문투성이다! 대답을 찾을 수 없는 의문들!

보고 듣는 것에 대한 아이의 무감각에 우리는 어떤 의미를 찾을 수 있을까? 이 귀여운 작은 아이는 볼 수 있지만 볼 수 없었고 들을 수 있지만 들을 수 없는 것 같았다. 사마리아가 불렀지만 아이는 대답하지 않았다.

한 번은 아이의 머리에서 한 뼘밖에 떨어지지 않은 탁자에 책을 '탁'하고 내려놓았다. 아이는 그 소리를 듣지 못한 것 같았고 움찔하거나 움직이지도 않았다. 그러나 가끔 다른 방에서 들려오는 낮은 음악 소리에는 관심을 보였다. 일관성을 찾을 수 없었다. 어떤 물체는 보고 있어도 보는 것 같지 않았지만 다른 어떤 것에는 깜짝 놀라고 관심을 두는 것 같았다.

어느 날 아침 내가 아이 눈앞에서 손바닥을 획하고 움직였지만 눈도 깜빡이지 않았다. 아이의 모든 감각기관은 완전한 것 같았다. 그러나 의지에 따라 보거나 듣는 것을 통제할 수 있었다. 그것은 비상한 능력이었다. 아이는 인식작용을 멈출 수 있었고 선택적으로 완벽하게 자신의 감각기관을 정지시킬 수 있었다. 얼마나 놀랍게 자기를 다스리고 있는가! 그러나 아이가 내적 스위치를 어떤 특정한 때 끄고 켜는 이유는 신비로 남아 있었다.

어떤 확실한 해답도 얻지 못했지만 우리는 관찰 결과 잠정적 가설을 설정할 수 있었다. 그것은 라운이 어쩌면 자극에 극심한 충격을 받거나 인식작용이 지나치게 민감한지도 모른다는 것이다. 그렇다면 뇌로 들어오는 신호를 차단함으로써 그 자신을 보호하려는 것일지도 모른다. 그러나 그 반대일 수도 있다. 곧 아이의 인식 용량이 적기 때문에 한 가지 감각을 증대시키거나 집중하기 위해서 다른 하나를 일시적으로 차단해야 하는지도 모른다. 어떤 것을 바라볼 때 산만해지지 않기 위해서 듣는 감각을 차단할 수도 있다는 것이다. 때로 어떤 소리를 듣는 동안 그의 눈은 텅 비어 있는 것 같다. 입력된 정보를 좀더 쉽게 인식시키기 위해서 단순화하는 조절작용에 어려움을 겪고 있는 걸까? 우리는 이따금 세 번째 가능성도 생각한다. 곧 기억과 과거의 감각을 재생하는 체계가 너무 활발하게 작용하기 때문에 내면의 그림을 살펴보기 위해 인식작용을 중단하는 것인지도 모른다는 것이다. 어쩌면 이 모든 요인들이 다함께 아이 곁에 머물러 아이에게 응답하길 바랐고, 감각세계와 만나는 것을 아이가 이해할 뿐 아니라 그것을 조절하는 데 우리가 도움이 되길 바랐다.

두 가지 요인이 비판적인 것으로 나타났다. 먼저, 라운이 가진 인식에 대한 문제점이 더 분명히 드러나야 했다. 둘째, 라운은 인지력·기억력·상기력에서 문제점을 보였다. 라운은 생각하는 능력이 절대 부족했다. 인식력에 문제가 있어서 새로운 자료를 옛날 것과 연결시키지 못하고, 이어지는 경험을 일반화시키지 못했다. 여러 가지 경험을 일관된 인식으로 만들지 못했다. 마술은 없었다. 연결된 전체 없이 그저 파편화된 조각들만 있었다. 그것은 마치 극히 기본적인 도움을 기대한다 해도 어떤 것으로부터 도움을 찾아야 할지 생각할 수 없는 것과 같다. 아마 아이는 눈으로 볼 때까지 자기가 원하는 것이 무엇인지 모를지도 모른다.

라운 카릴의 감각은 '현재'에 제한되어 있다. 우리는 궁극적으로 그가 받아들이고 느낀 것을 분류하며 아이의 경험에서 유용한 과제를 끌어내도록 하는 데 언어 개발이 매우 중요하다는 것을 알았다. 언어는 그의 날개가 될 것이다.

우리는 라운과 함께 지내면서 새로운 사실을 명확히 이해하며 종합할 수 있었다. 그의 세계에 뛰어든 것은 우리에게 인상적인 영향을 주었다. 우리는 흥미를 자극하는 독특한 개척지를 탐험하는 선구자처럼 느껴졌다. 사랑스럽고 평온한 어린 아들을 통해서 우리는 인식하고 사고하는 것이 얼마나 복잡한지 다시 깨달았다. 아이의 문제가 병원에 있을 때 일어났는지, 뇌손상에서 기인했는지 알 수 없었지만 어느 의사가 지적한대로 최초의 원인은 더 이상 중요하거나 의미있는 것이 아니었다. 우리는 그의 세계를 두려움이나 걱정이 아닌 사랑과 수용의 자세로 접하게 되었다. 우리는 우리 아이를 찾기 위해 미지의 심연으로 탐험을 계속해 나갔다. 그리고 지금 우리는 아들에 대해 많은 것을 알게 되었다. 이제 우리는 더 이상 혼란의 돌담을 마주하고 서 있지 않으며, 살아 숨쉬고 떼를 쓰거나 어떠한 요구도 한 적이 없는 아름다우며 특별한 문제를 가진, 그러나 다가갈 수 있는 한 개인과 마주하고 있는 것이다.

시간이 지남에 따라 우리는 우리 아들을 더 잘 알게 되었고 아이의 어려움을 둘러싼 명칭·추측·예측 그리고 혼란을 이해할 수 있게 되었다. 사실 어떤 전문가들은 원인을 분석해 실험적 치료법을 고안했지만 그들의 작업은 제한된 이론과 주장에 국한된 것이었다. 지금까지도 그들은 그들 자신과 '환자'와 고통받는 부모들을 위해서 자폐적 행동을 분석하고 접근 방식을 종합하며 어려움을 겪고 있다. 3세대에 걸친 연구는 우리 아들 같은 아이들에게 음울하고 운명적 예측을 하는 정밀한 판단장치를 만들어 냈을 뿐이다. 모든 의학적·심리적·교육적 연구 결과는 라운과 같은 아이들을 도울 수 있는 길을 좀처럼 열어주지 못했다. 그러나 우리는 '도로 지도'가 아이에게서 나오며 우리는 단지 그

것을 사용하여 도움을 줄 수 있을 뿐임을 알았다.

라운은 다른 어떤 의사나 상담이 필요하지 않았다. 그 애는 안내자·교사·치료사가 필요했다. 치료사의 어원이 그리스어 'Ther-apon'은 일상적으로 겪게 되는 어려움을 함께 나누는 '조력자' 혹은 '동료'를 뜻한다.

우리는 옆에 있건 없건 간에 라운이 자기 자신을 알고 자기가 원하는 것이 무엇인지 알도록 돕는 것이, 작용하지 않거나 부분적으로 작용하는 아이의 감각 인식 체계를 다시 건설하도록 도울 수 있는 유일한 길임을 알았다. 그렇게 함으로써 그는 세상과 대면하는 데 자신의 인식과 사고 과정을 효과적으로 사용할 수 있을 것이다.

우리의 관점을 견고하게 함으로써 우리는 그에게 개입하고 인간적으로 접촉하며 더 많은 자료를 주기 위해서는 오랜 시간이 걸리고 끊임없는 노력과 자극을 주는 체험이 필요함을 알았다. 자극은 기본적인 것이었고, 지나치다 싶은 자극도 필요했다. 아이가 세상에서 떨어져나가 자신의 틀 속으로 들어갈수록 가능성은 적어진다. 혼자 힘으로 세상을 안을 수 있을 때까지 우리는 매순간 세계상을 그에게 먹여주고, 그것을 다시 정의하여 주며, 소화시킬 수 있도록 다져주고 그의 내면 세계에서 부분과 조각으로 나누고 다시 결합시켜 줄 것이다. 시간이 우리 편이 아니란 것을 우리는 안다. 바로 지금 아이가 어릴 때, 유연하게 발달하는 동안에, 그의 생애에서 가장 비옥한 날들을 사는 동안 행동에 옮겨야 한다. 우리 아들이 자기 내면의 밀실로 깊이 들어가 꿰뚫을 수 없는 장벽 너머로 사라지기 전에, 자신의 마음 깊은 곳에서 홀로 방황하며 결코 나타나지 않는 통로를 찾으려 애쓰기 전에 바로 지금 행동해야 한다.

그러나 우리는 다른 사람들이 라운과 같은 아이들을 성공적으로 다루지 못했듯이 아이를 훈련시키거나 로봇처럼 만들거나 벌을 준다고 위협하거나 완력을 사용하는 일은 하지 않기를 바랐다. 우리는 생기를 끌어내 씨앗에 양분을 주고 그것이 꽃피고 열매 맺는 것을 보고 싶었다. 우리는 라운이 자신의 인격적 존엄성을 갖기를 바랐으며 자신만의 비옥한 정원을 찾도록 용기를 주고 싶었다. 아이가 바깥세상의 기준에 자기를 맞추지 않고 자신이 지닌 가능성의 한계에 도달하도록 돕고 싶었다.

스스로 만든
황홀경 속에서 살다

우리는 세 갈래 프로그램을 만들었다. 먼저 아들을 향한 모든 접근, 의도적 접촉, 모든 움직임의 기초가 되는 받아들이고 인정하는 우리의 태도를 표현하기 시작했다.

두 번째로, 우리는 아이의 동기를 유발하고 치유의 경험을 제공할 것이다. 그 애를 환영하는 아름답고 멋있는 세상을 보여주리라! 자신의 고착된 세계에서 벗어나려는 그의 엄청난 노력이 얼마나 가치있는 것인지 보여주리라! 우리는 라운이 기존의 모든 한계를 넘어 뻗어나갈 수 있다는 것을 알고 있었다. 그리고 다른 아이들이 쉽게 하는 것을 이루기 위해 라운은 높은 산도 올라야 한다는 것도 알고 있었다. 가장 강한 동기를 부여 받은 사람들만이 그런 여정을 시도할 것이다. 우리의 일은 마음에 걸린 빗장을 찾아 우리와 함께 있으려는 아이 내면의 깊은 갈망을 열도록 도와주는 것이다.

우리는 아이를 현혹시키는 어릿광대 노릇으로 그 애를 들뜨게 하고 부추겨서라도 뚫고 나올 수 없는 것처럼 보이는 벽을 뚫고 나와 우리에게 걸어올 수 있도록 해야 한다.

우리는 라운이 갇힌 세계의 창문 몇 개만이라도 열고 새로운 기회를 줄 수 있기를 희망했다. 그러나 라운 스스로 동기를 부여하며 갈망을 불러 일으켜야 했다. 라운이 잘 알지도 못하고 예측하기도 어려운 환경으로 나오기 위해서는 용기와 절실한 동기가 필요했다. 결정적으로 우리가 얼마나 절실하게 손짓을 하든, 우리의 바람이 얼마나 크든 간에 아이의 머릿속으로 들어가 제대로 작동되지 않는 신경줄을 다시 이을 수는 없었다. 그것이 가능하겠는가? 머릿속 회로가 수리되고 치료될 수 있는 것인가? 라운 자신만이 우리의 유일한 희망이며 아이는 이미 그 안에 들어가 있는 것이다!

세 번째로 모든 행동과 모든 사건을 라운이 이해하기 쉬운 작은 부분으로 단순화시키는 교육 프로그램을 개발하는 것이었다. 우리는 외적 환경을 아이가 이해할 수 있는 부분으로 나누어 파손되고 부서진 옛 길을 새로운 통로로 만들도록 도울 것이다.

우리에게 자폐증은 인식의 진행과 기억의 사용을 방해하는 뇌나 신경학상의 장애로 알려져 있다. 이러한 장애는 이어 의식상태를 변화시키고 사고방식에도 변화를 일으킨다. 라운의 비정상적 상태는 단순히 아이가 현재 보는 방법과 이해하는 방법을 보여줄 뿐이다. 우리는 아이에게 우리의 시각이나 기준을 이해하기 바라거나 강요하고 싶지 않았다. 우리는 강요로 인해 자폐증에서 흔히 나타나게 되는 심각한 감정적 문제를 만들고 싶지 않았다.

우리는 산만하지 않은 환경에서 아이와 접촉을 시도하기로 했다. 최적의 장소로 사마리아와 내가 결정한 곳은 보고 듣는 것에 방해를 받지 않는 욕실이었다. 단색의 타일 벽엔 그림이나 창문이 없었고 바닥 타일은 단순하고 부드러운 색조의 모자이크로 이루어져 있었다. 세면대와 변기와 욕조 외에는 설치된 것이 없었다. 욕조와 변기 사이가 가로, 세로 120x180cm인 바닥 공간이 우리가 시작할 장소였다. 저녁이나 주말에는 내가 라운과 함께했지만 기본적으로 그 일을 구성하고 실행한 것은 사마리아였다. 그러므로 내 사업에서 그녀가 아이디어를 제공하고 원고를 작성해 왔던 일은 제한될 수밖에 없었다. 그녀의 쾌활하고 열정적이며 낙천적인 성격은 아들을 위한 이 프로그램 전반에 활력을 불어 넣고 기적을 이루어 냈다.

처음 며칠 동안은 매우 친밀한 인간적 시도로 시작되었다. 사마리아는 라운과 함께 몇 시간이고 가만히 앉아 있었다. 함께 그러나 따로 있었다. 라운은 신발을 응시하다가 시선을 손으로 옮겨 바라본 다음 마침내 천장 전등에 고정되어 버렸다. 사마리아는 라운을 바라보다가 아이의 시선을 따라가며 어떤 의미를 찾아내려고 했다. 엄마가 옆에 있다는 것을 알고 관심을 갖기 바라면서 아이와 행동을 같이했다. 민감해 보이는 아이의 시선은 그러나 정보를 받아들이고 보내고 하는 대신에 반사시켜 버리는 거울 같았다. 무표정한 얼굴은 변화가 없었고 마치 사제가 명상하는 것처럼 고요함만 나타내고 있었다. 이따금 섬세한 작은 손가락들이 몸체와 아무 연관이 없는 것처럼 허공에서 목적없이 움직였다. 최면에 걸린 것처럼 자기 안에 갇혀 있는 라운은 존엄하고 경외로운 모습으로 자신이 고안한 우주에 스스로 잠겨 있었다.

사마리아는 라운이 접시를 집어올려 그 끝을 매우 조심스럽게 잡는 것을 바라보았다. 아이는 대단히 정확하게 작은 손을 비틀어 접시가 돌면서 욕실을 가로질러 가게 했다. 다른 접시도, 또 다른 접시도…. 라운은 접시가 다 돌았을 때만 다시 돌리기 위해 일어났다. 아이는 다시 앉았고 반복되는 행동에 몰입해 자신이 만들어낸 움직임에 즐거워했다. 마침내 접시돌리기를 멈추더니 타일 벽과 천장을 바라보면서 간접 조명등에 눈을 맞추었다. 끝없는 응시, 형광빛이 아이의 주위에 후광처럼 빛났다.

아이의 고요함은 연대를 알 수 없는 두렵고도 신비스러운 피라미드의 힘을 가지고 있는 것처럼 보였다. 아이의 행동을 따라하면서 사마리아는 불빛을 직접 바라보았다. 그러나 몇 분이 지나지 않아 그녀의 눈에는 눈물이 나고 벽과 천장이 만나는 모서리 선들이 희미해졌다. 그러나 그녀는 라운이 그렇게 바라보는 것에서 어떤 의미를 찾으면서 계속 그 자세를 유지했다.

마침내 라운이 눈을 돌렸다. 아이는 바로 앞에 있는 어떤 막연한 지점에 눈을 맞추었다. 그리고 리듬감 있게 몸을 앞뒤로 흔들었다. 그러자 앞뒤로 흔드는 행동에 맞추어 두 음절의 소리를, 흠흠거리는 기묘한 소리를 냈다. 사마리아도 라운과 함께 흔들면서 그 소리를 따라했다. 그리고 라운의 시선이 멈춘 빈 공간에 집중하다가 마침내 벽 위의 어떤 곳에다 초점을 맞추었다! 그녀가 앞쪽으로 기울면 그 점은 더 커졌고 그녀가 뒤쪽으로 흔들면 그 점은 작아졌다. 그녀는 자신의 몸과 라운의 몸이 같은 방식으로 휘어지는 것을 느끼면서 그 애의 리듬에 따라 움직였다. 라운은 자기의 동작에 젖어 있었다.

사마리아가 계속 한 점에 시선을 집중하자 안개 속에 있는 것처럼 느껴지기 시작했다. 그녀는 아름답고 풍부한 아이의 세계에 들어가기 시작한 것이다. 그녀가 반복 행동에 몰입했을 때 최면적 고요함이 다가와 그녀가 처음 최면에 걸렸을 때 느꼈던 감정을 생각나게 했다. 그것은 행복의 감정과 잘 어울리는 알파파를 만들어 내는 평화로운 명상 상태를 가져왔다. 그녀는 라운의 존재 방식이, 동방의 승려들이 예전부터 행해왔던 수행법과 비슷하며 그 나름의 가치가 있다는 것을 알았다. 라운은 자기의 고유한 열반을 창조했으며 아마도 반복되는 동작을 통하여 자신의 체계를 완화시키는 무한한 엔돌핀을 공급했을 것이다. 자기가 만든 황홀경 속에서 한 작은 인간이 순항하고 있었던 것이다!

사마리아가 라운의 동작에 참여한 것은 수동적이거나 관망하는 정도가 아니었다. 이런 행동에 대한 그녀의 순수한 몰입과 진지한 열정은 그녀로 하여금 아이의 세계를 같이 나누도록 했으며 엄마가 자신을 사랑하고 인정한다는 것을 아이가 알아주기 바랐다. 사마리아는 완전하게 능동적이지만 부드럽게, 생동감이 있지만 평화롭게 행동했다.

욕실에 있는 동안 사마리아는 라운이 돌리기 좋아하는 물건을 항상 충분히 갖추어 놓았다. 그녀는 라운이 엄마와 같이 있으면 아무것도 빼앗기지 않는다는 것을 알아주기 바랐다. 라운은 자신의 접시나 냄비를 가질 수 있었고 언제라도 자신의 '행동'을 취할 수 있었다. 그런 행동을 못하게 말리고 억압하는 대신 우리는 그것을 서로 소통하고 사랑을 표현하기 위한 통로로 사용했다.

시간이 흘렀다. 대부분의 경우 라운은 사마리아가 거기에 있는 것을 알지 못하는 것처럼 행동했다. 그런데도 그녀는 아들의 깊은 어떤 곳에서 엄마가 그곳에 있다는 것을 알고, 함께 있을 때마다 엄마에 대한 인식이 점점 커지고 있다는 것을 느꼈다.

그녀의 의도는 인간적이고 초대하려는 데 있는 것이지, 위협적인 것이 아니었다. 기본적으로 그녀는 조용히 때로는 생명이 없는 예측할 수 있는 물체처럼 있었다. 라운이 정보를 받아들이고 축적하는 것이 어렵다면 우리 자신을 그 애가 이해하기 쉽도록 만들고자 했다.

11일째 되는 날 그 애와 함께 두 시간 이상 접시를 돌린 후에 사마리아는 그녀를 곁눈질하는 시선을 느꼈다. 그녀는 그 행동을 인정하고 조용히 칭찬했다. 그날 밤 우리는 라운이 스스로 바라보기 시작한 것을 마치 하늘에서 내려준 선물처럼 축하했다. 아이는 욕실에서 좀더 모험적이 되어갔다. 욕실에 들어오면 벽과 물건들을 살펴보면서 조용히 걸어다니고 바닥에 앉아 불빛을 응시한다. 사마리아는 비록 수동적이나마 아이가 좀더 수용할 수 있도록 자극을 주기로 했다.

그녀는 자신의 다리가 라운의 다리와 닿도록 곁에 두었다. 팔을 천천히 뻗어 라운의 어깨를 가볍게 톡톡 치고 손으로 아이의 팔을 부드럽게 만져주었다. 그러면서 앞뒤로 흔드는 리듬을 흉내내면서 계속 똑같은 리듬으로 팔을 만졌다. 라운은 보통 그런 접촉에서 몸을 빼곤 했다. 그러나 욕실에서 함께 있은 지 두 주일이 지났을 때 라운은 비록 매우 경계하는 것 같았지만 그 접촉을 받아들이는 것 같았다. 엄마의 손을 조심스럽게 바라보며, 달래주는 듯한 그 손을 그대로 두었지만, 동물과도 같이 갑작스러운 변화나 위험에 언제든 대처할 자세였다.

아이는 언제라도 몸을 빼낼 것 같은 자세였다. 비록 처음에는 엄마의 손길에 몰두해 있었지만 몇 분 후에 다시 몸을 빼냈다. 사마리아는 라운의 몸의 언어를 더 잘 읽게 되었다. 아이가 몸을 빼지 않으면 계속 팔을 톡톡 치기로 했다. 몇 분 후 아이는 일어나더니 불빛을 바라보면서 다른 쪽으로 옮겼다. 사마리아는 아이를 바라보고 15분 정도 기다렸다가 다시 아이 옆에 앉았다. 그녀는 다시 아들의 어깨를 만지고 팔을 톡톡 쳤다. 라운은 다시 엄마가 자기를 만지는 것을 허용했다. 그리고 눈은 먼 곳을 응시하면서 몸을 흔들기 시작했고 사마리아도 아들과 함께 흔들기 시작했다.

그날 저녁에 우리는 라운의 새로운 반응과 행동에 대해 토의했다. 우리는 아이가 엄마와 몇 시간씩 함께 있은 후 반응을 보인다는 것을 깨달았다. 비록 라운이 먼저 접촉을 시작하지는 않고 엄마를 그저 한번 바라볼 뿐이지만 라운은 더 편안해지고 주위에 호기심을 갖게 되었다.

사마리아는 욕실에서 아침과 점심을 라운과 함께 먹는다. 이전의 라운에게 있어서 식사는 아마 식탁에서 벌어지는 혼란스러운 경험이었을 것이다. 사마리아는 지금 그 식사를 우리 아들과 접촉하는 한 가지 방법으로 사용한다. 그녀는 숟가락으로 아주 조금씩 아이에게 먹였고 결코 많은 양을 주지 않았다. 아이가 먹는 동안 그녀는 부드럽게 말했다. 그녀는 아이가 단 한순간이라도 엄마를 쳐다보기를 원하면서 바로 앞에 앉아 노래하거나 콧노래를 흥얼거렸다. 사마리아는 라운이 엄마를 바라보기 쉽게 배려하며 인간적 접촉에 전념했다. 식사는 더 많은 상호교류의 문을 열게 하는 수단이 되었고, 언젠가는 이 사랑으로 가득찬 엄마와 매우 특별한 아들 사이를 더욱 밀접하게 해 줄 것이다.

그 첫 번째 일주일 동안 모든 과정을 통해 라운은 대담하게 반응했다. 사마리아는 매일 8~9시간을 라운과 함께 앉아 있었다. 그녀는 아들에게 이야기했고 어루만지고 먹이며 노래했고 아이를 흉내냈다. 아이는 몇 분(흔치 않는 아주 귀한 시간)을 제외하고는 대부분 멍하게 앉아 있었다.

주말에 나는 사마리아가 라운과 함께하는 것을 들으면서 욕실 밖 계단에 앉아 있었다. 이야기와 노래가 침묵의 시기와 교대로 반복되어 갔다. 사마리아는 때때로 동물 농장이 되기도 했다. 그녀는 오리처럼 꽥꽥거리고 개처럼 짖었고 새처럼 노래하고 소처럼 '음메'하고 흉내냈다. 그녀는 라운을 자극하기 위한 시도를 더 강하게 했다. 라운은 카우프먼 극장의 중요한 관객이 되어갔다. 그것은 개막식 전의 리허설과 같았고 청중은 그녀가 사랑하는 사람들로 그 공연에 특별함과 심원한 의미를 주었다.

일요일의 토론. 비록 별 진전은 없었지만 가장 부족한 것은 눈맞춤이었다. 눈맞춤 없이 우리는 라운과 함께 앞으로 나아갈 수 없었다. 우리에게 관심을 두지 않는다면 아이는 우리에 대해서 아는 것이 별로 없을 것이다. 가끔씩 라운이 우리에게 흘끗 곁눈질을 했지만 아주 잠깐 동안이었다. 아이는 자기가 보지 않는 것은 결코 모방할 수 없을 것이다. 사회화와 학습에 있어 이 중요하고도 기본적인 단계를 그가 받아들이기 전까지는 변화가 아주 제한될 것이다. 라운이 인간의 상호작용에 대한 가장 작은 가능성이라도 잡기 위해서는 우리랑 더 많이 시선을 맞춰야 할 것이다. 이것이 우리가 다음번에 집중해야 할 과제였다.

우리는 아이가 우리를 똑바로 볼 기회를 만들기 위해 항상 우리의 눈을 아이의 눈높이에 맞추면서 먹을 것을 주었다. 숟가락으로 음식을 뜰 때마다 숟가락에 담긴 음식에 라운의 시선이 따라오게 했다. 우리는 숟가락을 우리 얼굴 쪽으로 가져와 우리 눈앞에서 잠시 들고 있었다. 그때 아이의 눈이 우리 시선과 만나면 웃으며 '먹자'하고 음식을 준다. 우리는 이 순간의 눈맞춤을 결정적인 순간으로 보았다. 그리고 먹을 수 있도록 돕는 데 우리가 필요하다는 것을 아이에게 알려주려 했다. 한 끼 식사는 30번의 기회였다. 우리는 변화를 즉시 알아차렸다.

라운은 이제 숟가락이나 포크의 움직임을 따라 마치 관찰이나 조사를 하는 것처럼 우리 눈에 시선을 두었다. 먹는 것에 더 관심을 가지게 되었고 이런 행동에서 아이가 지닌 수동성은 조금씩 개선되었다.

셋째 주에 사마리아는 우리가 좀더 개입하는 행동을 함으로써 자극을 높일 수 있다고 생각했다. 라운은 더 자주 우리를 곁눈질해 보았다. 아이는 우리가 주는 음식에 더 열중하면서 그의 눈은 숟가락이 접시에서 아이의 입으로 들어가는 과정을 따라갔다. 상식적 기준에 의하면 이런 반응은 기껏해야 아주 작은 것에 지나지 않았지만, 우리는 상호작용의 질적 변화가 분명하다고 결론지었다.

그렇다. 우리는 그 애가 좀더 많이 인간 사이의 상호작용을 나누길 바랐다. 그렇다고 아들과 접촉하기 시작한 이런 단계에서 손을 씻는다거나 화장실 사용하는 법 같은 상세한 것을 가르칠 계획은 아니었다. 우리는 다만 아들을 목욕시키면서 우리와 아이 사이에 다리를 놓아 결속이 이루어지기를 바랐고 아이가 대화형 감각경험을 하기 원했다. 아이가 참여하도록 용기를 주기 위해 칭찬과 음식을 이용했지만 아이가 싫어하면 언제라도 그만두도록 했다. 우리는 강요하지도 애원하지도 않았으며, 아이가 닿을 수 없거나 성취하지 못해도 결코 잘못했다고 하지 않았다.

사마리아는 더 적극적으로 아들에게 다갔다. 간지럼을 태우거나 공중으로 들어올리는 것 같은 신체 접촉을 더 많이 했다. '까꿍'놀이나 숨바꼭질 같은 놀이에 아이가 참여하도록 과일이나 과자를 이용했다. 다른 놀이도 개발했다. 예를 들어 싱크대에 물을 가득 채우고 그의 손을 찬물·더운물·비눗물에 담그도록 했고, 물을 틀었다 잠그거나 물이 똑똑 떨어지게 하고 수도꼭지에서 쏟아지게 했다. 이럴 때 라운은 엄마의 연극적이고 재미있는 행동의 어떤 부분에 관심을 보이기는 하지만 우리는 아이가 무엇을 이해하는지 평가할 수는 없었다.

갑자기 우리에게 매일 하는 이런 단순한 행동이 의미를 갖게 되었다. 수도꼭지를 열고 잠그는 하찮은 일이 복잡한 기계작동처럼 되었고 시각·기억·동기(아이가 할 수 있게 되었으면 하는 간절한 바람), 이어지는 결과작용(꼭지를 돌리면 물이 나온다), 정교한 신체기관의 교류(생각이 신경 단위를 움직여 팔 근육에 전달하면 그 결과 계획된 손동작이 이루어진다)를 포함하는 것이 되었다. 물론 우리 딸들은 이 단순한 행동을 우리처럼 순식간에 파악한다. 그러나 라운에게는 신비스러운 외계의 일처럼 보였다. 우리는 그의 다른 우주로 뛰어들었지만, 그의 세계는 인간의 체계로는 예측할 수 없거나 주변 환경과 섭사리 융화되지 못하는 세계였다. 이러한 깨달음은 삶의 모든 면에 깊이 감사하는 마음을 우리에게 심어주었다. 브린이 우리에게 짤막한 편지를 쓴 것을 보았을 때 우리는 놀라움을 금치 못했고, 테아가 크레용으로 경치를 그리고 짧은 설명을 썼을 때도 놀라며 감탄해 마지않았다. 우리가 서로를 이해할 수 있다는 것은 얼마나 기쁜 일인가!

아주 짧은 시간 동안 사마리아와 나는 엄청난 성장을 이루었다. 사람들이 그들의 믿음을 찾아내고 판단을 내리지 않으며 시각을 바꾸고 더 사랑하고 더 받아들이는 자세를 개발하는 법을 가르치는 일은, 우리에게 살아가는 데 떼어놓을 수 없는 새로운 시각을 마련해 주었다.

처음부터 강력한 치료와 교육과정을 시도한 것이 큰 도움이 되었다. 우리는 라운을 가진 것이 특권처럼 느껴졌다. 우리가 브린과 테아의 부모라는 것이 자랑스러웠다.

우리는 예전에는 결코 하지 못했던 우리의 생각과 마음을 열었다는 것을 발견했다! 기적은 항상 우리 주위에 있었는데 이제야 우리는 그 것을 볼 수 있고 감사할 수 있게 된 것이다.

그리고 우리 아들 라운은 명백한 기적 가운데 하나였다. 아이는 숨 쉬고 웃을 수 있었다. 특히 거실을 가로질러 접시를 돌릴 때 그랬다. 아이는 비범한 재주를 가졌고 큰 기쁨을 안겨주었다. 비록 상상 속에 서라도 아이가 대부분의 부모들이 꿈꾸는 그런 아이가 되지 못할지라 도 우리는 이 아이의 기적과 경이로움을 볼 수 있었다. 모든 판단과 기 대를 던져버림으로써 우리는 또 하나의 하느님의 아이인 라운이 다른 애들과 다르고 비범하다는 것을, 그러면서도 다른 어떤 아이만큼이나 놀랍고 가치있다는 것을 기쁘게 받아들였다.

우리는 라운의 감각기관을 풍부하게 하고 자극하는 프로그램을 계 속해 나갔다. 라운이 하루에 깨어 있는 12시간 정도를 함께함으로써 시간표를 늘려 나갔다.

매일 아침 사마리아는 욕실로 들어가 아들에게 부드럽고 사랑스럽 고 힘있고 즐거운 인간의 상호작용을 계속 보여주었다. 밤에 하루의 과정을 분석하기 전에 나는 딸들과 함께 닫혀진 욕실문을 마주보며 계단에 앉아 있었다. 우리는 매우 특별한 엄마가 내는 소리를 들을 수 있었다. 부드러운 말소리, 웃음소리, 손뼉치는 소리, 노랫소리 그리고 침묵의 소리를 들었다. 우리는 세상에서 가장 좋은 것을 저 작은 공간으로 가져가 그곳을 놀라운 인간 실험실로 만든 것이다. 주말에는 내가 아들과 함께했다. 우리 프로그램은 일주일 내내 계속되었지만 그것은 우리의 힘을 소진시키지 않고 오히려 우리의 정신에 극적 활력을 주었다. 그밖에도 매주 우리는 브린과 테아와 함께 공원과 스케이트장에서 특별한 시간을 보냈다. 우리는 우리가 그들의 어린 동생을 도우려고 애쓰는 것같이 딸들도 우리 사랑을 알고 경험하기를 바랐다.

라운은 우리의 존재에 더 관심을 보였다. 우리는 아이가 더 많이 보고 느끼고 내면화하기를 바라면서 아낌없이 아이에게 몰입했다. 그렇지만 우리는 아이가 원하는 것에 대해 예리한 관찰을 계속하면서 반응할 것인지 그냥 지나칠 것인지는 전적으로 아이에게 맡겼다.

말도 없고 몸짓도 안 했지만(라운은 결코 손가락으로 가리키지 않았다) 아이는 몇 마디 말과 표현을 이해하기 시작했다. '맘마'란 말을 들으면 그 애는 곧 반응을 보였다. 우리가 접시돌리기를 하자고 하면 아이는 신이 나서 손뼉을 쳤다. 우리는 라운이 우리가 하는 말이나 의미를 알아듣기 쉽게 하려고 말을 단순하게 했으며, 물건의 이름을 말할 때와 행동을 할 때 큰 소리로 말했다. 사실 우리는 우리 아들이 인간적이고 사회적인 것들에 익숙해지도록 끊임없이 말했다. 그러면서 우리의 존재를 깊이 인식시켰다.

몇 번 우리는 라운을 공원에 데리고 갔다. 그곳에는 200여 마리의 오리가 갈회색 호수 속에서 헤엄치고 있었다. 여러 가지 동물 모양의 철제 그네가 햇빛을 받아 반짝였고, 아이들은 미끄럼틀에서 오르락내리락하고 있었다. 우리는 욕실에서 아들과 했던 몇 가지 접촉을 다른 환경에서 해보고 싶었다. 나는 아내 곁에서 불규칙하게 왔다갔다하는 아이의 시선과 동작을 전부 관찰했다. 아이는 보통때보다 몸이 굳어 있었고 움직임은 거의 기계적이었다. 나무와 잔디, 사람들을 잠깐 쳐다보고는 곧 관심이 없는 듯이 원을 그리면서 달리고 거칠게 손뼉을 치며 우리와는 최소한의 교류도 가능하지 않은 듯했다. 오리·자동차·사람과 온갖 소리의 복잡하고 불규칙한 자극이 극도로 예민한 이 작은 아이에게는 폭탄과 같은 것이었을까? 그래서 우리는 그런 종류의 외출이 도움이 되는지 의문을 갖기 시작했다.

늦은 여름날 오후 우리는 라운이 우리 집 수영장에서 몸을 위아래로 움직이며 재미있는 리듬에 따라 수면을 때리면서 물속에서 놀게 했다. 정면에 우리가 있었으므로 아이와 여러 번 눈을 맞출 수 있었다. 바로 이런 통제되고 예측 가능한 환경에서는 아이가 훨씬 편안해 보였다.

우리는 라운을 그물 침대에 눕혀놓았다. 그런 다음 같이 뒤뜰을 거닐면서 다양한 촉감을 느끼게 해주려고 꽃과 잎사귀를 아이 손에 놓아주었다. 라운이 잔디 위를 맨발로 걸을 때 처음 몇 분 동안은 도와주었다. 라운은 발끝으로 섰다가 넘어졌다. 우리는 아이를 일으켜 세웠고 아이가 그 행동을 반복하는 것을 보았다. 그리고 혼자 힘으로 할 수 있도록 내버려두었다. 잠깐 동안 기어다닌 후에 아이는 다시 일어났다. 이번에는 발바닥을 땅에 완전히 대고 조심스럽게 걸음을 옮겼다. 맨땅에 좀더 익숙해지자 아이는 더 많이 걸으며 쉽게 균형을 유지했다. 결국 아이는 다시 발끝으로 걷고 발뒤꿈치를 땅에 대지 않았다. 우리는 이 독특한 걸음걸이에 익숙해졌고 그것을 장난스럽게 '라운의 발레'라고 불렀다.

사마리아는 흙과 물을 섞어 진흙을 만들어 라운을 그 속에 서 있게

스스로 만든 황홀경 속에서 살다

했다. 그녀는 라운이 발가락을 움직이면서 기쁘게 웃음 짓는 것을 보았다. 그러고 나서 아이는 다시 표정이 없고 무관심한 얼굴이 되었다. 사마리아는 아이의 손을 잡고 만지고 톡톡 치는 프로그램으로 들어갔다. 아이가 움츠러들 때마다 벗어나려 하지 않는 한 그녀는 새로운 행동으로 다시 접촉을 시도했다. 그래도 관심을 보이지 않으면 그녀는 아이가 자신의 공간을 갖도록 배려했다. 그녀가 깨어있는 모든 시간은 라운과 접촉하려는 시도로 가득찼다. 사마리아 혼자 일주일에 75시간을, 오로지 라운만을 위해 집중적으로 시간을 보냈다.

저녁에 아이가 자는 동안 우리는 그날의 행동과 반응을 검토하면서 아이의 변화에 대해 토론했다. 하루하루는 변화가 없는 것처럼 보였지만 새로운 불가사의는 계속 나타났다. 라운은 이제 5초가 아니라 10초 동안 안아주어도 가만히 있었다. 아주 가끔씩 아이는 내 손을 잡거나 생각지도 못했던 눈맞춤을 했다. 아이의 발이 진흙 속으로 들어갈 때 웃는 것은 새로운 반응이었다. 사마리아는 생기도 얻고 흥분도 하면서 라운의 이 극적 변화에서 매우 인간적이고 깊은 의미를 찾아냈다.

그 후 우리는 라운에게 음악을 들려주기 시작했다. 베토벤, 밀러, 브람스, 바흐, 실즈와 크로프트, 허비 만, 모던 재즈 콰르텟, 반 클라이번의 피아노 협주곡, 칙 코리아의 즉흥 연주. 라운은 곧 소리와 멜로디에 관심을 가졌고, 날이 갈수록 음악에 많은 흥미를 보였다. 우리는 아이의 닫힌 세계로 들어가는 또 하나의 특별한 길을 찾아냈고 그것으로 우리는 또 하나의 작은 가능성을 얻은 것이다.

어느 날 아침, 의사소통도 안 되고 수수께끼 같은 이 작은 아이가 조용히 욕실로 들어가 곧바로 오디오 쪽으로 갔다. 손짓이나 말은 없었지만 아이는 몸을 돌려 사마리아의 눈을 똑바로 바라보았다. 강렬한 무언의 시선에서 사마리아는 아이의 말을 읽을 수 있었다. 그녀는 뛰어 일어나 곧 음악을 틀었다. 라운은 오디오를 바라보며 부드러운 음악에 빠져들었다. 사마리아는 아이를 안아올려 음악에 맞추어 앞뒤로 흔들어 주었다. 15분쯤 후에 아이가 엄마 품에서 빠져 나와 타일 바닥에서 몸을 앞뒤로 흔들기 시작하자 사마리아도 옆에 앉아 아들과 똑같은 동작을 했다.

음식·음악 그리고 사마리아의 시선이 라운에게 더욱더 큰 의미를 지니게 되었다. 흔들고 돌리고 초점 없이 응시하는 행동을 계속했지만 우리와 접촉하는 행동범위를 점점 넓혀가고 있었다. 오디오 앞에서 사마리아와 먼저 눈맞춤을 한 것은 다른 사람과 소통하려는 첫 번째 시도였다. 얼마나 큰 선물인가! 확실히 이것은 '기적과 감탄의 나날'이었다.

우리는 마음을 다해 라운이 자신을 자극하는 행동을 따라하면서 거기에서 어떤 실마리를 찾으려고 노력했다. 우리는 아이에게 최소한의 노력으로 아이 자신이 바깥 세계를 움직이고 변화를 가져오며 통제할 수 있다는 것을 보여주고자 했다. 아이가 원하는 것을 더 얻기 위해 사람들과 관계를 맺을 수 있으며, 원함으로써 결과를 얻을 수 있고 그것이 재미있는 일이라는 것을 보여주고 싶었다.

아이의 행동을 따라하면서 우리는 정말 뜻밖의 소득을 얻을 수 있었다. 의식을 치르듯이 우리가 그 행동에 몰입해 있으면 아이는 우리를 더 자주 바라보았으며 자신의 '행동'에 빠져 있는 시간이 점점 줄어들었다. 우리가 아이와 함께 몸을 흔들고 접시를 돌리고 손가락을 움직이면 아이는 우리가 따라하는 것을 확실히 알아차리는 것 같았다. 그리고 그럴 때 2~3분 동안 우리를 바라보았다. 비록 똑바로 쳐다보지 않고 곁눈질을 하는 것이었지만, 우리는 우리를 향해 다가오는 아들의 작은 발걸음이 매우 중요한 것이라고 믿었다.

그러나 우리는 라운이 아직도 사람보다는 물건에 더 흥미를 갖는다는 것을 깨달았다. 그 애는 우리가 옆에 없는 것처럼 행동할 때가 많았고, 그 애를 일으켜 세우려 할 때 자신의 팔을 들어올리지 않는다. 안아주어도 몸은 뻣뻣했고 팔다리는 안기고 싶지 않거나 어떻게 해야 할지 모르는 것처럼 따로따로 움직였다. 그러나 적어도 이제 그 애는 잠시 동안 가만히 안겨 있다가 우리 품에서 빠져 나간다. 그렇지만 우리의 이 작고 외로운 아이는 계속 혼자만의 시간과 자기 자극의 세계를 더 좋아했다.

어쨌거나 우리와의 꾸준한 접촉과 우리가 해준 자극은 확실히 많은 것을 바꾸어 놓았다. 우리가 모방하면서 개입하는 프로그램은 현저한 변화를 가져왔고, 매순간 아이와 함께하고 만지는 것이나, 소리와 음식 그리고 놀이로 아이의 의식을 깨우쳐 준 것은 다른 사람들이 뚫고 들어갈 수 없다고 생각한 장벽을 없앨 수 있게 했다. 그러나 이 새로운 방법을 실행하는 데는 굉장한 시간과 노력이 요구됐다. 라운 카릴은 자주 보이지 않는 장막 뒤로 숨어버려 바로 우리 코앞에 있으면서도 마치 몇 천 킬로미터나 떨어져 있는 것처럼 보였다. 그리고 아직도 손짓이나 몸짓으로 뭔가를 요구하는 언어 이전 단계의 행동도 없었다.

우리는 뉴욕 타임즈에서 활동 및 운동 과다증 아이들에게 음식물을 조절하는 특별한 다이어트 요법을 통해 매우 성공적인 실험을 한 캘리포니아 소재 어느 병원의 기사를 보게 되었다. 그들은 음식물에서 인공적 성분과 첨가물을 제거한 결과 아이들의 증세가 대단히 호전되었다는 것을 발견했다. 라운의 문제는 그 아이들과 달랐지만, 우리는 기사 내용 가운데 일부를 참고해 생화학적 접근방식과 비타민 대량 투여 이론은 제외하고 첨가물을 제거한 음식물 섭취를 적용하기로 했다.

사마리아와 나는 주방에 있는 음식 재료를 전부 꺼내놓고 내용물이 적힌 부분을 자세히 읽어보았다. 이것도 저것도 다 인공적인 것이었다. 색을 내기 위한 화학 염료, 음식 보존을 위한 첨가제들이 들어 있었다. 믿을 수가 없었다. 어떤 음식물에는 천연 재료가 거의 없이 화학용어로만 가득차 있었다. 인공색소, 향료, 신선도를 유지하기 위한 칼슘 첨가물 EDTA, 프로필렌 글리콜 알지네이트, 화학 조미료 등이 적혀 있었다. 첨가물 목록을 읽을 때 나는 위산이 분비되는 것을 느꼈다. 우리는 생각없이 이런 것들을 먹어치우고 있었던 것이다. 아델 데이비스와 다른 이들의 글을 읽고 우리뿐 아니라 라운을 위해서 음식 섭취를 새롭게 해야겠다고 생각했다.

화학적 인공 첨가물을 넣지 않은 음식을 먹인 것은 그 아이에게 도움이 되었다. 우리는 그를 위해 백방으로 힘을 쓰길 원했다. 우리는 화학 첨가물이 들어 있는 식품을 전부 갈색 종이봉투에 넣어 친구들에게 나누어주었다. 친구들은 우리 생각을 듣고도 캔과 병에 든 그 식품을 아무 거리낌없이 받았다. 이웃 사람은 공짜 음식을 기쁘게 받으며 우리 행동을 정신나간 코미디라고 말했다. 음식을 두던 부엌의 선반은 텅 비어 있었다. 이웃에게 나누어준 음식은 몇백 달러어치나 되는 것이었다. 우리는 장난기와 자유로움을 느끼면서 웃었다. 그러나 브린은 달랐다. 그 아이가 특별히 좋아하던 비스킷과 스낵 종류가 사라졌기 때문이다. 우리는 더 맛있는 것을 사주겠다며 아이를 타일렀다.

건강식품점의 분위기는 슈퍼마켓과 달랐다. 곡식과 말린 과일들이 진열대에 가득차 있었다. 화학 염료와 방부제 없이 유기농법으로 재배한 야채와 과일이 티크나무 탁자 위에 조심스럽게 놓여 있었다. 우리는 그날 참깨, 두부, 콩기름, 땅콩버터, 현미, 콩나물, 천연 요구르트, 무설탕 과자와 6가지 곡물을 넣은 잡곡빵 등을 사면서 낯설고 새로운 식품 이름을 알게 되었다.

우리의 입맛이 옛날 향신료와 단맛을 잊지 못했지만 우리는 새로 알게 된 자연식품에 적응할 수 있으리라 믿으며 밀고 나갔다. 우리가 존중하는 생각과 감정에 깊은 관심을 갖고 조심하는 것과 마찬가지로 우리의 몸도 아끼고 사랑하고 싶었다. 동물도 호르몬과 스테로이드로 사육되고 방부제가 첨가된다는 것을 안 후에는 식단에서 고기를 빼버리고 그 자리에 신선한 생선과 고단백 야채를 넣었다. 결국 우리는, 적어도 우리 가족과 라운은 화학적이거나 인공적으로 만들어진 의심스러운 음식을 더 이상 먹지 않게 되었다.

천천히 그러나 꾸준히 라운은 음악·음식·눈맞추기에 더 많은 반응을 보였다. 우리는 라운에게 놀이와 학습자료를 추가했다. 서로 다른 모양의 구멍이 나 있는 큰 플라스틱 상자를 샀는데, 그것은 모양을 인식하고 눈과 손의 협력작용을 개발하도록 돕는 것으로 빨간 원형·초록 삼각형·푸른 사각형·흰색 팔각형·노란 직사각형·검은 육각형으로 구성되어 있어 그 입체형 물건을 맞는 구멍에 끼우는 것이었다. 이 도구는 색깔을 구분하는 데도 도움이 되었다. 서로 다른 크기와 모양의 나무 블록 쌓기도 샀고 모양과 물체를 똑같은 것으로 알아보는 데 도움이 되는 단순 퍼즐도 찾아냈다. 우리는 아이가 감각과 행동기관의 상호작용, 형태를 분석하는 능력 개발, 주변과의 교류를 늘려나가는 것에 중점을 두었다. 그러나 사람들과 맺는 유대관계를 좀더 깊게 해주는 것이 지속적인 최상의 목표였다.

퍼즐에 그려진 여러 종류의 동물과 일상용품은 라운에게 일정치 않고 예측할 수 없지만 그래도 통제할 수 있는 환경을 제공했다. 우리는 이 모든 장난감을 차가운 평면 물체가 아니라 사람과 사람 사이를 이어주는 기능을 가지게 하여 프로그램에 종합했다. 무엇보다 우리는 눈맞춤·신체 접촉 그리고 말로 하는 의사소통을 더 많이 하려고 노력했다. 우리는 이 장난감들이 침묵의 계곡 너머로 다리를 놓아주기를 희망했다.

바닥에서 엄마 곁에 앉아 있는 라운은 이 세상과 따로 떨어져 혼자 있는 것처럼 보였다. 사마리아는 장난감 상자 구멍에서 고양이가 그려져 있는 나무판을 꺼내 라운에게 보여주면서 고양이 소리를 냈다. 그녀가 라운의 얼굴에 장난스럽게 '야옹'하거나 아이의 귀와 배에 코를 비빌 때 그녀의 얼굴은 고양이처럼 주름이 잡히기까지 했다. 그리고 그 나무판을 라운에게 사랑스럽게 건네고 다시 한번 고양이라고 가르쳐 준 다음 아이가 원하거나 거절할 수 있도록 시간을 주었다. 그러자 라운은 손으로 그려진 여러 가지 색깔의 고양이 그림을 보는 대신 뒤집어 그림이 없는 뒷면을 살펴보고는 뚫어지게 모서리를 바라보았다.

그리고 나서 아이는 나무판을 제자리에 거꾸로 놓았다. 사마리아는 아들이 그 정도로 비슷하게 하는 것에 갈채를 보내며 유기농산물로 만든 부드러운 과자를 주고 껴안아 주었다. 그리고 아이의 손가락을 잡고 그 나무판을 어떻게 제대로 넣는지 보여주었다. 그 애가 엄마의 행동을 따라했을 때 그녀는 다시 한번 아들을 칭찬했다. 마침내 아주 조금씩이지만 라운은 그 과정을 이해하기 시작한 것이다. 사마리아는 아들의 머리를 쓰다듬으며 부드럽게 말했다.

우리 프로그램의 다른 과정과 마찬가지로 이런 행동도 단순한 기계적 과정이 아니었다. 각 단계의 상호작용은 인격적인 면을 기본으로 했고, 우리가 사용하는 모든 놀이와 장난감을 사랑과 수용과 기쁨을 표현하는 도구로 사용했다. 이 시점에서 특별한 것을 가르치는 것은 별로 중요하지 않아 보였다. 다른 사람들과 접촉하는 것이 얼마나 가치있고 아름다운지를 보여주는 것이 우리의 근본 목표였다.

아이가 점점 더 많이 참여함에 따라 자신이 놀이를 주도해 나가도록 격려했다. 원하는 것을 혼자 하거나 우리와 함께할 수 있도록 아이 앞에다 놀잇감을 늘어놓고 선택할 수 있게 했다. 대부분은 별로 반응을 보이지 않았지만 일단 반응을 보일 때는 참여하려는 동기와 열정이 증가한 것을 알 수 있었다. 우리는 아이 스스로가 가장 훌륭한 스승이라고 믿었다. 그래서 우리의 역할은 분명해졌다. 아이와 함께 나아가면서 아이가 바라는 것을 민감하게 느끼고, 아이의 방향과 진행속도를 지시하고 조절해 주는 것이었다. 우리는 아이가 보내는 신호와 의사에 반응했다. 아이가 원하면 몸을 흔들었고, 관심을 보이면 퍼즐을 했으며, 아이가 음식을 선택하면 음식을 주었다. 우리는 라운이 자신의 내면에서 나오는 에너지와 움직임을 찾도록 격려하면서 라운의 열림을 배우는 학생이었다.

한 달이 빠르게 지나갔다. 미약한 진행이었지만 우리는 많은 부분에서 라운에게 다가가고 있었다. 라운은 약간의 눈맞춤을 하고 잠깐 동안이지만 자신을 만지는 것도 허용하고 게임·퍼즐·음악에도 점점 관심이 높아졌다. 사람들에 대한 관심은 비록 증가하고 있지만 아직은 미미한 정도였다. 우리는 우리가 아이와 더 많은 접촉을 해야 한다는 것을 알았다.

우리는 라운뿐 아니라 브린과 테아를 위해서도 두 딸이 프로그램
에 참여하도록 했다. 만약 아이들이 방관자로 머문다면 그들은 집에서
전개되는 이 드라마에서 이방인이 될 것이고 결국 고립되거나 상실감
을 느끼게 될 것이다. 두 딸은 즉시 팀의 일원이 되고 싶다고 했다. 우
리는 라운과 함께하는 모든 행동이 어떤 의미를 갖는지 그 개요를 알
려주면서 프로그램의 사소한 부분까지 아이들에게 설명했다. 놀랍게
도 아이들은 많이 배워 도움이 되고 싶다고 했다. 의심할 여지없이 우
리는 딸들의 출현이 우리 프로그램을 향상시키고 우리 아들에게 좀더
다양한 인간관계를 경험할 수 있게 해줄 것을 알았다.

브린과 테아는 둘 다 라운과 함께하는 시간과 특정한 책임을 할당
받았다. 그러면서 그 대가로 매주 우리와 함께하는 '특별한 시간'을 계
속 갖고 싶다는 소망을 밝혔다. 어린 두 딸이 한편이 되어 우리와 확실
하게 협상하는 태도가 너무 사랑스러워 우리는 웃으면서 그 의견에 동
의했다.

세 살 반이 된 테아까지도 우호적이고 성숙한 방법으로 거래하는 법
을 배웠던 것이다. 불행은 있을 수 없다. 결정만이 있을 뿐이다! 궁극
적으로 우리는 우리 딸들이 라운의 여정에 참여하면서 우리처럼 많은
것을 느끼기를 원한다. 우리는 딸들의 참여가 얼마나 중요한지 그 애
들에게 반복해서 말해주었다.

프로그램의 구성원이 바뀌었다. 우리는 정성을 다해 우리 가운데 한
사람을 도우려는 공통의 사랑으로 단결되어 완전한 가족으로 뭉쳤다.
우리는 딸들에게 라운이 조금씩이라도 변하거나 다른 아이들처럼 될
지는 알 수 없지만, 서로 손을 맞잡고 뭔가 달라지려고 애를 쓴다면 우

스스로 만든 행복감 속에서 살다

리는 마음이 더 넓은 사람이 될 것이라고 말했다.

두 딸은 자신들이 요구한 대로 라운과 함께하는 시간을 배정받았다. 그러나 프로그램에 참여하기 전에 아이들은 엄마가 동생을 다시 태어나게 하기 위해 온 힘을 쏟는 것을 며칠 동안 참관했다. 퍼즐과 장난감 끼워맞추기에 탁월한 재능을 보인 브린은 유능한 선생님이 될 것이라고 믿었다. 테아는 움직이는 것을 좋아해 자신이 동생에게 공을 다루는 법을 가르치는 탁월한 조교라고 생각했다. 테아가 동생에게 크레용으로 집, 사람, 동물 그리는 법을 가르칠 수 있을까? 우리는 테아에게 만약 라운이 관심을 보인다면 동생의 재능을 발전시킬 수 있는 완벽한 선생님이 될 것이라고 힘주어 말했다.

두 딸은 자기들 방식대로 동생의 세계에 열정적으로 뛰어들고 싶어 했지만 우리는 지금까지 해왔던 방식대로 해야 한다는 것을 알려주면서 그 방향으로 이끌었다. 동생과 함께하는 딸들의 행동은 라운의 기분이나 신호에 따라 달라질 것이다. 우리는 아이들에게 동생과 함께 있으면서 아이를 사랑하고 받아들이고 동생이 하는 어떤 사회적 접촉도 칭찬해 주고, 원한다면 동생을 만져도 되지만 동생이 밀어내면 그냥 혼자 내버려 두라고 이야기했다. 만약 그 애가 몸을 흔들거나 눈앞에서 손가락을 팔랑팔랑 흔들면 중지시키지 말고 다른 것에 관심을 보일 때까지 동생이 하는 행동을 그대로 따라 하라고 알려주었다.

열심히 참여하려는 두 딸의 모습은 우리를 감동시켰다. 나는 누구라도 또 언제라도 그만두고 싶으면 솔직하게 말하라고 했다. 그 애들의 참여에 감사하면서 우리는 아이들이 마음속에서 느끼는 대로 선택하기를 원했다. 의무도, 반드시 해야 하는 일도 아니었다. 우리는 이것을 '선택의 여정'이라고 불렀다. 우리의 여정 그리고 아이들의 여정.

어느 날 저녁 나는 우리가 실행에 옮길 수 있는 새로운 생각을 메모하며 욕실 앞에 앉아 있었다. 그런데 부엌 쪽에서 접시를 돌리는 소리가 들려오는 것이었다. 이게 어찌된 일일까? 사마리아는 그때 욕실에서 라운에게 유연한 동작을 연습시키고 있었다. 나는 거실을 지나 소리가 나는 쪽으로 뛰어가 부엌문 앞에 멈추어 섰다. 브린이 부엌에서 접시 하나를 돌려놓고 다시 하나를 돌리려 하고 있었던 것이다.

나를 보자 손을 멈추고 말했다. "아빠, 지금 연습하고 있어요. 쉽지가 않아요. 라운은 정말 대단해요."

"정말 그래." 내가 동의했다. "나도 연습을 많이 했는데 브린, 네가 아빠보다 낫구나."

"정말 그렇게 생각하세요, 아빠? 정말?"

"그럼 정말이지!" 내가 웃으면서 말했다.

브린 옆에 앉아 있는 테아는 언니의 접시 돌리는 솜씨에 넋을 잃은 듯 했다. 테아의 작은 손가락들은 접시를 어떻게 돌려야 할지 도무지 모르는 것 같았다. 그 대신 테아는 자기 몸을 어떻게 돌릴 수 있는지를 보여주었다. 열 바퀴쯤 돈 후에 테아는 어지러워 넘어졌다.

"라운은 어떻게 넘어지지도 않고 그렇게 많이 돌 수가 있을까?"

"그건 정말 알 수 없는 일이란다. 너와 언니 그리고 엄마 아빠는 말을 할 수 있잖니? 그런데 라운은 말을 못하거든. 그래서 잘할 수 있는 다른 걸 하나봐. 아마 몸을 돌릴 때 기분이 좋아지고 편안해지는가봐. 그건 네가 멋진 그림을 그릴 때 기분이 좋아지는 것과 같은 거야."

테아는 웃으며 머리를 끄덕였다. "아마 그게 라운이 자기 머릿속에다 그림을 그리는 방법인가 봐요."

"아마 그럴지도 모르지." 나는 웃었다. 그 애도 자기 말에 만족한 듯 웃었다.

딸들이 라운과 함께하면서 보여주는 모습은 정말 놀라웠다. 라운은 누나들이 자기와 같은 아이들이라는 것을 알고 있는 것처럼 누나들의 존재를 민감하게 느끼는 것 같았다. 라운이 공을 굴려 누나들에게 보낼 때나, 비록 거꾸로 넣더라도 퍼즐 조각을 끼우거나 할 때 그들은 기뻐 소리치며 손뼉을 쳤다. 아무리 작은 것이라도 라운의 승리는 곧 누나들의 승리가 되었다. 두 딸은 매순간 훌륭한 학생이 되어갔다. 물건을 돌리는 데는 라운을 따라갈 수 없었지만 그 애들은 동생의 행동을 거의 완벽할 정도로 따라했다. 우리 딸들은 우리 프로그램에 새로운 영역을 추가해 가족의 유대를 더 강하게 했다. 딸들의 열려 있는 마음만큼이나 귀엽고 용기를 주는 감성은 그 애들을 애정어린 교사로 만들어 주었다.

친구들에게 다가가기

보통 19개월 된 아동에게는 아주 단순한 상호작용이 라운에게는 매우
어리둥절하고도 복잡한 경험인 듯했다. 라운은 스스로 어떤 행동을
시작할 때 쉽고 익숙하게 하지만 우리를 따라하려고 애쓸 때는 그 애
편에서 보면 굉장한 노력과 집중을 요구하는 것이었다. 익숙하지 않은
다른 사람들의 몸짓을 이해하기가 어려웠던 것이다.

사랑과 열정으로 라운을 따라하는 것이 우리 수업의 중요한 부분
이었다. 우리 아들이 우리 세계와 타협하는 것이 쉽지 않고 성공적이
지도 않다는 것은 분명했다. 그래서 아이를 압박하거나 그 애가 할 수
없는 것을 요구하지 않기 위해 우리는 다른 길을 선택했다. 곧 우리가
아이의 세계로 들어가는 것이다. 그 애의 행동을 따라함으로써 그 세
계로 들어가 그 애의 방식대로 함께한 결과 아이가 우리를 더 잘 이해
하게 되었다.

이전에 우리가 상담했던 두 사람의 심리학자와 정신과 의사는 그들의 동료들과 더불어 우리의 접근 방법을 비난했다. 라운의 행동이 병적이고 부적응 상태라는 이유로 그들은 그 애의 행동을 강화시키지 말고 제지하라고 충고했다. 그러나 우리는 19개월 된 아이의 행동을 왜 병적이거나 부적응 상태라고 판단해야 하느냐고 물었다. 우리 모두처럼 그 애도 최선을 다하고 있었다. 아이는 자신의 독특하고 이상한 행동을 전혀 독특하고 이상하게 보지 않았다. 단지 외부에서 판단을 하는 사람들만이 그런 결론을 내릴 뿐이다. 우리는 아들을 판단하고 싶지 않았다. 우리는 그 애를 돕기 위해 그 애를 사랑하고 그 애의 세계에 대해 더 많이 알고 싶었을 뿐이다.

우리의 이런 상황인식은 하늘에서 뚝 떨어진 게 아니다. 우리는 라운이 태어나기 전에 우리의 비전을 바꾸고 판단을 내려놓음으로써 우리 자신을 변화시키기 위해 무척 노력했다. 그러한 모든 깨달음과 성장이 이런 순간을 대비하게 해주었고, 그럼으로써 우리는 평화롭고 활기찬 내면을 유지하며 우리의 특별한 아들을 사랑과 수용과 결단으로 맞아들이는 것이 가능했다.

우리가 지도했던 한 워크숍에서 어떤 여성이 남편을 향해 "제발 날 있는 그대로 사랑할 수 없어요?"라고 간청했던 것이 기억났다. 그리고 바로 그것이 우리 모두가 바라는 것이 아닌가라고 생각했다. 사마리아와 나는 우리 아들에게 그런 사랑을 느끼게 해주는 것이야말로 그 애의 인생을 크게 다르게 하리라고 믿었다. 그 애의 행동을 흉내내고 진지하게 함께하는 것은 우리가 그 사랑을 아이에게 보여주는 길이었다.

결국 우리는 우리가 무엇을 했는가보다 어떤 태도로 했는가가 더 중요하다고 결론내렸다. 같은 행동이라도 판단하지 않는 태도가 없었더라면 그와 같은 결과는 나오지 않았을 것이다.

라운은 알고 있었던 것이다. 그 애는 주위의 불편한 것들을 찾아내는 뛰어난 감응력이 있었다. 그 애는 자기 행동 때문에 심란해하는 사람에게서 멀어져 갔다. 우리가 아이를 우리 쪽으로 오게 하려면 초대하는 자세를 보여야 했다. 무언극은 통하지 않았다. 우리는 마음 깊은 곳으로부터 사랑과 포용의 감정을 느껴야 했다. 딸들은 짧은 순간에 자신들에게서 그런 느낌을 끌어냈다.

우리 어른들에게는 편견과 두려움이 우리의 시각을 가리는 강력한 장애물이 될 수 있다. 우리는 단순한 목표를 세우고 전념했다. 행복하자 그리고 사랑하자. 비록 우리가 완전하게 노력하지 못하고 때로 고집스런 과거의 믿음과 편견이 우리를 혼란에 빠뜨려도, 우리는 우리 자신을 받아들이고 아들을 위해서 열정적으로 우리 의지에 초점을 맞추었다. 우리의 선택에 의해서 우리는 우리 자신과 아들의 경이로움을 온전하게 받아들이기 위한 마음의 문을 열었다. 그런 태도는 라운이 탐구하고 성장할 수 있는 안전한 장소를 만들어 냈다. 우리에게는 하루만 있었다. 어제도 아니고 내일도 아닌 바로 오늘!

또한 우리는 아이 스스로 조금만 노력하면 바깥세상을 변화시킬 수 있고 어느 정도 조절할 수도 있다는 것을 보여주려 했다. 식탁에서 그 애가 앞뒤로 거칠게 머리를 흔들면 우리도 그 애와 똑같이 행동했다. 아이가 웃으면 우리도 웃음을 보냈고 혀를 내밀면 우리도 혀를 내밀었다. 그럴 때마다 라운은 매료된 듯 기쁨에 찬 눈으로 우리를 쳐다보았다. 때론 웃고 때론 조용히 우리 행동을 바라보면서 라운은 자신이 상황을 조절할 수 있다는 것을 점점 깨닫는 것 같았다.

125

자신이 주체가 되는 행동에 라운이 자신감을 갖게 되자 우리는 '사이먼이 가라사대'라는 놀이를 했다. 우리가 그 애의 동작을 따라하면 그 애는 계속 동작을 바꾸었다. 브린·태아·사마리아·나 그리고 다른 사람들도 라운이 하는 대로 식탁을 내리치고 두드리고 발로 차면서 따라하는 동안 음식은 차갑게 식은 채 그냥 놓여 있을 때가 많았다. 그 애는 반짝이는 눈으로 우리를 바라보고 활짝 웃음짓고는 다시 움직이는 자신의 손으로 눈길을 돌리곤 했다. 그럴 때 우리는 라운 카릴이 아주 작은 걸음으로 우리에게 조금씩 다가오는 것을 기쁘게 바라보면서 우리가 함께할 수 있음을 감사했다.

많은 놀이기구를 욕실 수업에 추가했다. 끼워 맞추는 새로운 장난감, 퍼즐, 밝은 색깔의 플라스틱 블록, 컵, 그림책 그리고 플루트·드럼·탬버린·종 같은 모형 악기, 찰흙놀이와 손가락으로 그림 그리는 것도 보여주었다. 또한 동작을 추가하고 만지는 게임과 음악에 맞추어 춤추는 것도 계획했다.

아이의 동작이 자신없어 보이면 우리는 그 행동을 단순화해 하나하나 직접 해보이면서 아이가 따라할 수 있도록 유도했고 어떤 동작을 부분적으로라도 비슷하게 했을 때 우리는 라운을 안아주고 격려해 주고 기분을 돋우어 주었다. 때로는 그 애가 좋아하는 과자도 주었다. 우리는 그 애가 배우고 싶어하고 같이하고 싶도록 부추기는 것이 어떤 성취보다 더 중요하다고 생각했다.

우리는 모든 장난감과 게임을 소통하는 도구로 사용했다. 매우 단순한 단계도 더 이해하기 쉽게 부분적으로 나누어 보여주었다. 라운이 퍼즐 맞추는 것을 습득하도록 하기 위해서는 서너 번의 선행 단계를 보여주어야 했다. 먼저 나뭇조각 집는 법을 가르치고 나서 손을 움직여 퍼즐 조각을 퍼즐판으로 가져가는 것을 보여주었다. 다음에 그 조각이 맞는 위치로 찾아가는 것을 보여주었고 마지막으로 조각을 꼭 맞도록 끼우는 것을 보여주었다. 그 애가 각 동작을 습득했을 때 우리는 그것을 하나의 완전한 동작으로 연결하는 것을 알려주었다.

라운이 이해하기 쉬운 주변 환경을 만드는 것이 중요하다는 인식은 우리 교육 프로젝트의 기본이었다. 우리는 아이가 알기 쉽게 하기 위해 모든 자료를 다시 보고 다시 계획하고 했다.

프로그램이 5주째 진행되는 동안 라운은 상위 단계 검사를 받았는데 진단은 여전히 같았고 새로운 정보는 없었다. 전문가들은 아들에게 다가가려는 우리의 시도에 용기를 주면서도 여전히 강한 회의를 나타냈다. 그들은 우리 프로그램이 전에 결코 시도해 본 적이 없는 것으로, 발달과 신경 차원에서 손상된 아이들에게 개입하는 우리의 방식이 현재의 모든 주요 가설에 위배된다고 주의를 주었다.

그들은 자폐증이 모든 장애 중에 가장 힘들고 접근하기 어려운 것이라며 자폐아들의 괴상하고 적절하지 않은 행동을 막기 위해서는 그들을 때리거나 일정 시간 동안 감금하는 것 같은 강력한 방법이 필요하다고 믿었다. 그러나 그 결과가 아무리 좋아도 자폐아들은 특별한 관리가 필요한 심각한 기능장애를 가질 것이라고 했다. 그들은 비현실적 희망에 속지 말라고 했다. 그러나 우리는 희망이 우리를 살아있게 하고 우리 프로그램에 활기를 불어넣어 주는 것을 알았다. 그리고 동시에 우리가 아무런 보장도 없는 기나긴 모험을 하고 있다는 것도 알았다.

미래가 우리의 관심이 아니었으므로 우리는 전문가들의 조언에 별로 신경을 쓰지 않았다. 그러나 이 검사에서 얻은 소득도 있었다. 이 시험결과와 이전의 검사에서 보였던 라운의 능력을 비교할 수 있었던 것이다. 전문가들이 중요하지 않다고 본 것을 우리는 진정한 발전으로 보았다. 눈맞춤이 조금씩 늘어나는 것, 자기 자극적 행동을 우리가 하는 것을 좋아하는 것, 최소한의 신체 접촉을 허락하는 것 등은 진정한 성취처럼 느껴졌다. 이 작은 출발점이 우리를 어디로 이끌 것인지 누가 알겠는가?

여름은 우리가 라운과 함께하고 그 애에게 다가가 말을 걸려는 노력과 함께 지나갔다. 집안일을 돕는 사람을 고용했지만 라운과 함께하는 일은 우리를 지치게 했다.

나는 사무실에서 계속되는 연구와 책읽기로 시간을 보냈다. 사마리아는 자신의 시간을 우리의 거대하고 아름다운 새로운 프로젝트, 곧 아들에게 전부 쏟아부었다. 친구들은 우리가 다른 활동이나 취미생활을 못하게 된 것이 어떤지를 물었다. 어떤 이는 우리의 노력을 진정한 '희생'이라고 말했다. 몇 년 동안 한 작품을 완성하기 위해 일하는 화가나 조각가에게 다른 활동을 못하게 된 기분이 어떤지 묻지 않을 것이다. 우리는 그들이 하고 싶은 일을 즐겁게 하면서 힘과 열정을 쏟고 있다고 생각한다. 우리 세계에서 라운은 언제 완성될지 모르는 완전하지 않은 조각품이었다. 우리는 매일 하고 싶었고 또 기쁨을 느꼈기 때문에 그 일을 했다.

생활 방식에 변화가 있었지만 그것이 우리가 소중하게 여기는 관계와 즐기던 일을 방해하지는 않았다. 사마리아는 조각을 잠시 멈추었다. 하지만 음악은 가끔씩 했다. 다섯 시간밖에 자지 못하지만 나는 사무실에서 일을 하거나 라운을 위한 프로그램을 연구하면서 보내는 시간이 더 많았다. 그 시간을 이용해서 내가 주관하던 소규모 워크숍과 세미나를 통해 삶에 대한 우리의 시각을 계속 펼쳐 나갔다. 나는 그 밖의 시간을 딸들과 보냈고 식구들이 잠든 시간에 글쓰는 작업을 했다.

라운의 진전과 변화에 대한 밤시간 토의는 계속되었다. 우리는 프로그램을 매일 새로 구성했고 우리의 행동과 그에 대한 라운의 반응에 대해 평가했다. 우리는 브린과 테아의 태도를 검토하면서 딸들의 요구사항이나 기분에 대해 세심하게 대처하고는 있지만 그 애들에게 더 많은 관심을 갖기로 했다.

나는 매주 두 번 한 아이씩 오후 시간을 함께 보냈다. 테아는 늦은 오후를 오리 연못가에서 보낸 다음 피자를 먹고 공놀이를 했다. 브린과는 스케이트를 타고 음식점에서 대합요리를 먹었다. 그 애들을 따로따로 사랑해 주고 그 애들의 느낌을 듣는 것은 중요한 일이었다. 아이들이 우리에게 얼마나 중요한 존재인지를 알려주면서 라운과 프로그램에 대한 조언을 부탁했다. 라운과 많이 닮은 테아는 나와 함께 산책길을 깡충거리면서 하루를 마감했다. 무척 활동적인 브린은 오후의 마지막 순간을 내 손을 잡고 조용히 소파에 앉아 있고 싶다고 말했다.

초인적인 노력으로 매일 지칠 줄 모르고 일하는 사마리아는 초저녁이면 딸들과 함께 보냈다. 그 시간에 비하면 내가 딸들과 함께하는 오후 시간은 너무 적은 것이었다. 주중에 브린과 테아가 함께 활기차고 즐겁게 참가한 1일 캠프로 그 여름을 한결 쉽게 보낼 수 있었다. 두 딸은 라운의 교육과정에 익숙해져 있었다. 캠프가 주는 즐거움은 얼마나 많은 시간과 에너지를 라운에게 기울이는지조차 잊어버리게 했다.

우리가 라운과 주말을 함께하는 동안 우리를 염려하는 친구들이 딸들을 여기저기 데리고 다녔다. 다른 사람들이 잠깐씩 우리 프로그램에

129

함께하면서 라운을 돌보아 주어 사마리아는 쉬기도 하고 가끔 자전거를 타기도 했다.

그리고 항상 영양과 식습관에 신경을 쓰는 로다는 식탁에서 가족들한 사람 한 사람에게 잔소리와 지시를 하곤 했지만, 테아를 돌보아 주고 때로는 브린까지 보살펴 주는 부드럽고 따뜻한 마음씨도 우리를 감동시켰다. 사람들이 우리 집에 오거나 우리의 '이상한' 아이를 보고 불편해할 때도 로다는 마음의 문을 활짝 열고 더 가까이 다가와 우리에게 도움을 주었다.

제리 제이는 네안데르탈인의 마지막 후손처럼 생긴 18세 된 소년이었는데, 그가 정열적으로 코끼리 흉내를 낼 때면 따뜻함과 웃음과 사랑이 집 안에 가득찼다. 제리 제이는 자주 딸들에게 사랑스러운 친구로 봉사했고 두 애들이 수영할 때는 보호자 노릇까지 했다. 열정과 아름다운 시로 우리 방을 빛과 흥분으로 가득 채운 로라 역시 우리를 도와주었다. 그녀의 온화함과 정성이 많은 여름날을 누그러뜨렸다. 때때로 집 뒤 언덕에서 함께하는 제리 제이의 비브라폰과 로라의 색소폰 연주는 우리의 대지를 재즈 선율로 가득 채웠다. 라운조차도 하던 행동을 멈추고 연주를 듣곤 했다.

그리고 낸시도 있다. 엄마를 돕기 위해 열세 살 때 처음 우리집에 왔던 낸시는 손으로 얼굴을 가리며 수줍음을 탔지만 이제 더 이상 부끄러워하지 않았다. 지난 5년간 우리와 함께 살아왔기 때문에 우리는 낸시를 가족으로 여겼다. 딸들은 낸시를 언니로 받아들였고 우리는 그애의 양부모가 되었다. 자루 같은 바지와 큰 신발이 성숙하고 여성스러워진 낸시를 감추어 주었다. 이 몇 달 동안 낸시의 따뜻한 사랑과 도움은 집안과 가족의 안정을 가져왔다.

키가 크고 마른 요가 스타일의 명상 동료인 상냥한 제프리도 우리에겐 언제나 대환영이었다. 사마리아·제프리·브린·테아와 나는 조용하고 따뜻한 저녁노을 속에서 카잘스의 첼로 연주를 들으며 함께 요가를 했다. 여름이 지나갔다. 형 스티브가 방문했는데 그는 이제 안정된 생활을 하는 교외 거주자로 대학병원에서 약물 중독자 프로그램을 운영하고 있었다. 어느날 오후 몸에 털이 많은 형이 집 수영장에서 수영을 하다가 물속에 있던 라운을 잡으려 했다. 라운이 물속에서 큰아버지를 피해 몸을 움직였는데 이것이 그 애 스스로 처음 수영을 한 것이었다.

라운의 자폐증을 안정하는 데 몹시 힘들어했던 형수 로리도 우리와 함께했다. 형수는 라운과 동갑인 자신의 작은아들처럼 어느 순간 갑자기 라운이 사람들과 잘 어울려 노는 정상아가 되는, 마술 같은 해결법이 있었으면 좋겠다고 말했다.

그리고 아버지 에이브가 방문했는데 운동하는 모습이 나이보다 30년이나 젊게 보였으며 멋진 수염은 '그림자 없는 사나이The Thin Man'에 나오는 윌리엄 포웰의 정중한 모습을 보는 듯해 향수를 불러일으켰다. 아버지와 새어머니 로즈도 활기 넘치는 우리 가족 구성원이 되어 한 주일을 머물렀다. 나는 이 시간을 아버지에 대한 사랑을 새롭게 하면서 보냈다. 이것은 어머니가 돌아가신 뒤 9년만에 처음 있었던 일이다. 그동안 새어머니도 우리 아이들과 가까워졌고 아이들을 귀여워해 주었다.

우리는 한가한 여름밤을 마브와 그의 아내 엘리스와 함께 보냈다. 점성술을 공부하던 앨리스는 서너 번에 걸쳐 시범을 보여주었다. 마브는 우리의 시각·생활 방식·철학을 함께 나누는 동료 연구자로 자신이 관찰하고 생각한 바를 통해 우리를 돕고자 애쓰면서 이해의 범주를 넓혀갔다. 놀리는 듯한 행동에서도 우리를 위한 그의 사랑과 끊임없는 관심을 느낄 수 있었다.

저녁에 마셜과 조이와 대화를 나누었는데 둘 다 면도날 같은 지성의 소유자로 우리가 가르치는 자세나 과정에 대해 토론 시합을 하고자 제의했다. 우리는 그들의 도전을 받아들였다. 그들은 우리 시각을 더욱 분명하게 해주었고, 라운과 함께하는 우리 프로그램에 담긴 비판적 태도의 유용함과 효과에 대해 우리가 얼마나 흔들릴 수 없는 확신을 가지고 있는지 깨닫도록 도와주었다.

토요일 아침에는 혼자 또는 브린과 함께 승마를 즐겼다. 매일 아침과 저녁에 하는 수영은 나에게 그날의 힘을 비축하게 했다. 우리 모두가 정신없이 신나게 보낸 여름이었다. 무엇보다도 사마리아가 라운을 위해 자신의 조각칼을 놓고 탬버린을 집어든 기록할 만한 여름이었다.

8주간의 프로그램이 지나갔다. 아름답고 힘들었으며 때로는 혼란스러웠다. 그러나 항상 보답이 있었고 그 과정은 환상적이었다. 라운이 해낸 것이 다른 아이들이라면 하루 만에 배우는 것인지도 모른다. 그러나 우리와 함께 세상을 탐구해 나가는 라운의 노력과 모험은 진정으로 영웅적이었다. 사람들을 지나 초점 없이 허공을 바라보던 작은 소년이 지금은 때때로 사람들을 바라보기도 하고 웃기도 했다. 귀가 안들리는 사람은 누가 자기를 부르는지 항상 주의를 기울여야 한다. 속세를 떠난 은둔자가 지금은 아주 잠깐이지만 우리 세계에 적극적으로 참여하고 있다.

우리의 '특별한' 아이는 스스로는 물론 우리와 함께 있는 것을 더욱 재미있어하는 것 같았다. 그 애는 세상을 함께 살아나가는 새로운 길을 발견하고 그것을 이해하는 것 같았다.

어느날 아침 부엌에서 라운이 냉장고 앞으로 걸어가더니 울기 시작
했다. 사마리아가 주스를 마시고 싶냐고 묻자 그 애는 더 크게 울었고
몸짓도 급한 듯 표현했다. 눈물이 사마리아의 볼을 타고 흘러내렸다.
그녀 아들이 알 수 없는 장벽을 뚫고 다가와 처음으로 자신이 원하는
것을 가리킨다는 사실을 알았던 것이다. 그녀는 이때 어떤 것을 가르
치기보다는 곧 뛰듯이 일어나 아들에게 주스를 주었다. 그 애가 고마
운 듯이 마시자 아내는 손뼉을 치며 아들을 칭찬했고 기쁨의 환호성을
터뜨렸다. 눈물이 계속 흘러내렸다. 행복한 눈물. 아이는 엄마가 보는
앞에서 자기가 요구한 주스를 마셨고 그것은 기적이었다.

사무실에서 의뢰인과 상담하고 있을 때 사마리아한테 전화가 왔다.
"그 애가 해냈어요, 여보. 그 애가 오늘 처음으로 요구를 했어요. 오
늘, 그 애가 오늘 했어요. 주스를, 오렌지 주스를요."

그녀가 외치는 소리를 들으면서 나도 눈물이 글썽해졌다. "됐어! 아
니, 됐어로는 모자라. 이건 굉장한 거야. 정말 이건 말로 표현할 수 없
는거야!"

그녀의 흐느낌은 웃음으로 변했다. "지금 내가 뭘 하는지도 모르겠어
요. 지금 한 대 맞은 것 같아요. 그 애가 오늘 아니 어느날에도 그렇게
큰 발전을 하리라고는 상상조차 못했어요."

"지금 집에 갈까?"

"네, 물론이죠. 아니, 아니에요. 당신에게 알려주려는 것뿐이에요."

벽에 걸린 사진들을 바라보면서 내가 수화기를 내려놓자 동료와 의
뢰인들이 나를 물끄러미 바라보았다. 그제서야 나는 눈물을 흘린다는

것을 깨달았다. 나는 웃으며 말했다. "저, 제 아들이 오렌지 주스를 요구했답니다. 우리 집에서 그건 큰 사건이지요. 정말 엄청나게 큰 사건이랍니다."

어떤 의사소통 형태를 사용하든 그 모든 것은 라운이 스스로 생각한 것이고 자기 자신을 표현하게 해주었다. 우리는 새로운 가능성에 도달한 것이다. 두 시간 후 두 번째 통화에서 사마리아와 나는 오늘 일어난 일의 의미에 대해 이야기했다. 우리는 어떤 몸짓도 신속하게 받아들일 것이다. 만약 그 애가 자신이 원하는 것을 우리에게서 얻을 수 있다는 사실을 이해할 수만 있다면, 그렇다면 우리는 그 애의 마음으로 향하는 문을 연 것이다. 같은 날 오후에 그 애는 서재 문 앞에서 가서 울기 시작했다. 사마리아가 얼른 문을 열어주자 그 애는 울음을 그치고 안으로 걸어들어갔다. 몇 분 후 그 애는 계단 앞에 서서 또 울었다. 사마리아가 주변을 치워주자 몇 초 후에 그 애는 조용히 계단을 올라갔다.

라운은 언어 이전의 능동적 소통 단계로 들어갔다. 그 애는 주위의 물건들을 원했고 이제 그것을 얻기 위해 적극적으로 노력했다. 획기적인 진전이었다! 처음으로 그 애가 우리 세계에 들어왔고 우리 가족의 일원으로서 활동적 참가자가 되었다.

이번 주에 그 애는 우리가 말로 지시하고 강조하는 것에 대한 응답으로 단어를 흉내내기 시작했다. 비록 항상 같은 어조와 악센트였지만 우리가 그에게 말한 것을 그대로 반복해 앵무새같이 따라했다. 그 애가 그 말들을 이해한 것인가? 그런 것은 아니었다. 그 애는 그 말들을 어떤 물건이나 행위와 상관없이 사용했다. 램프나 밝다는 의미로 '라이트light'라고 말한다기보다는 몸을 흔들 때나 공을 돌릴 때 그 단어를 중얼거릴 뿐이었다. 그 단어는 라운에게 아무 의미가 없었다. 다른 많은 자폐아처럼 라운은 어떤 말을 들으면 그것을 의사소통을 위해 의미있게 사용하기보다는 단순히 메아리처럼 반복하는 상태가 되었다. 그 애가 비록 말로 의사소통은 못하지만 앵무새처럼 따라하는 것만으로도 놀라운 첫 단계였다. 소리를 따라하는 것은, 아마 학생들이 선생님의 질문을 듣고 대답하기 전에 그 의미를 파악하기 위해 다시 반복하는 것처럼 라운에게는 말의 뜻을 알아내기 위해 붙잡는 방법인지도 모른다. 만약 그 이상의 발전이 가능하다면 그것은 단순한 훈련에 의한 것이라기보다는 그 애가 더 알기를 원하고 자기가 원하는 것을 얻도록 다른 사람들이 도울 수 있다는 것을 인지하는 데 달려 있다고 우리는 믿었다.

라운은 극적인 도약을 했다. 마치 스카이 다이버가 처음으로 줄을 잡아당기거나 스키 주자가 첫 번째 하강에서 공중에 잠깐 뜬 것 같이.

우리는 프로그램 시작부터 기록을 해왔는데 8주 말에 형식을 갖춘 일지를 시작하기로 했다. 첫 번째는 프로그램이 처음 시작될 때 라운의 행동을 요약한 것이다.

▶ 일지: 여덟째 주 / 라운 카릴, 19개월
▶ 일정: 1주일에 85시간
▶ 메모: 두 달 전의 라운
상호교류적 접촉이나 눈맞춤이 없다. 사람보다 물건을 더 좋아하고 말이나 몸짓이 없다. 안아줄 때도 팔다리를 힘없이 늘어뜨리고 혼자 웃는다. 항상 자기 자극적인 행동을 한다. 몸을 돌리고 앞뒤로 흔들며 손을 바라보고 손가락을 입술 앞에 놓고 반복적 행동을 한다. 손으로 이상한 동작

친구들에게 다가가기

을 반복한다. 신체적 접촉에서는 몸을 빼어 피한다. 침대에서 나가고 싶거나 먹고 싶을 때 울지 않는다. 들리지 않거나 보이지 않는 것처럼 자주 행동한다. 한 곳만 뚫어지게 바라본다. 동일한 것에 대한 욕구가 대단히 강하다. 모든 물건을 집어 던지지만 가지고 놀지는 않는다.

▶ 현재: 이번 주까지의 변화

1. 몸을 흔드는 동작이 줄었다. 대부분 자기 침대에서 흔든다.
2. 어떤 놀이를 할 때는 눈을 맞춘다.
3. 표정이 다양해졌다.
4. 아직도 사람에 대해서는 무관심하지만 친숙한 사람들에게는 다르다.
5. 부르는데 대답하지는 않지만 이름 부르는 것에 신경을 쓴다.
6. 손가락을 입에 대고 움직이는 것이 줄었다.
7. 엄마를 거의 밀어내지 않는다.
8. 처음으로 울면서 원하는 것을 가리키기 시작했다. 소통하기 위한 확실한 노력이다.
9. 메아리처럼 말을 따라한다.
10. 어떤 말에는 반응한다: 자동차, 컵, 주전자, 물, 이리 와, 일어나.
11. 그 애가 확실하게 그만두고 싶지 않은 것을 우리가 치우려 하자 처음으로 강한 감정 표현(화가 난 듯한)을 했다.
12. 안아주려고 할 때 처음으로 팔을 들어올렸다.
13. 우리가 컵을 잡아주자 컵으로 마시기 시작했다.
14. 이따금 사람을 따른다. 같이 놀던 사람이 방을 나가자 두 번 울었다.
15. 손가락으로 음식을 먹기 시작했다.

▶ 변화가 없는 부분

1. 아직도 물건을 더 좋아한다.
2. 여전히 물건을 돌리지만 가끔 우리에게 같이 돌리자고 물건을 준다.
3. 지금도 사람들과 몸이 닿는 것을 피한다.

4. 아직도 물건을 던진다.

5. 비록 처음으로 의사표현을 하기 위해 울었지만 여전히 일반적 의사소통을 위해 말이나 몸짓을 하지 않는다.

6. 침대에서 내려 달라거나 먹고 싶다는 의사를 알리기 위해 울지 않는다.

7. 단단한 음식을 씹는 데 어려움이 있다.

8. 단단한 음식보다는 마시는 것을 너 좋아한다. 물·주스·우유가 마치 자극제인 것처럼 마신 후에는 기운이 나는 것 같다.

9. 무엇이든지 입에 넣는다.

10. 친숙한 말이나 물건인데도 전에 보거나 들은 적이 없는 것처럼, 기억에 없는 것처럼 자주 반응한다.

환상적이고 놀라운 두 달이었다! 비록 잠깐동안 제한된 범위에 불과하지만 우리의 노력은 큰 변화를 가져왔다.

나는 시간이 지나면서 사마리아가 점점 더 피곤해한다는 것을 알게 되었다. 탄력이 넘치는 긴 금발은 돌보지 않아 제멋대로 흘러내렸고 이마의 주름도 더 깊어지고 더 늘어났다. 비록 지쳐 있었지만 아이들에 대해 말할 때 그녀의 눈은 여전히 빛났다. 그녀는 아들과 함께하면서 아들을 돕기 위해 모든 것을 동원해서 매일 마지막 힘까지 다 쓰고 있었다. 나는 그녀가 이 일을 짐이나 역경으로 보지 않고 순례로 본다는 것을 알았지만 필요한 시간과 힘이 그녀가 감당하기에는 너무 크고 힘들다는 것을 알았다.

일요일 밤에 나는 사마리아에게 새로운 계획을 이야기했다.

"당신은 행복해 보이지만 지쳐 보이기도 해." 나는 부드럽게 말했다.

"이런 생각을 해봤어. 자원봉사자를 구하거나 도와줄 사람을 고용해 훈련시키면 어떨까?"

사마리아는 나를 조심스럽게 바라보았다. "여보, 나는 할 수 있어요."

"물론 당신은 할 수 있지. 그렇지만 우리가 라운을 찾으려고 노력하는 동안 당신을 잃고 싶지는 않아. 당신은 최고야. 그리고 당신은 매일 그 일을 하고 있어. 라운과 함께 매일 참호로 뛰어들고 있어. 우리 중에 누구보다도 당신이 라운의 놀라운 발전을 가능하게 한 거야."

"그러나 여보, 그 사람들이 라운을 대하는 태도를 생각해 봤어요? 당신은 무엇이 중요한지 알고 있잖아요."

"물론이야. 그렇지만 사마리아, 우리는 사람들을 훈련시킬 수 있어. 우리는 그들에게 그 태도를 가르칠 수 있어요. 나처럼 불편하고 뻣뻣한 사람도 변했으니까 다른 사람들도 변할 수 있을거야." 우리는 둘 다 웃었다. 나는 아내가 동의할 것을 알았다. "우리가 누군가를 라운과 함께 방에 들여보내기 전에 그들을 훈련시키고 그들에게 우리가 아는 모든 것을 보여주면 돼. 그러면 전보다 나아질 거야. 당신은 더 건강해질 것이고 딸들도 우리가 새로운 교사를 추가하는 것에 찬성할 거야. 그리고 우리는 새로운 생각이나 방법을 찾을 시간이 많아질 거야. 그렇게 될 거야."

사마리아는 웃었다. "그래요, 나는 믿어요. 아마 우리가 아닌 다른 사람을 라운과 연결시켜 주는 것도 라운에게는 도움이 될 거예요."

그녀는 이마에 주름을 지으면서 잠시 다른 곳을 바라보았다. "그러나 여보, 그들이 진정으로 라운을 잘 대해주고 사랑하는 자세를 가질 때만 그럴 거예요."

"당연하지. 그들이 당신같이 최고일 때만 그렇지."

열일곱 살의 낸시가 첫 번째 자원봉사 선생님이 되었다. 그녀는 내가 사마리아와 나눈 대화를 전해 듣고 적극적으로 참가하겠다고 했다. 몇 년 동안 그녀는 우리를 보아왔고 우리의 소신과 판단에 대한 토의를 주의깊게 듣곤 했다. 그녀는 적임자 같았다. 그녀와 우리 가족 사이의 친밀한 관계는 5년이나 되었다. 그녀는 우리 아이들을 자기 친동생처럼 사랑했고 우리 프로그램의 시작부터 후원해 주었다. 우리는 하루 정도 잘 생각해 보라고 했다. 다음날 아침 그녀는 "하겠어요"라는 말에 자신의 열정과 힘을 담아 자원봉사를 다시 청했다.

우리는 아이들에게 변치 않는 관심을 갖고 있는 고등학교 상급생 메이러도 고용했다. 낸시와는 달랐지만 그녀는 순수한 감정과 사랑을 보여주었다. 우리는 그녀에게 라운과 함께하는 데 사용할 도구나 방법을 보여주는 것보다 라운을 대하는 태도에 대해 더 많이 알려주었다.

처음에 메이러는 자신감이 없어 보였다. 우리가 라운의 진전 정도에 따라 자신의 능력을 판단할 것을 걱정했지만 우리는 그럴 생각이 전혀 없으며, 라운의 관심, 그 애가 만지는 것과 움츠러드는 것을 항상 자유롭게 허용한다고 말해주었다. 메이러는 라운의 행동이나 느낌이 자신과 아무런 관련이 없다는 것을 알게 될 것이다. 그녀가 선택하듯이 라운도 선택하는 것이다. 그녀는 단지 물건을 보여주고 행동을 제안하고 함께하면서 그 애가 참여하도록 유도할 수 있을 뿐이다. 그 애를 좋아지게 하는 것은 어려울 것이다. 그 애가 자유롭게 원하고 또 원하는 것을 확실하게 가질 수 있는 환경을 만들어 주면서 메이러는 라운이 우리와 좋은 관계를 맺을 수 있도록 용기를 줄 것이다.

그녀는 모든 상황을 잘 이해했고 라운의 의젓함에 놀라워했다. 곧 메이러도 우리 프로그램에서 중요한 역할을 맡게 되었고 우리 가족의 중요한 구성원이 되었다.

우리는 사마리아의 일을 1주일에 45시간으로 줄였는데도 여전히 믿을 수 없을 정도로 많은 시간이었다. 낸시와 메이러는 1주일에 20~25시간을 라운과 함께 보냈다. 브린과 테아와 나는 그 애가 깨어 있는 동안에 프로그램을 활발하게 하기 위해 나머지 시간을 도와주었다. 우리는 그 애가 언제 우리에게 다가올지 알 수 없었다. 다가오는 매순간이 상호작용과 성장을 위한 또 다른 기회를 제공했다. 라운은 불과 몇 분 동안만 다른 사람에게 관심을 보였으므로 우리는 그런 시간을 포착하려고 애썼다. 그들의 적극적 참여가 있은 지 며칠 지나지 않아 그들의 소질과 능력이 명백하게 보였다. 이 젊은 두 비전문가는 우리가 만났던 전문가들보다 더 많은 기여를 하면서 유용한 견해를 밝혔다. 그들은 이론에 얽매이지 않고 솔직하며 생동감이 있었고 무엇보다 사랑이 있었다.

동기를 부여하는 우리 프로그램은 잘 되어 나갔다. 우리는 우리가 가르치려는 것을 상세하게 미리 계획했다. 그것을 새로운 '선생님들'에게 가르쳐 준 후에 사마리아는 조금 휴식을 취하고 나머지 시간을 두 딸과 함께 보냈다. 아주 가끔씩 그녀는 그동안 중단했던 조각을 다시 하기도 했다.

우리는 라운의 진행 과정을 세심하게 검토하고 8주 전에 사마리아가 아들에게 자신을 다시 소개했듯이 두 선생님을 라운에게 소개하면서 그 애의 생활에 이 새로운 사람들을 받아들이도록 도와주었다. 우리는 강요하지 않고 천천히 진행했다. 저녁에 우리는 식탁에 앉아 그가 말을 따라하는 것에 대해 토론을 계속했다.

아직 아무 의미도 얻지 못했지만 우리는 라운의 모든 움직임에 촉각을 곤두세우고 관찰하면서 말을 따라하는 것에 용기를 주려고 노력했다. 그 애는 허공을 응시하면서 벽에다 대고 억양 없는 단순한 말을 자주 했다.

자폐 밖으로 한 걸음

시내에서 집으로 돌아갈 때 나는 차의 백미러를 통해 진홍색 태양빛이 길 위를 비추고 있는 것을 보았다. 고속도로의 먼지로 가득찬 저녁 안개가 근처 사무실과 아파트 건물의 날카로운 선과 뚜렷한 색깔을 감싸며 가라앉아 있었다. 생각에 잠겨 있는 나에게 마치 배경음악처럼 차바퀴 소리가 시끄럽게 들렸다.

나는 라운을 생각하고 있었다. 라운은 보이지 않는 벽을 뚫고 나와 주위 환경을 전보다 더 잘 알고, 우리에게 다가오기 위한 작지만 의미 있는 발걸음을 내디뎠다. 그러나 계속되는 자기 자극적인 행동과 정보를 받아들이고 이해할 능력이 없는 것-아직 확실치 않은 어떤 기관의 기능 장애라는 수수께끼-은 아이의 내면에 연결되지 않거나 해체된 회로가 있다는 것을 의미했다. 뇌의 피질에 있는 기억 세포로부터 정보를 요약하고 검색하는 체계가 작용하지 않는 것 같았다. 만약 그렇다면 이미 잘못되어 있는 것을 우리가 어떻게 고칠 수 있을까? 그것은 간단하다. 우리는 할 수 없지만 아마 라운은 할 수 있을 것이다.

나는 뇌졸중으로 고통받은 사람들에 관한 논문을 찾아 '영구 손상'의 가능성에 대해 읽었다. 대부분 뇌세포와 조직의 특정 부분이 회복할 수 없이 손상되었다고 했다. 해부그림에서는 상처로 인해 광범위하게 영구 손상된 것을 보여주었다. 그러나 그런 손상에도 어떤 환자들은 말하거나 움직이는 새로운 방법을 찾아냈고 한때 마비되었던 부분을 다시 조절할 수 있는 새로운 연결 방식을 만들었다. 그들은 파괴된 세포 기능을 다시 얻은 것이 아니라 기존 신경세포들의 잠재력을 확장해 나가면서 전에 사용하지 않았던 뇌의 어떤 부분을 활성화한 것이다.

어떤 뇌졸중 환자들은 여전히 다리를 절고 장애를 가진 채 남아 있는데 왜 다른 어떤 환자들은 기적적인 도약을 할 수 있을까? 대부분 전문가들은 그런 도약이 가능한 이유를, 가장 어려운 수술과 치료를 성공으로 이끄는 근본 요인, 곧 강한 동기 때문이라고 말한다. 우리와 밀접해지도록 라운을 분발시킬 수 있다면 그 애는 새로운 연결을 만들어 새로운 채널을 열 수 있을 것이다. 자료를 기억하고 단순한 훈련과 행동 조건을 따르게 한다고 해도 라운 스스로 배우려는 열망을 활성화시키지는 못할 것이다.

우리는 그의 참여보다 더 강한 것이 필요했다. 다시 말해 라운 스스로 이 과정을 이끌어 가는 역할을 해야 하는 것이다.

어느 날 저녁 라운을 재우기 전에 우리는 침실에 앉아 그 애가 우리 구두를 가지고 놀면서 이리저리 걸어다니는 것을 보았다. 그런데 라운이 거울 앞을 지나다가 거울에 비친 자기 모습을 보더니 갑자기 멈춰 서는 것이었다. 지금까지 여러 번 거울 앞을 지나쳤음이 분명한데 그날 밤 뭔가 다른 특별한 일이 일어난 것이다. 거울 속의 자기 모습에 놀라 발을 멈춘 것이다. 거울에 비친 자신의 전체 모습을 보며 최면에 걸린 듯이 서 있었다.

그 애는 자신의 모습을 조심스레 살폈다. 그리고 앞뒤 좌우로 움직여 보더니 거울로 곧장 걸어가 코를 대고 거울에 비친 코를 만졌다. 아이의 눈이 섬광처럼 빛났다. 다시 거울에서 한걸음 뒤로 물러나 거울 속을 천천히 들여다보았다. 그러면서 거울 속에서 자신의 얼굴과 만나고 자신의 눈을 보았다. 라운은 다시 거울로 다가가 거울 속 아이의 배와 자기 배를 맞닿게 했고 머리를 거울에 대자 정확하게 쌍둥이 같은 두 아이가 똑같은 행동을 하는 것처럼 보였다. 그러자 갑자기 라운이 거칠고 생소한 소리로 외쳤다. 그것은 놀라운 흥분과 기쁨의 소리였다. 그리고 웅얼거리더니 마침내 의기양양한 웃음을 지어 보였다.

라운 카릴이 자신을 발견한 것이다. 나는 놀라움과 감탄으로 사마리아를 보았다. 눈물이 그녀의 볼을 타고 흘러내렸다. 나도 눈시울을 적시며 울고 있었다. 창조의 첫째 날-새로운 차원이었다. 라운은 자기 자신을 발견했고 그것은 즐거운 경험이었다.

눈물을 흘리면서 우리는 라운을 지켜보았다. 라운은 이전에 어느 누구와도 어떤 물건과도 하지 않았던 방법으로 거울 속의 자기 모습과 서로 교류하면서 놀았다. 이 귀엽고 작은 소년은 자기 자신뿐 아니라 거울 속에 있는 소년과 함께 팔을 벌려 크게 원을 만들었다. 그 애는 혀를 내밀어 보고 머리도 흔들며 킥킥 웃기도 했다. 그 애는 자기 자신과 술래잡기 놀이를 계속하면서 언어 이전의 말을 중얼거리기도 하고 신이 나서 열정적으로 뛰고 일어났다 앉았다를 반복했다.

그리고 그 애는 손·발·머리카락을 천천히 살펴보았다. 그 애가 몸의 다른 부분을 만지자 거울 속의 모습도 똑같이 했다. 잠옷을 들치고 가슴과 배를 거울 속의 새로운 친구에게 보여주었다. 20분 동안의 아름답고 흥미로운 시간에 라운은 자기 자신에게 인사했다. 그 애는 사막에서 오아시스를, 자기 자신을 발견한 것이었다. 우리가 그 애와 함께했던 시간은 바로 지금 이 순간을 위해서 준비한 것이었다. 바깥 세상을 만지는 이 짧은 순간을 위해 아이는 매번 조금씩 준비하고 있었던 것이다. 이 순간 그 애는 이 만남을 끝없이 즐겼다.

사마리아와 나는 조용하고 꿈같은 저녁을 함께 보냈다. 우리는 해변으로 차를 몰고 가 대서양의 바닷가를 따라 걸었다. 말이 필요 없었다. 우리는 손을 잡고 걸었다. 조수가 바다를 앞뒤로 흔들어 거대한 파도를 만들어냈다. 짙은 안개 사이를 걸어갈 때 달빛이 우리를 비추었다. 썰물이었다.

우리의 24시간 프로그램은 잘 되어 나갔다. 매일 매순간 우리는 라운과 가까이 함께 있었고 자극을 많이 주었다. 브린과 테아를 포함한 우리 팀은 더 열렬히 더 적극적으로 그 애에게 빠져들었다. 우리 모두는 프로그램을 발전시키는 새로운 차원을 감지했다. 거울 속에서 자신을 발견한 이후 라운은 행위와 관계에 있어 더 의식적이었으며 행동과 반응을 미리 생각하면서 했다. 퍼즐 조각을 집어들 때도 아주 힘있게 했다. 그것을 제자리에 끼워넣을 때도 전보다 더 능숙하게 돌렸고 꼭 맞는 장소에 더 멋지게 잘 집어넣었다. 거울 속에서 자신의 팔·손·손가락·다리·배·머리·혀·입술을 보고 소유의식을 갖게 되었을 때 라

145

운에게 새로운 신경세포의 길이 열렸던 것일까? 신체 자각이 향상되면서 크고 작은 운동 기능에 영향을 미친 것 같았다. 그 애가 엄마와 원을 그리고 돌면서 서로 장난스럽게 부딪치는 모습을 보면서 나는 라운이 우리와 자신의 접촉을 강화하는 것에서 기쁨과 아름다움까지 발견했다고 생각하지 않을 수 없었다.

다음은 라운의 일상을 묘사한 것이다. 우리는 가능하면 일주일 내내 이 일정을 따랐다.

시간	매일의 일과
8:30	잠에서 깨어난 반 시간 정도 침대에 있다. 이때쯤이면 그 애는 장난감을 바닥에 던진다. 사마리아가 라운을 침대에서 일으켜 옷을 입힌다. 그 애는 몸을 돌려 배를 층계에 대고 발을 먼저 내린 다음 배로 밀면서 층계를 미끄러져 내려간다. 식탁이나 욕실에서 엄마와 아침을 먹는다. 그러는 동안 짧은 말, 격려하는 이야기, 테이프로 들려주는 노래로 자극을 준다.
9:15	라운과 사마리아가 장난감과 교육자료가 가득한 욕실에 들어가면서 정식 수업이 시작된다. 두 모자는 사람들의 상호작용과 표현 방법을 배우는 놀이를 하고 사마리아는 웃음으로, 칭찬으로, 음식으로 그 애를 격려하고 힘을 준다. 장난감과 놀이 도구는 적어도 30개의 다른 모양으로 구성된 끼워맞추기 상자를 포함해서 손잡이가 달린 4~5개의 나무 퍼즐(사마리아는 각 동물의 모양을 집을 때 그 동물의 소리를 흉내내고 이름을 말해준다), 7개의 조각으로 연결된 트럭, 연장 놀이 장난감, 불고 두드리는 장

	난감 악기, 컵쌓기, 점토와 놀이용 찰흙, 크레용과 분필, 그 밖의 식구들과 동물 사진, 음악에 맞추어 몸을 움직이면서 사마리아는 라운이 팔과 다리를 움직이도록 도와준다. 또한 그들은 동작이나 춤의 많은 부분을 자발적으로 즉흥적으로 하는 경우가 많다. 우리는 봄의 각 부분을 알게 하기 위한 놀이를 고안해서 몸짓으로 각 부분을 가리키면서 말을 하도록 자극한다. 잠시 쉴 동안에는 손·손가락·코·귀 등을 톡톡 치고 만져주고 간지럼을 태우곤 한다. 물장난은 세면대와 욕조에서 한다. 책의 페이지를 넘기고 그림을 보고 단어를 읽고 자동차·사람·기계 그리고 동물의 행동을 여러 가지 방법으로 설명한다. 붙어 있는 조각을 긁으면 향기가 나는 책과 펼치면 그림이 튀어나오는 책은 라운에게 놀라움을 주었고, 만지고 냄새를 맡으며 가리키고 말하는 것을 함께 할 수 있었다.
10:30	제한된 공간에서 나와 잠시 휴식한다. 산책이나 까꿍놀이 또는 다른 장난감을 가지고 놀게 하고 라운에게 음식을 준다. 모든 것은 눈맞춤과 응답, 그리고 결속을 강화시키는 데 목적이 있다. 나중에 우리는, 휴식 없이 그 시간을 방에서 지내는 것이 더 효과적이며 더 집중할 수 있음을 알았다.
11:00	더 체계화된 상화작용과 놀이를 위해서 욕실로 돌아간다.
12:00	오전 학습을 끝낸다. 걷거나 차를 타고 공원이나 가게에 가든지 다른 아이들을 보러 간다(그렇게 하는 동안 라운은 자주 움츠러들고 자기 자극적인 행동에 열중해서 소리를 질렀으므로 우리는 이 시간에 하는 일을 재고했고 결국 삭제했다).

자폐 밖으로 한 걸음

147

1:00	낮잠을 잔다.
2:00	깨어나 점심을 먹는다.
2:30	욕실에서 다른 수업을 받는다.
3:30	욕실 수업을 잠시 끝내고 공원에서 놀거나 자전거를 탄다. 브린과 테아가 같이 놀아주는 선생님과 치료사 역할을 한다.
4:00	특별한 도우미 메이러와 낸시가 도착해서 욕실에서 수업을 시작한다.
5:30	가족이나 가르치는 그룹의 다른 사람들과 같이 침대에서 뛰거나 '사이먼 가라사대' 게임을 하는 등 신체적 자극을 더 많이 하는 운동을 한다.
6:30	선생님들과 온 식구의 저녁 식사. 우리는 라운과 한 팀을 이루어 보통 라운은 선생님, 우리는 학생이 되어 눈맞춤과 흉내내기 놀이에 도움이 되도록 음식 먹는 과정을 활용한다.
7:00	서재에서 추가 수업.
8:00~8:30	수업 끝.
8:30	라운은 자러 간다.

우리가 발견한 또 다른 어려움은 라운이 단단한 음식을 먹지 못하는 것이었다. 식사 때마다 우리는 씹는 법을 가르치고 이유식을 좀더 균형잡힌 단단한 음식으로 바꾸어 보려고 시도했다. 어느날 밤에 그 애는 접시에서 한 웅큼의 감자튀김을 집어 입에 넣었다. 그러자 뺨이 불룩하게 튀어나온 우스운 모습이 마치 광대를 보는 것 같았다. 그런

데 우리가 불룩한 입에 있던 음식을 다 꺼내기 전에 그 애는 입속에 남아 있던 감자튀김을 씹지도 않고 삼켜버렸다. 라운이 놀란 눈빛으로 나를 쳐다보았는데 숨이 막힌 것이었다. 순식간에 큰일이 벌어졌다.

음식이 기도를 막아 숨을 쉴 수가 없었던 것이다. 라운은 손가락을 목안에 넣으면서 절망적으로 몸부림쳤다. 동공이 열리고 마치 눈으로 공기를 붙잡으려는 것처럼 눈이 튀어나왔다. 우리는 아이의 팔을 잡고 등을 치면서 온몸을 흔들었다. 그러나 아무 소용이 없었다.

그 애는 계속 숨을 쉬지 못했다. 라운을 팔을 흔들기 시작했고 도와 달라고 애원하듯 나를 바라보았는데 그 눈빛은 마치 어떻게 할 수 없 는 이 사건을 관찰하고 있는 것 같기도 했다. 나는 의자에서 그 애를 내려놓고 입을 벌려 내 손가락을 넣어 음식을 꺼내려고 했지만 소용이 없었다. 나는 그 애를 거꾸로 들고 흔들기 시작했다.

라운은 더욱 몸부림쳤고 몸이 경련을 일으키는 것 같았다. 나는 등 을 두드리고 엉덩이를 때렸다. 그러나 불가능했다. 평범한 저녁의 한 사건이 생각조차 할 수 없었던 악몽을 순식간에 몰고 온 것이다. 모든 사람들이 의자에서 벌떡 일어났다. 나는 무엇인가 할 것을 찾아 절망 적으로 애쓰면서 말초신경이 온통 곤두서는 것을 느꼈다. 소화기관에 충격을 주어야 한다. 소화기 근육을 자극해서 토하게 해야 한다는 생 각이 스쳤다. 나는 사마리아에게 라운을 건네주면서 계속 거꾸로 들 고 있으라고 했다. 한 손으로는 갈비뼈 바로 아래에 있는 윗배의 부드 러운 부분을 찾으면서 다른 손바닥으로 그 부분을 위의 방향으로 때 렸다. 그러자 아이의 뱃속에 있던 감자튀김과 다른 음식물이 바닥으 로 쏟아지면서 아이는 끙끙거리는 소리를 냈다. 우리는 아들을 구한 처방을 즉석에서 만들어 낸 것이다. 몇 년 후에 한 의사가 기도가 막

저 벽 밖으로 한 걸음

힌 환자를 구하기 위해 이와 비슷한 처치방법을 고안했다.

사마리아의 넋 나간 얼굴을 바라보면서 비로소 내 손도 떨리기 시작했다. 아내는 아들을 꼭 끌어안았다. 라운은 기침을 하고 곧 회복되었다. 그 애는 안심한 듯이 우리를 바라보았다. '고마워요'라고 말하는 것 같은 표정으로 우리를 바라볼 때 그 애의 눈이 반짝였다.

심장이 뛰는 가운데 나는 숨을 헐떡거렸다. 사마리아와 나는 서로 긴장해서 바라보았다. 그녀의 얼굴과 입술은 창백하게 변했지만 안도의 웃음을 지으려 했다. 나는 웃기 시작했다. 라운이 아직도 여기에 있다. 그 애는 살아 있다. 우리도 살아 있다. 신은 우리에게 또 다른 날, 우리의 특별한 아이에게 다가가려고 노력할 또 다른 날을 주신 것이다.

우리는 바로 그 순간부터 라운에게 단단한 음식을 어떻게 먹는지 가르치기 시작했다. 우리는 먼저 그 애와 눈을 맞추고 나서 우리가 음식을 입에 넣고 꼭꼭 씹어서 삼키는 것을 보여주었다. 이 동작을 몇 번이고 수없이 반복한 다음 마침내 사마리아는 부드럽지만 단단한 음식을 입에 넣어주었다.

처음 몇 분 동안 그 애는 음식을 물고 있다고 입밖으로 뱉어냈다. 우리는 우리 입에서 같은 음식을 씹는 것을 그 애가 보고 따라할 수 있도록 했다. 그러나 불행하게도 그 애는 요령을 터득하지 못했다. 사마리아는 라운에게 음식 씹는 것을 가르치기 위해 하나하나 설명을 하면서 그 애의 턱을 손으로 잡고 아랫니와 윗니가 서로 닿을 수 있도록 그 애의 입을 열었다 닫았다 했다. 우리는 이런 과정을 식사 때마다 반복했다. 사마리아와 내가 교대로 그 애의 턱을 잡고 가르쳤다. 아주 가끔씩 우리는 그 애의 턱 근육이 조금씩 움직이는 것을 느낄 수 있었다. 우리가 정말 나아졌다고 생각한 것은 두 주일이 지나고 마흔두 번의 식사가 있은 후였다. 마침내 우리의 수수께끼 같은 아들이 씹기 시작했다. 만세! 만세!

우리가 독특한 생활 방식에 익숙해짐에 따라 토요일과 일요일이 비교적 쉽게 지나갔다. 우리는 대개 주말 오후를 거실 벽난로에 모형 실내 모닥불을 만들면서 보냈다. 브린과 테아와 나는 집 옆에 쌓여 있는 나무토막을 모아왔다. 테아는 자기에게 무거운 나무를 주지 말라고 툴툴거렸다. 브린은 너무 무거워 얼굴에 힘든 표정이 나타날 때까지 나무를 더 달라고 했다. 우리 셋은 벽난로 안과 옆에 나무를 쌓아올렸다.

석쇠 밑에 신문지를 구겨놓고 우리는 불 피울 준비를 했다. 사마리아는 창문을 전부 열거나 심지어 때로는 에어컨도 켰다. 왜냐하면 늦여름날 우리의 우스꽝스러운 행동을 즉시 가라앉혀야 했기 때문이다. 나는 라운이 바로 그 순간에 우리와 함께 그 현란하게 춤추는 불꽃을 감동적으로 바라보기를 바라면서 신문지와 우리가 만든 모형에 불을 지폈다. 빨강·자주 그리고 흰 불꽃이 타오르기 시작하자 딸들은 신이 나서 환호하고 손뼉을 쳤다. 모든 재즈 콰르텟이 새롭게 연주하는 바흐의 음악이 실내에 흐르고 있었다.

불을 성공적으로 지피고 나서 우리는 벽난로 주변의 기구를 전부 가장자리로 밀어놓았다. 테아가 침실에서 베개를 가져올 동안 브린은 콩주머니를 몇 개 가져왔다. 2분 안에 우리는 거실바닥에 놓인 부드러운 쿠션에 편안한 자세로 기대서 불꽃을 바라보며 즐겼다. 테아가 발을 내 배 위에 올려놓았을 때 브린은 내 다리에 머리를 기댔다. 사마리아는 내 가슴위로 대각선으로 누웠다. '큰 곰'은 모두를 다 품어주는 큰 양탄자가 된 것이다.

그로부터 30분쯤 후에 지금은 우리 식구가 다 된 제리와 로라와 낸시가 우리와 합류했다. 우리는 그날 나머지 시간 동안 내내 전화 코드도 빼버리고 라운과 함께 있었다.

라운은 불 옆에서도 놀았고 욕실에서도 놀았다. 제리가 브린에게 공을 던지자 그 애는 깔깔 웃으면서 받아쳤다. 테아는 로라에게 젓가락 놀이를 하자고 했다. 사마리아는 나에게 키스하면서 행복하다고 속삭였다.

이런 순간은 우리가 사랑하는 사람들과 함께 있으면서 서로 통하는 아름다운 시간이며 말과 행동은 부차적인 것이 되었다. 또한 우리 각자의 선한 느낌이 방안에 있는 다른 모든 이들에게 닿는 순간이다. 이 시간은 또 내가 로라와 함께 그녀의 불편한 학교생활에 대해서 해결점을 찾아보려고 한시간 동안 대화를 나누는 시간이기도 했다. 사마리아는 잠시 라운을 거실로 데려와 제리의 비브라폰을 놀이삼아 연주했고, 브린과 테아는 들쭉날쭉한 그 소리에 맞춰 몸을 흔들었다. 낸시는 불꽃을 가만히 응시하고 있었다. 말소리와 음악이 어우러져 교향곡을 만들어 냈다. 달콤함이 느껴졌다. 우리 모두 함께 있다는 것을 소중하게 여겼다. 서로를 사랑하고 즐겁게 하는 것이 어떤 것인지 확실하게 깨닫는 순간이었다.

프로그램이 계속됨에 따라 라운은 표정이 훨씬 다양해졌고 몸짓으로 의사 표현을 더 많이 하게 되었다. 거울 앞에서 노는 것이 그 애가 좋아하는 놀이 중의 하나가 되었다. 나는 그 애가 자기 주위 환경을 조절하는 능력이 있는 것을 알게 되었다. 라운은 우리 손을 잡고 자기가 원하는 것이 있는 곳으로 끌고 가서 울음을 터뜨리는 것으로 자기의 생각을 알렸다. 메시지는 크고 분명했다. '내가 원해요', '내가 원해요'.

얼마나 놀라운 일인가! 아침에 그 애는 엄마의 손을 잡고 냉장고로 가더니 주스를 마시고 싶다는 것을 엄마에게 알렸다. 같은 날 저녁에는 나를 계단 쪽으로 끌고 가 2층에 올라가고 싶다는 것을 나타냈다. 2층은 라운이 홀로 있고 싶을 때 찾아가는 혼자만의 장소였다. 우리는 시간이 조금 지난 후에 우리가 그 시간을 조정하기는 했지만 아이가 혼자 있는 것을 허락했다.

우리가 테이블에 물을 한 컵 놓아두면 라운은 그것을 보고 집으러 간다. 그러면 우리는 아이가 작은 손으로 컵을 집을 수 있도록 도와준다. 이전에 라운은 바로 자기 앞에 놓여 있는 음식이나 마실 것에만 반응했다. 그러나 이제는 조금 멀리 떨어져 있을 때도 반응한다. 시선을 고정시키고 부처님처럼 앉아 있는 것이 아니라 우리를 따라와 시선을 움직여 컵을 바라보는 것이다. 뇌신경 세포의 새로운 접합부분을 단단하게 연결시킨 것일까? 세상에 대한 관심이 커가면서 굳어져 있던 뉴런(신경계의 구조적·기능적 단위)이 제 기능을 하게 된 것일까?

우리는 라운이 사람들에게 좀더 주의를 기울이게 된 것을 알아차렸다. 그 애가 우리와 놀 때는 더 열중했고 매우 좋아했다. 그 이유는 명백했다. 사람들이 그 애가 원하는 것을 갖도록 도와주기 때문에 그 애에게는 사람들이 더 쓸모가 있게 된 것이다. 그리고 우리는 받아들이고 사랑하고 기뻐한다는 것을 표현할 기회가 생기면 모든 접촉 경험을 사용했다. 그 애가 블록을 쌓거나 우리와 눈맞춤을 할 때마다 우리는 칭찬을 아끼지 않았다. 이제 라운은 우리에게 다가오기 시작한 것이다. 그 애는 우리에게 접시나 팽이를 주기도 했다. 우리가 그 애를 따라해도 거의 반응을 보이지 않던 첫 번째 주와 비교하면 서로 주고받는 우리의 상호작용은 극적으로 증가한 것이다.

그러나 뛰어넘어야 할 장애물이 또 있었다. 라운은 자기가 원하는 것을 얻으려고 할 때 먼저 우는 것으로 시작했다. 우리는 그렇게라도 감정을 표현할 수 있는 것에 감사하면서 그것을 허락했고 칭찬했다. 우리는 아이가 이해할 수 없는 어떤 지시로 혼란을 줌으로써 이제 막 시작한 것을 그만두게 하고 싶지 않았다. 그러나 라운은 이제 자기 자신, 자기가 원하는 것, 자기의 능력을 더 많이 알고 있다. 그러므로 아이의 능력을 더욱 향상시킬 수 있을 것이다. 우리가 천천히 그리고 존중하는 태도로 대한다면 라운이 그 변화를 잘 받아들이고 잘 대처해 나갈 수 있을 것을 우리는 믿는다. 그래서 우리는 그 애가 울 때마다 원하는 것을 주는 대신에 그 애에게 무엇을 원하는지 묻고, 원하는 것을 손짓이나 몸짓으로 가리키도록 한 다음 그 요구를 들어주기로 했다. 라운은 때로 그런 순간을 참을 수 없어 하거나 때로 혼란스러운 듯이 우리를 바라보기도 했다. 그러나 우리는 그 과정을 그날 내내 되풀이했다.

우리는 매주 새롭게 되는 것을 볼 수 있었다. 그리고 라운이 생각하고 말하게 되는 데 있어 매우 중요한 부분에 대해 나는 끊임없이 생각을 계속했다.

몇 주일 동안 저녁마다 나는 라운이 거의 불가능한 것을 성취하는 데 도움이 되기를 바라면서 실험을 했다. 주방에 들어가며 나는 안녕이라 말한 다음 아들에게 과자를 보여주었다. 그 애가 과자를 집으려 할 때 눈으로 과자를 따라오도록 격려하면서 과자를 천천히 움직였다. 그리고 과자를 종이 뒤에 감추는 쇼를 했다. 그 애는 과자가 보이지 않자 혼란스러워 하면서 서 있었다. 그 애는 아직도 보이지 않으면 기억할 수 없었던 것이다. 나중에 떠올려 보기 위해 마음속에 영상을 만드는 그의 능력은 여전히 제한적이었다. 이 분야를 개발하고 완전하게 하는 것이 필수적이었다. 그리고 그것은 라운이 말을 할 수 있는 기반이 될 것이다.

▶ 일지: 아홉째 주 / 똑같은 일정. 세 명의 적극적인 교사들

▶ 변화

1. 눈맞춤이 탁월해졌고 오래가게 되었다.

2. 친숙한 사람에게는 관심을 더 많이 보이고 새로운 사람에게는 잠깐 동안 관심을 보인다.

3. 이번 주에는 한 번도 손가락이나 손으로 반복적 행동을 하지 않는다. 정말 대단한 일이다!

4. 울거나 끌어당기는 것으로 원하는 것을 표현하는 일이 많아졌다.

5. 요구사항을 듣는다: 이리와, 내 손을 잡아라, 그것을 제자리에 갖다놓아라, 기다려라, 와라, 가서 가져와라, 먹어라, 앉아라.

6. 놀이나 어떤 상호적 만남에서 주도적으로 먼저 시작한다. 함께 돌리자는 뜻으로 우리에게 물건을 준다.

7. 까꿍하는 놀이나 장난감 끼워맞추기, 퍼즐 등 놀이와 관련된 행동에 흥미가 많다.

8. 물건을 더 가지려고 한다. 처음으로 물건을 가지려고 욕심을 내고 원하는 것이 없어지면 운다.

9. 혼자 컵을 잡고 마시기 시작했으나 항상 그러지는 않는다.

10. 다른 방, 특히 그 애의 작업실(라운은 자기의 작업실을 좋아하는 것 같다)에 들어가고 나올 때 사람들을 따라다닌다.

11. 아무 사고 없이 무사히 단단한 음식을 씹기 시작했다.

12. 거울 앞에서 노는 것을 좋아한다. 거울을 손으로 위아래로 쓸어내리고 거울 속의 자기 모습과 까꿍놀이를 한다. 거울을 통해 다른 사람을 보기도 한다.

13. 요즘 몇몇 신체적 접촉을 조르기 시작했다. 때로는 그것을 즐기는 것 같다.

14. 낯선 이들이 주위에 있을 때는 엄마나 선생님들에게로 온다.

15. 손으로 가리키거나 탁자를 두드리며 원하는 것을 몸짓으로 나타내기 시작했다.

16. 조금 복잡한 말에도 반응한다. "라운이 병을 갖고 싶구나", "잠깐 기다려", "라운아, 얌전히 서 있어" (옷을 입을 때)

▶ 변화 없음

1. 욕실이나 서재 수업말고는 아직도 무생물 세계를 더 좋아한다.

2. 여전히 빙빙 도는 물체에 몰두한다.

3. 아침에 일어났을 때나 낮잠을 잔 후 침대에서 나오고 싶다는 표현을 하지 않는다.

4. 언어로 의사소통을 하지 않는다.

5. 손에 든 것은 무엇이나 던진다.

▶ 그 밖의 관찰

1. 별로 방해를 받지 않는 욕실·서재·차 안과 같은 곳에서 라운의 반응이 많아진 것을 알 수 있다.

2. 우리의 말이나 신체적 행동(입을 오물거리고, 머리를 쳐들고, 뛰어 일어나고, 기고, 달리고, 지시한 대로 탬버린을 치고, 불어대는 등등)을 모방한다.

3. 자신이 주도권을 잡고 조절할 수 있을 때 상호작용이 강해진다.

4. 자동차나 현관문 소리를 안다. 그 소리를 들으면 소리나는 방향을 바라본다.

어느 토요일 아침에 사마리아는 라운에게 옷을 입히려고 방에서 데리고 내려왔다. 그녀가 커피를 끓이는 동안 그 애는 부엌 바닥에 앉아 신발을 들고 신으려 했다. 나는 옆에 앉아서 도와주었다. 라운이 직접 신발 신는 과정을 주도하면서 우리는 천천히 신발을 신었다. 신발 신는 과정이 끝나자 그 애는 신발을 벗고 다시 신기 시작했다. 나는 다시 라운을 도왔다. 그리고 신발을 다 신었을 때 그 애는 또다시 신발을 벗었다. 작은 손가락들이 바쁘게 움직였다. 라운은 생기가 돌았고 해냈다는 성취감과 새로운 기술을 배웠다는 것에 흥분했다. 라운은 거의 20번이 넘게 신발을 신었다 벗었다 하더니 마침내 지쳐버렸다.

오후에 사마리아는 몇 주 전에 시작한 색소폰을 연습했다. 훌륭한 음악가인 로라가 그녀의 선생님이 되기를 자원했다. 그녀가 연습하는 색소폰 소리는 초보자들이 으레 그렇듯이 너무 높거나 너무 낮은 소리들의 불협화음으로 우리 집안을 가득 채웠다.

사마리아가 색소폰을 연습할 때마다 라운은 그 소리를 피해 밖으로 달려나왔다. 때로 울거나 귀를 막기도 했다. 그 애의 의견은 명백했고 자기 생각을 적절하게 표현했다. 대조적으로 브린, 테아, 사랑하는 친구들과 나는 사마리아가 색소폰을 시작했다는 사실을 받아들였다. 우리는 이미 그녀의 이러한 시도를 많이 보아왔다. 그녀는 피아노도 치

157

다가 그만두었다. 그리고 기타를 배우기도 했고 작사·작곡도 시도했다. 이번에는 또 감미로운 색소폰이다. 라운이 달려나와서 숨는 동안 우리는 그녀가 튜바나 트럼펫을 시작하지 않은 것에 감사했다.

우리는 11주째 프로그램을 시작했다. 소란스러운 도시에서 일을 마친 나는 집 옆문으로 들어와 테이블 옆에 서 있는 라운에게로 곧장 달려갔다. 그 애는 나를 무심히 바라보더니 마치 서약하듯이 오른손을 들고 손가락을 까딱거렸다. 오, 하느님. 그 애가 손으로 안녕하며 인사를 하는 것이었다!

깜짝 놀란 나도 손으로 인사를 했다. 그 애는 나를 잠시 바라보다가 고개를 돌렸다. 얼마나 간단하면서도 뜻깊은 인사인가. 그것은 내가 받은 최고의 인사였다. 3개월 전에는 내가 방에 들어와 폭탄을 던진다 해도 라운은 나를 바라보거나 움찔하지도 않았다. 그런데 지금 이 작은 아이가 나를 보고 사랑스럽고 이해할 수 있는 몸짓으로 인사를 한 것이다. 드디어 해낸 것이다. 우리는 둘 다 승리자였다.

사마리아가 라운을 재우러 이층으로 갈 때까지 내가 그 애와 놀 시간은 충분했다. 나는 과자를 집어서 라운에게 보여주고 나서 과자를 마룻바닥에 놓고 아이가 그것을 계속 보는 동안 천천히 신문을 덮어 과자를 숨겼다. 그 애는 잠깐 멈칫하더니 거의 1분 동안이나 신문을 바라보았다. 그리고 조금 관심이 있는 표정으로 신문이 있는 곳으로 걸어가 그 옆에 앉았다. 그 애는 신문에 실린 사진들을 들여다보았다. 그 아이의 시선이 천천히 신문 위를 가로질러가 그 끝에 머물렀다. 사마리아와 나는 조용히 기다리면서 서로를 바라보았다. 우리는 매일 밤 그 애가 이렇게 하는 것을 보아왔지만 더 이상의 진전은 없었다.

그러나 이날 라운은 조심스런 동작으로 과자가 보일 때까지 신문을 한쪽으로 치우더니 우리가 미처 칭찬할 사이도 없이 과자를 집어서 먹었다. 우연이었을까? 우리는 단지 추측할 뿐이었다. 우리는 흥분한 채 숨을 멈추고 그 일을 재검토해 보았다. 다시 해보자. 기회를 잡자.

나는 다른 과자를 집어 라운에게 보여주었다. 그것을 다른 쪽 바닥에 놓고 천천히 그 위를 다른 신문으로 덮었다. 살짝 곁눈질해 보니 라운은 마치 동물처럼 달려들 태세를 하고 있었다. 긴장한 나는 목덜미가 뻣뻣해졌고 온몸을 휩싸는 전율을 느꼈다. 내가 옆으로 비켜서자마자 라운은 곧바로 달려와 신문을 들어올리고 과자를 입속에 넣는 것이었다. 놀라웠다! 그 애는 새로운 능력에 대한 자신감이 생긴 것 같았다. 이 일이 정말 일어났단 말인가? 이것은 이제 그 애가 기억 속에 영상을 담아두고 그것을 사용할 수 있다는 의미인가?

나는 과자를 한 웅큼 집어 조금 가벼운 의자 밑에 보이게 놓았다. 그 애는 나를 따라와 의자를 치우고 과자를 집었다. 나는 다른 과자를 부엌 조리대 위에 보이지 않게 놓았다. 그 애는 다시 나를 따라와 손을 들어 과자를 찾을 때까지 조리대 위를 여기저기 더듬었다. 그 애는 마침내 과자를 찾았고 다시 입에 넣었다. 나는 과자 하나는 의자 위에 놓고 다른 하나는 의자의 팔걸이 밑부분에 놓았다. 또 다른 하나는 주먹 쥔 내 손안에 있었는데 그 애는 곧 내게로 와서 손가락을 잡아당기며 주먹을 펴라고 했다. 그것도 아주 단호하게…. 그 애는 모든 과자를 다 찾아냈다. 우리는 손뼉을 치며 그 애를 칭찬해 주었다. 우리는 아들의 풍성한 수확에 흠뻑 젖었다. 그 애도 그랬다.

라운은 과자를 추적해 찾아내는 데 흥분해 이 놀이를 즐겼다. 우리는 거의 반 시간 동안이나 이 놀이를 했다. 라운이 이렇게 할 수 있을 것이라고 생각이나 했던가? 내가 생각했던 것보다 훨씬 더 많은 것을 받을 수 있으니 얼마나 큰 축복인가! 그동안 나는 라운이 과자를 찾아내기를 원했지만 그 애가 못해도 실망하지 않았다. 우리는 우리 자신과 우리를 돕는 사람들에게 놀이하는 법을 가르칠 때 어떤 가능성이나 당연성을 배제하고, 있는 그대로 즐기라고 가르쳤다. 미래는 걱정하지 말고 과거를 후회하지 말라. 오직 매순간 라운을 사랑하고 그 애와 함께하는 것만이 중요하다. 이것이 바로 비밀이었다.

그리고 지금 갑자기 '있는 그대로'가 변하면서 모래 속에서 다이아몬드가 나타난 것이다.

다음날 아내가 사무실에 전화를 했다. 그녀의 목소리는 흥분에 들떠 있었다. "여보, 엄청난 일이 일어났어요. 상상한 게 아니고 내 눈으로 똑똑히 봤어요. 어제 당신이 과자를 숨길 때마다 라운이 찾아냈잖아요. 당신은 그 애가 한 번에 한 개의 퍼즐 조각만 똑같은 방향으로 한다는 걸 알고 있죠? 오늘 아침에는 다르게 해봤어요. 라운에게 퍼즐을 주면서 모든 조각을 한 곳에 쌓아 놓았어요. 그런데 여보, 그 애가 어떻게 했는지 알아요? 누구의 도움도 없이 혼자 그걸 다 했어요. 순서대로 퍼즐을 다 끼워넣었다구요. 정말 보기가 겁날 정도였어요." 그녀는 울다가 웃었다. "내가 미친 사람 같지요?"

"당신은 정말 멋져. 그럼, 멋지고 말고. 나는⋯."

사마리아가 내 말을 중단시켰다. "그 애는 이제 머릿속에 더 많은 영상을 기억할 수 있어요. 그 애는 지금 1,000와트 전구처럼 스위치가 켜진 거예요. 오, 하느님. 너무나도 놀라워요. 그 애, 나 그리고 우리 모두."

우리의 모든 노력은 라운이 자폐의 벽을 뚫고 나올 수 있도록 하는 데 집중되었다. 그 애의 작은 걸음은 거대한 걸음을 함축하고 있다. 장난감과 놀이는 단순히 우리가 그 애와 함께하는 것뿐 아니라 마침내 이제는 의미있는 교육적 도구가 되었다. 만약 그 애가 머릿속에 들어 있는 영상을 기억해 쓸 수 있다면, 그 애의 배우는 능력은 열 배로 늘어날 것이다. 마음의 심연이 열렸다. 우리는 가능한 효과에 대해 토의하다가 갑자기 이야기를 멈추었다. 침묵 속에서 나는 아내의 숨소리를 들을 수 있었다. 침묵 가운데서 나는 우리 둘의 관계와 이제 막 알게 된 작은 소년과의 관계가 얼마나 깊은 것인지를 느낄 수 있었다.

"당신은 대단한 일을 하고 있는 거야. 정말 대단한 일이지." 아내는 대답하지 않았다. 그 대신 아내의 흐느낌을 들을 수 있었다. "여보, 사랑해."

아내가 다시 말을 할 때까지 잠시 동안 침묵이 있었다. "나는 괜찮아요. 나는 정말 너무너무 행복해요. 그리고 내가 너무 바보 같아요. 난 그저 너무 기쁠 뿐이에요."

우리는 이 새로운 이정표가 무엇을 의미하는지 깨달았지만 서로 너무 큰 기대는 하지 말자고 격려했고 라운이 진도에 따라 능력을 개발하도록 해주자는 데 의견을 같이했다. 우리는 그 애가 원할 때 참여할 수 있고 더 많이 배울 수 있으리라는 것을 믿었다.

라운이 멍하게 있거나 무관심하고 자기 자극적인 순간들도 현저하게 더욱 더 생산적이 되어갔다. 그 애는 쉬지 않고 상호관계를 맺고자 했다. 어느날 공원에 갔을 때 라운은 모래상자 안에서 놀고 있는 아이들에게 다가갔다. 아이들이 라운에게 장난감 삽을 내밀자 뒷걸음질을 치더니 좀 떨어진 곳에서 그 애들을 찬찬히 바라보았다. 어쩌면 처음으로 자신의 주변에 일어난 이 우연적이고도 예측불가능한 사건이 라운에게 어떤 의미를 주기 시작했는지도 모른다. 어쨌건 몇 분 후에 라운은 다시 돌아와 그네 옆에 서 있는 작은 아이를 보았다. 라운은 그 아이에게 웃으며 곧장 걸어가더니 그 애를 껴안고 얼굴에 부드럽게 뺨을 대었다. 그러자 그 아이는 깜짝 놀라 울기 시작했다. 우리 아들은 얼른 뒤로 물러났고 혼란스러워하면서도 걱정스러운 듯 바라보았다. 라운은 그 작은 아이의 흉내를 내면서 자기도 역시 슬픈 것처럼 얼굴을 만졌다. 아이가 울음을 그치자 라운은 다시 조심스럽게 다가가 그의 팔을 쓰다듬었다. 그러자 새로운 친구는 라운을 호기심어린 눈으로 쳐다보다가 웃었다. 가까이 다가가 서로의 애정을 나누는 이 행동으로 매우 예민하고 때로는 연약한 한 인간이 마침내 발자취를 만들기 시작한 것이다.

그날 태양은 라운의 눈속에 떠오르기 시작했다.

이러한 변화와 성장이 가져온 열광과 흥분 때문에 라운이나 우리가 들뜨거나 하지는 않았다.

우리는 새로운 장난감과 놀이를 소개했고 라운과 함께하는 수업 동안에 조금 더 복잡하고도 사회적인 상호작용을 만들어 냈다.

새로운 지원자가 우리 프로그램에 합류했다. 빅토리아라는, 재주가 많고 정렬적인 젊은 여성이다. 그녀는 세련된 시인이 말로 하는 것보다 더 아름다운 표현을 몸짓으로 할 수 있었다. 그녀는 자신의 생각과 느낌을 표현하기 위해 소리와 동작을 사용했는데, 때로 끊임없이 움직임을 보여주는 텔레비전보다 더 빠르게 정리되지 않은 생각을 쏟아냈다.

그녀는 곧 친구가 되었다. 우리는 그녀를 빅 비크, 혹은 비키라고 불렀다. 그녀는 장애가 있거나 정서가 불안한 아이들을 위한 음악·무용 치료사로 일하고 있었다. 그녀는 우리 프로그램의 기본 정신인 수용하는 자세를 사랑했고 라운과 함께하기를 열정적으로 원했다.

"자, 내가 알기로 그런 곳에 있는 사람들은 어느 누구도 애들을 사랑하거나 존중하는 것을 생각하지 않아요. 내가 일한 적이 있는 모든 기관과 학교가 원하는 것은 단지 애들을 변화시키거나, 아니면 바보가 되게 그냥 내버려 두는 것뿐이에요. 당신은 라운을 참다운 인간으로, 존중받고 사려 깊은 대우를 받아야 할 가치가 있는 존재로 말씀하시는군요. 그래요. 그 애는 당신 삶에서 존경받는 손님 같아요. 나도 누가 그런 대접을 해주었으면 좋겠어요." 그녀는 말을 멈추고 웃었다. "그런 기회가 수두룩했으면…."

비키는 적극적 태도로 라운을 보살폈다. 엄청나게 쾌활한 이 사람은 의외로 부드럽고 상냥한 면을 갖고 있었다. 그녀의 금발은 멋진 모습을 보여주었고 푸른 눈은 춤추듯이 빛났다. 우리는 한 주일 내내 비키를 훈련시켰고 그녀가 우리 프로그램의 기본자세를 어떻게 자신의 것으로 내면화할 수 있는지를 가르쳤다.

첫째날은 라운이 아직 비키를 알 기회가 없었으므로 비키는 욕실 한구석에서 조용히 지켜보고 있었다. 그녀가 욕실에 들어오자 라운은 즉시 눈에 띄게 불안해했다. 신경이 예민해지고 겁먹은 것처럼 보였다. 두려워하는 것 같았다. 라운은 자신의 눈앞에서 손가락을 흔들며 욕조와 벽사이를 왔다갔다 했다. 무관심한 태도를 벗어났던 최근 몇 주 동안과는 대조적인 모습이었다. 결국 울기 시작했고 극도의 흥분상태에서 눈물을 흘렸다. 그 애는 흐느끼고 동시에 숨막혀 했다.

비키가 라운에게 다가가 진정시키려 했다. 그러자 그 애는 문을 탕

탕치고 손잡이를 손등으로 계속 때렸다. 라운은 밖으로 나오고 싶어했고 그녀는 문을 열어주었다. 라운은 문밖으로 나가 온 집안을 돌아다니면서 미친 듯이 무언가를 찾았다. 마침내 그 애는 원하는 것을 찾았는데 그것은 바로 엄마였다. 그 애는 엄마에게 달려가 그녀의 다리사이에 눈물로 얼룩진 얼굴을 비벼댔다. 그 애의 작은 손은 그녀의 푸른색 진바지를 꽉 잡았다. 그리고 팔로 엄마의 다리를 감싸안았다. 아내는 아이의 머리를 쓰다듬어 주었고 아이는 그것을 받아들였다.

대부분의 가족 안에서 그런 일은 부모와 자녀 사이에 하루에도 몇번씩 일어날 수 있는 일이다. 그러나 아내와 나에게 있어 그것은 처음 경험하는 매우 특별한 사건이었다. 라운은 19개월 동안 자신의 불안을 진정시켜 줄 도움을 어느 누구에게도 청한 적이 없었다. 어떤 순간에 누구와 있든지 그것은 라운에게 문제가 되지 않았다. 그 애에게는 정서적 유대감이 부족한 것 같았다. 그러나 이제 서로를 묶어주는 일치감이 굳건해졌다. 라운은 처음으로 자신 외에 나와 엄마를 신뢰하며 강한 애착을 보인 것이다.

거의 2년 동안 아이가 엄마를 찾고 자신에게서 따스함과 사랑을 찾기 원했던 사마리아에게 그것은 깊은 감동을 주는 아주 개인적인 경험이었다. 그녀의 아들이 엄마가 있는 집으로 오고 있는 것이다.

비키는 거의 1주일을 라운과 함께하려고 끊임없이 노력했다. 매수업의 처음 몇 분 종안 사마리아는 라운이 편안해 보일 때까지 그들과 함께 있었다. 그러나 3~4일이 지나자 비키에게 문제가 있는 것이 보였다. 그녀가 자극을 주는 방식이 너무 열성적이어서 그것이 라운을 압도하는 것 같았다. 훌륭하게 개발된 그녀의 재능과 기술이 라운에게는 맞지 않는 것 같았다. 라운은, 참여는 물론 반응도 보이지 않았다.

우리가 그녀를 계속해서 훈련시키고 방법을 부드럽게 하고 좀더 수용하는 자세를 보여주라고 알려줬지만 라운은 그녀 앞에서 계속 움츠러들었다. 그녀는 자기의 접근 방법을 고쳐보겠다고 했다. 그러나 우리와 이야기를 나눈 결과 비키는 자신 안에 내재되어 있는 신념 상실이 효율성을 감소시키고 있음을 깨달았다. 우리는 외부의 행동이 내면의 태도와 일치되어야 한다는 점을 설명했다. 그렇지 않으면 라운은 그 사실을 느낄 것이다. 특별한 아이들은 누구나 알게 될 것이었다. 그리고 라운은 그것을 너무나 확실하게 알았던 것이다.

비키와 나는 그녀가 갖고 있는 관심사·회의 그리고 자기 확신 등을 깊이 깨닫기 위해 함께 대화를 나누었다. 그녀는 강한 통찰력을 지니고 있어 라운이 자신의 교육 방식에 대해 바람직한 응답을 해야 한다는 욕구를 포기하는 등 변화를 시도했다. 그러나 라운은 그녀의 방식에 대해 울고 움츠러들면서 점점 어려워했다. 우리는 이런 상황에서 그 프로그램을 계속 해야 하는지에 대해서 토의했다. 비키는 마침내 라운이 좀더 강해져서 그녀의 특별한 교육 방법을 받아들일 수 있을 때까지 그만두려고 했다. 사실 그녀는 그렇게 어린아이를 가르쳐 본 경험이 없었던 것이다. 몇 달 후에 그녀에게 다른 기회를 줄 수 있을까? 물론이었다. 사마리아와 나는 그렇게 결론을 내렸다.

이 경험은 우리의 두 가지 기본 전제의 타당성을 확인해 주었다. 첫째, 수용적 태도가 라운과 하는 프로그램의 윤활유로 작용한다는 전제이다. 만일 우리가 자신이나 아이를 판단했다면 우리는 라운을 순수하게 사랑하고 받아들이지 못했을 것이며, 프로그램이 지닌 편안하고 부드러우며 효과적인 측면을 감소시켰을 것이다. 둘째, 라운의 학습이 보여주는 적절한 신호가 우리 자신의 능력 때문이라고 주장했다면 우리는 우리의 원래 의도를 무너뜨리는 압박감을 빚어냈을 것이다. 그런 것에 관심을 두었다면 그것은 함정이 되어 아이를 강요하면서 반응을 유도하는 자극을 주었을 것이다. 우리는 라운이 스스로 자신을 가르치도록 했다. 비록 우리가 먼저 행동을 하지만 모든 놀이나 상호작용은 라운이 허락함으로써 이루어졌다. 만약 그 애가 다른 것에 관심을 보이면 우리는 따랐고 늘 함께 그가 전개하는 것을 도왔다. 우리는 어린이가 중심이 되는 교육과정을 펼쳐 나갔다. 반대로 비키는 그녀가 받은 모든 훈련 때문에 라운에게 '꼭 해야 한다'는 보이지 않는 압력을 단호하게 강요했기 때문에 그 애가 저항했던 것이다. 이러한 교훈은 우리 모두를 위한 것이기도 했다.

브린은 식사를 하면서 동생에 대한 관심이 커지고 가족관계가 더 좋아지고 있는 것에 대해 이야기했다. 브린은 동생이 반응을 보일 때를 좋아했다. 동생이 퍼즐과 놀이를 쉽게 잘하는 것에 대해 열정적으로 이야기하면서 동생이 지금 다 나은 것으로 믿는다고 말했다. 브린은 동생이 반복적 '행동'으로 돌아갈 때마다 마음을 편하게 하고 동생이 원하는 것에 신경을 써줄 정도로 자상한 선생님이며, 자신과 학생인 동생에 대해 자부심을 갖고 있는 당당한 교사였다! 아름답고 매력적이며 연민이 깊은 이 아이는 힘·인내심 그리고 새로운 여성성을 보여주었다. 브린의 통찰력은 급속도로 성장했으며, 판단력도 향상되고 재능도 더욱 개발되고 있었다.

브린의 힘은 창의력을 요할 때나 사람들의 주목을 받을 때 잘 드러났다. 브린은 바이올린을 배웠는데 가끔 식사시간에 연주하기도 했다. 우리는 내색하지 않았지만 까다로운 곡을 연주할 때는 바이올린 줄이 애처롭게 낑낑거리는 소리를 들어야 했다. 브린은 건반을 세게 두드리는 경향이 있지만 정열적인 피아니스트가 되었다. 그 애가 배우는 연기와 무용도 밤에 우리에게 보여줄 만큼 향상되었다. 브린은 때로 식탁 의자에 올라서서 최근에 외운 독백 대사를 암송했다. 브린의 얼굴 표정과 극적인 팔 동작은 대사에 담긴 감정을 더욱 고조시켰다. 어떤 때는 음악에 맞추어 모던 댄스 안무를 보여주기도 했다. 그 애의 생명력은 억누를 수 없는 것 같았다. 또한 그 애는 식구들과 친구의 흉내를 우스꽝스럽게 내기도 했다. 그 애가 사람들의 특징을 재빨리 알아내는 것에 우리는 모두 감탄했다. 우리의 칭찬에 용기를 얻은 브린은 앙코르 공연을 하기도 했다.

테아는 라운의 성장이나 그 애와 함께할 때의 즐거움에 대해서는 브린보다 말을 적게 했다. 테아는 라운의 수준에 눈높이를 맞추고 친구처럼 놀아주고 자유롭게 신체 교류를 할 수 있는 사랑스러운 능력이 있었다. 테아가 맺는 관계는 말이 적은 대신 직관적이었다. 때때로 열정 때문인지 또는 샘이 나서인지는 알 수 없지만 동생에게 반응할 것을 강요했다. 그럴 때면 사마리아와 나는 아이를 부드럽게 제지하고 동생과 놀 수 있는 다른 방법을 보여주었다. 우리는 그녀의 깊은 눈속에서 장난스러운 웃음을 볼 수 있었다. 항상 더 많이 이해하려 하지만 그 애는 우리가 제안하는 방향에 반대하기도 한다. 자기 나름의 방법으로 라운과 함께하는 것을 좋아했고 가능하면 최고의 선생님이 되기를 원했다. 어쨌거나 그 애는 직관력을 안내자로 삼아 내면의 소리에 따라 움직였다.

그리고 테아는 가족과 친구, 자신의 상상에 대해 기발한 묘사를 하면서 그림을 그리며 오랜 시간을 보냈다. 그 애는 자주 아름답고 표현

주의적 그림을 그려 우리에게 선물로 주었는데 그것은 그 애만의 애정 표현이고 감정 표현이었다. 테아의 그림은 움직임을 포착하거나 푸른 머리, 빨간 얼굴, 노란 코, 초록색 발과 같은 예기치 못한 색을 이용해 일상생활을 그린 것이다. 그 애가 조각한 작은 찰흙인형조차도 팔이나 다리를 뻗는 동작이 특별한 모습으로 표현되어 있었다. 그 애의 모든 예술 창작은 이미 익숙해져 있는 것을 재창조하여 보는 사람으로 하여금 단순히 현재 있는 그대로의 모습이 아니라 가능한 모습을 흔쾌히 그려보게 해주었다.

이른 아침 자전거를 탈 때 라운은 내 뒷자리에 앉아 있었다. 우리가 페달을 밟고 나갈 때 브린은 보조바퀴가 달린 어린이용 자전거를 타고 같이 달렸다. 라운은 조용히 앉아 스쳐지나가는 풍경에 몰입한 듯 평화롭고 명상적인 상태로 들어갔다. 우리는 예전에 내 머릿속에서 자폐증이란 단어가 떠올랐던 바로 그 공원에 도착했다.

두 달 전의 일이 먼 옛날 일처럼 느껴졌다. 아들을 그네에 앉히고 그 애의 눈을 주의 깊게 바라보았을 때, 비록 그 애의 진전이 극적이고 때로 눈부시기까지 했지만 음성적으로 작용하는 능력이 그 나이 또래의 다른 애들보다 훨씬 뒤쳐져 있다는 것을 깨달았다. 19개월 된 우리 아들은 언어나 사회성에서도 8, 9개월 정도의 수준을 보이고 있다. 그가 지닌 운동 기능과 약간의 활동은 그의 나이에 적합했다. 그의 운동과 반사작용의 발달은 다른 모든 기능에 비해 훨씬 앞섰다.

라운과 함께한 지난 여정을 생각하면서 수많은 즐거운 영상이 떠올랐다. 세상이 나의 아들을 장애 때문에 다른 애들과 다르거나 뒤쳐졌다고 평가하더라도 나는 그 애의 아름다움·독특함·용기·성취를 높이 살 것이다. 의사와 가족과 친구들이 라운을 끔찍하고 비극적으로 보는 것과 달리 사마리아와 나는 아름답고 경이로운 아이로 보게 되었다. 나는 우리 아들이 끔찍하지도 비극적이지도 아름답지도 놀랍지도 않은 것을 알았다. 그런 말들은 우리가 보고 있는 이 작은 소년에 대하여 선택했던 믿음을 반영해 주었다. 나는 우리의 비전을 좋아했다. 그것은 우리에게 행복과 희망을 가져다주었고 다른 사람들이 포기하라고 충고했을 때 오히려 더 노력하도록 우리를 자유롭게 해주었다.

자신의 내면에 사로잡혀 있던 라운은 서서히 사람들의 세계로 들어와 그 속에 몸을 담그기 시작했다. 그는 급류 타는 법을 배웠으며 자신에게 도움이 되도록 물살을 이용하는 것도 터득했다. 그 애는 세상을 자기 것으로 만들기 시작했고 다른 이들과 함께 공유하며 접촉을 허락하고, 자기가 원하는 것을 표현하기 시작했다. 마음속에 대상을 담는 법을 배움으로써 기억의 문을, 새로운 신경 체계를 다시 세웠다. 심각한 자폐와 기능적으로 지체된 작은 사람으로서 라운은 상상할 수도 없는 정신적 단련을 시도했으며 이 모든 것은 미래의 팽창과 성정에 기초 작용을 할 것이다. 적어도 이렇게 새롭게 개발된 기술은 라운에게 또 다른 새로운 방법, 그 자신과 주변을 다룰 수 있는 새로운 방법을 주었다고 할 수 있다.

그 애가 더 이상 발전하지 않는다 해도 나는 아들과 나눈 접촉으로 우리 자신의 내면에 있는 가장 아름다운 부분과 접촉했다는 사실을 깨닫고, 아들과 함께하는 이 작업에서 충분한 보상을 받았다고 느낄 것이다. 이것이 바로 라운이 여기 이렇게 존재하면서 우리에게 준 것이었다.

한밤중에 전화벨이 계속해서 울렸다. 캘리포니아에 있는 친구들이 오랜 세월의 장막을 걷어내고 깊은 우정을 다시 나누며 우리와 함께하기 위해 뉴욕을 거쳐 이틀 안에 온다는 전화였다. 우리는 대환영이었다.

이틀 후에 28개의 바퀴가 달린 크고도 말쑥한 이동주택차가 집으로 들어오는 길목에 모습을 나타냈다. 그 차의 경적 소리는 옛날 철로 위를 달리는 샌타페이 디젤 기차 같았다. 사마리아와 나는 앞문으로 나가 브린과 테아 바로 뒤에 서서 친구를 맞았고 친구 제스가 차에서 내리자 우리는 따뜻하고 정다운 포옹을 했다. 제스의 아내 수지는 차에서 내려 사마리아에게 달려갔다. 우리가 서로 떨어져 있던 시간과 거리는 그 순간에 모두 사라져 버렸다. 사마리아는 주차된 차에 가서 친구의 아이들을 반기며 안아주었다. 처음으로 만나는 친구의 아이들이 낯설었다. 일곱 살인 줄리는 감성적이고 강렬한 눈빛을 가진 활동적인 아이였다. 빨간 머리의 네 살된 샤이안은 코믹해 보이는 채플린 스타일의 헐렁한 바지를 입고 있었다. 이 귀엽고 작은 아이들은 우리 아이들과 서로 인사를 나누면서 집안으로 뛰어들어갔다.

우리는 웃음을 띤 채 맑은 하늘 아래 서로를 바라보며 서 있었다. 나는 옛날 우리가 절친하게 지내던 때를 기억하려고 했지만 아직도 거리감이 느껴졌다. 제스는 힘든지 약간 살이 빠진 것 같았다. 한때는 록그룹의 가수이며 작사가였는데 지금은 제스 콜린 영이라는 이름으로 혼자 순회공연을 하고 있었다. 그는 롱아일랜드의 나소 콜리세움에서 있을 세 차례 공연을 위해 뉴욕에 왔다.

우리 네 사람은 최근의 극적인 경험과 절정의 순간을 나누고 우리 삶을 돌아보면서 이야기를 나누었다. 제스와 나는 한밤중에 오하이오주 기숙사 욕실 바닥에 앉아 가사를 쓰거나 김빠진 맥주를 마시면서 노래하던 것을 추억했다. 그는 내가 가사를 쓰는 동안 기타를 연주했다. 우리는 그때 형제애와 같은 깊은 유대감으로 우정을 키웠다.

제스는 학교에 다니던 동안 함께 갔던 펜실베니아 오토바이 여행을 기억해냈다. 우리는 델라웨어강을 따라 달리면서 주말을 함께 보냈다. 사마리아는 우리의 아름답고 기품있는 BMW를 타고 시골길을 달릴 때 내 뒤에 앉아 나를 꼭 잡고 있었다. 제스와 나는 농장을 가로지르거나 끝없는 옥수수밭을 따라 오토바이를 타고 달렸다. 네 사람은 산비탈에서 술을 마시고 치즈와 빵을 먹으며 여름 햇빛 아래 피크닉을 즐겼다. 몇 년 후 우리는 오토바이 대신 도시의 아파트를 얻었고 피가로 카페에서 에스프레소를 마셨다. 제스가 포크 시티에서 연주할 때 나는 청중 사이에 앉아 늘어가는 그의 재능에 환호를 보냈다. 공연이 끝난 후 늦은 밤이면 우리는 차이나타운이나 이스트 빌리지를 누비고 다니면서 맨해튼 아래 지역을 이웃으로 만들곤 했다.

사마리아와 수지가 잠든 후에 나는 등단하기 위해 단편 시리즈와 두 편의 희곡, 그리고 서류함을 가득 채운 수많은 시를 쓰면서 얼마나 애썼는지를 제스에게 이야기했다. 결혼 초기에 사마리아가 생활비를 버는 동안 내 책상 위에는 출판사에서 온 거절 편지들이 산처럼 쌓여갔다. 내 첫 번째 소설과 한 번도 연극 무대에 올리지 못한 희곡이 나의 마지막 작품이 되었다. 나는 글쓰기를 포기하고 영화와 마케팅이라는 좀더 상업적인 세계로 관심을 돌렸다. 대학원과 저녁 세미나 그리고 철학·심리학·종교·개인 성장에 관한 주말 연수회는 나의 생활 방식에 끊임없이 영향을 주었다.

라운과 함께한 특별한 사건을 기억하면서 나는 감사했다. 제스는 우리 가족이 라운을 대하는 모습을 보고 놀랐다며 웃었다. 그리고 가족의 환경에 대한 우리의 열정이 그에게 충격을 주었다고 말했다.

제스와 수지가 우리와 함께한 6일 동안 우리는 그들을 쉽게 우리 생활에 동참시킬 수 있었다. 매일 아침 사마리아는 라운과 보통 일정대로 함께했고 수지는 우리의 수수께끼 같은 아들을 경험하고 그 애를 도왔다. 다른 아이들은 친한 친구처럼 놀았다. 저녁때 술을 마시면서 시작한 대화는 우리 삶에 믿음이나 소신이 미치는 영향에 대해 끝없이 이어졌다.

제스와 나는 각자 어떤 끈을 붙잡으려고 애쓰다가 이 시점에 도달했다. 지나온 나날에 굴곡이 있었으나 우리 각자는 우리 삶이 그전보다 더 풍요로워진 것을 느꼈다. 나는 뉴잉글랜드 산꼭대기에 성찰하는 공간을 만들어 공동의 비전과 공동의 추구에 기반을 둔 특별한 공동체를 시작하는 꿈에 대해 말했다. 우리는 각각 자신의 꿈을 이루기 위해 노력했으며, 다른 이들과도 이 꿈을 나누며 즐거워했다.

나소 콜리세움 공연 첫날밤에 우리는 연주자들만 입장할 수 있는 뒤쪽의 특별 출입구로 들어가며 거대한 주차장으로 들어가는 끝없는 자동차 행렬을 보았다. 우리 여덟 명은 모두 지프로 함께 움직였다.

좌석이 없어 우리는 애들을 데리고 연주자들과 같이 무대에 앉았다. 그 원형 극장은 15,000명을 수용할 수 있었다. 빌 그레이엄이 무대 위에 섰을 때 침묵이 관중석을 덮었다. 그가 제스를 소개하자 사방에서 우레 같은 박수가 터져나왔다. 청중의 시선이 연주자에게 쏠리면서 귀가 멀 것 같은 함성이 가라앉기 시작했다.

그리고 음악이 스피커를 통해 울려나오자 우리는 거의 무대 끝으로 던져진 것 같았다. 단순한 콘서트가 아니라 소중한 체험 그 자체였다.

제스가 이제는 혼란의 60년대 후반기 송가가 되어버린 '하나가 되어

Get Together'를 불렀을 때 청중들은 모두 일어나 환호했다. 그가 '별빛 Starlight'를 불렀을 때 그들은 전부 촛불을 켰다. 우리는 다음날도, 그 다음날도 갔다. 매번 우리는 브린과 테아를 데려가서 그 거대한 마술 같은 세계, 그 아름다움과 특별한 공동체 개념을 보여주려 했다. 그 모든 것이 아이들에게 잊혀지지 않을 것이다. 나는 언젠가는 라운도 함께 이런 행사에 참석할 수 있지 않을까하고 생각해 보았다. 언젠가 는 그 아이도 이러한 음악 축제를 감상하고 이해하게 될 것이다.

제스네 가족들은 마지막 연주 후 남쪽으로 떠나기 전에 하루 더 머물렀다. 그들이 떠날 때 우리는 그들의 사랑과 방문에 대해 감사를 표했다. 또한 우리는 라운의 침묵에서 잠깐 벗어나 우리 딸들에게 새로운 경험을 하게 해준 데 대해 감사했다. 옛 친구들과 좋은 감정에 다시 불을 붙이고 우리 생활의 흐름을 바꾸어 주기도 한 이번 기회가 우리에게는 좋은 자극제가 되었다.

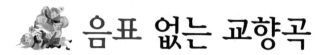

음표 없는 교향곡

라운의 존엄성과 특별함에 대한 추구는 가족의 유대를 더 가깝게 했을 뿐 아니라 새로운 선생님들과 우리를 도운 많은 사람들까지 포함하는 새롭고도 광범위한 가족 개념을 만들어 냈다. 이 작은 아이와 함께하는 프로그램을 통해 마치 어떤 특별한 사랑이 나타나 우리 모두의 삶을 끌어안아 준 것 같았다. 이것이 바로 라운이 존재하는 목적이 아닐까? 이것이 우리에게 주는 그 애의 선물이 아닐까?

라운을 향해 다가가는 것은 우리 자신의 인간애와 보살핌에 대한 더 큰 깨달음을 얻기 위하여 더 깊게 파내려가고 우리 안에 있는 최고의 것을 향해 나아가는 것을 의미했다. 아이가 주변 환경과 마음에서 우러난 새로운 관계를 맺도록 도와주면서 우리는 우리 서로의 관계를 다시 생각해 볼 수 있었다. 우리는 단순히 질문하고 발굴하는 것 이상을 했다. 우리는 우리 자신들의 면면을 새롭게 하고 일상적 관습을 넘어 남들이 판단하고 피하는 특별한 아이의 우주를 끌어안을 수 있었다.

우리는 결코 어느 것도 희생시키지 않았고 우리 자신의 어느 부분도 거부하지 않았다. 사실 우리는 더 성숙해졌던 것이다. 우리는 라운의 독특함을, 우리 사랑을 생생하게 드러내는 기회로 삼아 그 애를 변화시켰다. 무엇보다 중요한 것은, 행동으로 옮겨진 사랑은 그것을 느끼는 모든 사람에게 영양분을 주지만 표현하지 않는 사랑은 곧 시들게 된다는 사실을 깨달은 것이다. 나는 내 마음 안에 다른 사람들을 훨씬 쉽게 포용할 수 있는 더 온화한 자리를 만들었다. 사마리아는 매일 더 단호해지고 밝아져 갔다. 브린은 참을성이 많아지고 모든 것을 잘 받아들이게 되었다. 테아는 더욱 생기가 넘치고 목소리가 더 커졌다. 낸시는 힘과 기쁨으로 넘쳐흘렀다. 메이러는 나날이 점점 더 편안해지고 자신감도 생겨 부드러운 금발의 곱슬머리를 가진 이 작은 소년에게 완전히 자신의 마음을 열었다. 라운은 매순간 성장과 발전의 고유한 방식을 형성해 가는 희귀한 꽃처럼 작고 예측할 수 없는 놀라운 생명력 속에서 자라났다.

▶ 일지: 열한 번째 주

▶ 일정: 전과 같고 욕실 수업이 여전히 가장 기본적이고 중요한 영역

▶ 관찰

1. 강한 감정을 나타낸다. 특히 가지고 있는 물건을 치우려고 할 때 그렇다.
2. 문으로 들어가거나 문밖으로 나가려 할 때, 테이블 위에 있는 음식이나 장난감을 갖고 싶어할 때 어떤 사람의 손을 잡거나 끌고 가는 행동을 함으로써 도움을 청하기 위해 먼저 접촉을 시도한다.

3. 까꿍하는 놀이를 먼저 한다. 우리를 끌어당기며 심지어 우리가 그를 따라다니도록 하는 것은 물론 자신이 우리를 따라다니기도 한다.

4. 다른 애들을 즐겨 본다.

5. 다른 애들이 웃거나 울거나 할 때 그 애들에게 관심을 보이고 흉내낸다.

6. 혼자 식탁 의자에 앉으려고 한다.

7. 음악을 들을 때 몸을 흔든다.

8. 아직도 수용적인 말을 더 잘 이해하는 것 같다.

9. 아직도 앵무새처럼 따라하지만 들은 것을 더 빨리 반복하며, 자극되는 말에 반응하는 시간이 짧아졌다.

10. 공을 굴리거나 블록을 쌓는 것 같은 놀이에는 흥미를 잃었다.

11. 퍼즐을 가지고 주의 깊게 놀지만 조각의 뒷면을 위에 드러나게 하든가 조각을 손가락으로 쳐서 위아래를 거꾸로 놓는다. 이렇게 특이한 방식으로 퍼즐 조각을 조사하고 나서 잠깐 만족해하고는 손에 쥐고 적절한 자리에 능숙하게 끼운다.

12. 물과 음료수를 유리잔으로 마시고 별 탈 없이 단단한 음식을 먹는데 대부분 스스로 먹는다.

13. 만지지 말았으면 하는 물건(램프·유리잔 따위)을 만져 우리를 애태우게 한다. 예를 들어 혼자 있으면 부엌 찬장문을 열지 않지만 우리가 들어가면 즉시 찬장문을 연다. 좀 복잡한 놀이가 시작되었다.

14. 엄마, 아빠, 선생님이나 다른 가족들이 집에 돌아오면 정말로 흥분한 것처럼 보인다.

15. 아직도 자신에게 호감을 보이는 사람을 밀어버린다. 그러나 엄마와는 신체적 접촉을 하면서 더 오래 머물려고 한다.

16. 머리를 빗으라고 하면 빗을 들고 빗으려고 한다.

▶ 변화 없음

1. 누가 다가가지 않거나 수업을 받지 않을 때는 아직도 혼자 있으려 하고 사람보다는 물건을 더 좋아한다.

라운은 악보가 없는 교향곡 같았다. 마치 노랫말이 없는 노래 같다. 우리는 언어 발달이 그 애에게 얼마나 중요한지를 알고 사람과 행동을 상징하는 소리와 말이 우리로 하여금 생활과 사건을 기억하고 생각하게 한다는 것을 알았다. 만약 라운이 상징을 의미있게 사용하는 방법을 찾지 못한다면 그 애는 자신이 경험하는 현재에만 머물러 있게 될 것이다.

언어는 서로의 의사소통뿐 아니라 의미와 아이디어를 추출해 낼 수 있는 일련의 정신적 기록을 만들어 준다. 이러한 일련의 기록이 없으면 라운은 제한될 수밖에 없다. 마치 몇천 개의 문서로 가득찬 방을 그 애가 갖고 있다 해도 그 속에서 정보를 찾아내는 데 필요한 분류 표시와 색인 체계가 부족한 경우와 마찬가지다. 그렇게 정리되지 않은 방에서 한 건의 서류를 찾아내는 것이 가능할지 몰라도 매우 어려운 작업이 될 것이다. 이처럼 어떤 특정한 자료를 다시 기억하고 사용하는 수단인 언어가 부족하다는 것은 라운이 그의 기억에서 정보를 얻어내는 것이 어렵거나 불가능하다는 것을 의미한다. 라운의 두뇌가 몇백만 개의 기억장치를 갖고 있다 하더라도 말이다.

177

언어를 제외한 모든 분야에서 진전을 이룩했지만 우리는 연구를 계속했고 끝없는 전화 통화가 이어졌다. 우리는 언어 치료사와 언어 전문가들과 대화를 나눴고 언어학·언어발달학·구문론·어의론에 관한 인문서를 읽었다. 또한 혀와 입속의 근육 조정에 관한 자세한 정보를 다시 훑었다. 답은 어디에 있는가?

어린아이는 할 수 있을 때 또 하고자 할 때 걷기 시작하며, 마찬가지로 할 수 있을 때 그리고 하고 싶을 때 말하는 것을 배운다.

라운은 말하는 사람의 억양과 목소리를 아주 정확하게 흉내내는 능력이 있다. 어떤 때는 너무 똑같아서 섬뜩할 정도다. 그러나 이따금 들은 말과 전혀 다른 소리를 내기도 해서 그럴 때면 혀를 지속적으로 움직이는 능력에 문제가 있는 것이 아닌가 의심하게 되었다. 그러나 정확도와 상관없이 지금은 그 애가 소리를 이용한다는 것이 중요했다. 그 애는 말할 수 있는 능력을 보였지만 언어를 의미있게 사용하는 다음 단계는 꽤 어려워 보였다. 우리는 이 부분의 진전이 전적으로 그 애 자신의 동기에 달려 있다는 것을 알았다. 그렇다고 해도 우리는 아이 자신이 말하고 싶어한다면 적어도 알아들을 수 있는 비슷한 말을 할 수 있을 것이라고 믿었다.

라운의 음성 모방은 계속되었다. 그 애는 말을 의미있게 또는 목적을 가지고 사용하지 않았다. 알 수 없는 일이었다. 그러나 모방이 그 애의 배움에 필수적이므로 따라하는 것이 의미있는 언어 발전으로 이어질 수도 있을 것이다. 우리는 이전에 했던 것처럼 형용사나 부사를 생략하고 다시 한번 우리의 말을 단순하게 했다. 몸짓을 크게 하고 물건을 집중적으로 가리키면서 그 이름을 간단하고 분명하게 발음했다. 모든 사람과 매우 분명하게 의사소통할 뿐 아니라 말이 얼마나 편리한 것인지를 라운 스스로 느끼도록 도왔다. 우리의 의도는 라운이 말로 의사소통하기를 원하도록 만드는 것이었다. 우리가 불을 지필 수 있다면 길을 찾아내거나 적어도 길을 찾기 위해 노력할 것이다.

우리는 이전에 라운을 만난 적이 있는 진단팀 중의 한 의사와 약속을 했다. 그 여의사는 우리에게 여름이 끝날 무렵에 라운을 다시 데려오면 그 애를 진단하고 심각한 학습능력 부족이나 행동에 문제가 있는 아이들을 돕는 프로그램으로 교육하는 언어 발달을 위한 특수학교에 라운을 넣어주겠다고 말했다.

화요일 오후 20개월 된 라운은 우리와 함께 로비에서 의사를 기다리며 앉아 있었다. 사마리아와 내가 그 애와 눈을 맞추고 의사소통 놀이를 시작했을 때 라운은 의자 위에 축 늘어져 앉아 있었다. 우리 옆에는 휠체어에 앉은 여인이 있었고 눈빛이 멍하고 동공이 확대된 두 명의 소년이 벽에 기대어 있었다. 한 아이는 머리가 무거운 듯이 옆으로 비스듬히 있었고, 한 할머니는 공허하게 벽을 바라보고 있었다. 또 다른 두 명의 소녀는 깔깔거리면서 이야기를 계속하고 있었다.

안내 책상에서는 뚱뚱한 간호사가 사람들이 질문할 때마다 '그렇습니다'라는 대답만 되풀이하며 엠앤엠 초콜릿을 으적으적 깨물어 먹었다. 검은 옷을 입은 한 간부가 휠체어에 앉은 여인을 거의 넘어뜨릴 뻔하면서 대기실을 뛰어 지나갔다. 나는 주변 사람들이나 그들의 행동에 전혀 느낌이 없어 보이는 라운을 바라보았다. 한 여인이 로비로 씩씩하게 걸어와 우리 이름을 부르며 따라오라고 했다. 무색의 차가운 타일 바닥에 울리는 구두 소리를 들으면서 나는 '건강센터'라고 새겨진 벽의 표지판에서 모순을 느꼈다.

그 안에 다른 대기실이 있었다. 그곳에는 의자가 세 개 있었는데 아무도 없었다. 두 명의 의사가 웃으면서 들어왔다. 그들은 라운을 따로 관찰하기를 원했다. 라운이 괜찮아 보였으므로 우리는 허락했다.

　사회복지사가 들어와 우리를 면담하고 우리 가족사를 기록할 수 있도록 다른 방으로 데리고 갔다. 바로 전에도 이 병원에서 똑같은 과정을 했는데 그녀는 모든 것을 다시 반복할 것을 요구했다. 그리고 분위기를 호의적으로 만들려는 듯이 칵테일 파티에서 볼 수 있는 웃음을 지었다.

　사회복지사는 우리가 이전에 수없이 받았던 질문을 했다. 우리가 대답할 때 그녀는 임상시라도 써내려가듯이 바쁘게 펜을 움직였다. 한 시간이 지나갔다. 다른 의사들이, 조금 안절부절못하며 불안해 보이는 라운을 데리고 돌아왔다.

　"우리를 따라오세요"라고 그들이 말했다.

　우리는 그들을 따라 길고 어두운 복도를 걸어내려가 어떤 방으로 들어갔다. 그곳에는 아무것도 걸려 있지 않은 벽과 딱딱한 플라스틱 의자와 회의용 책상이 있었다. 소아정신과장이 석고 같은 웃음을 지으면서 재빨리 의자에 앉아 단정하게 손을 포갰다. 그는 우리와 그의 동료 의사를 번갈아 바라보았다. 그의 머리는 큰 주사위에 눌린 듯이 앞뒤가 평평해 보였다. 잠깐 동안 그는 머릿속으로 어떤 정리를 하는 것 같았다. 그러고나서 그는 매일 반복하는 익숙한 일과를 시작하듯 곧 회의에 관심을 돌렸다.

　그의 동료인 신경정신과 의사는 40대 중반의 여성이었는데 각진 얼굴을 더 드러나 보이게 하는 빈약한 코와 뾰족한 턱 때문에 엄하고 냉정한 분위기를 풍겼다. 말할 때 그녀는 마치 문장 끝에 마침표를 찍는 것처럼 눈을 깜빡였다. 또한 움직임이 많은 그녀의 태도는 말에도 영향을 주었다. 자신의 생각을 고도로 전문적이고 권위적으로 이야기했지만 목소리는 천박하게 들렸고 말은 플라스틱 테이블 위에 들쑥날쑥한 유리조각처럼 떨어졌다. 그런데도 우리는 그녀의 세련된 겉치레 밑에서 어떤 진지한 관심을 보았다.

모임 내내 정신과장은 마치 큰 방에 가득차 있는 익명의 청중에게 이야기하는 것처럼 나와 사마리아에게 주로 이야기했다. 녹음기에서 흘러나오는 것 같은 목소리로 그는 우리가 이미 이전에 들었던 진단상 용어를 되풀이했다. 그는 근육의 조정, 언어와 혀의 발달 그리고 신경학적 손상 여부를 알아보기 위해 추가 검사를 제의했다. 그는 우리 아들이 심각한 발달장애를 가지고 있다면서 도움을 받기에는 라운이 너무 어리다고 보았다. 아마 한 해가 더 지나야만 가능하다고 생각하는지 이렇게 말했다. "그 애가 두 살 반이 되면 다시 데리고 오세요."

귀가 닳도록 들은 말과 상투적인 표현들이 내 머릿속에서 춤을 추었다. 우리를 돕겠다는 그 약속이 바로 지금 우리를 돕는다는 뜻이면 얼마나 좋겠는가? 그것만이 우리가 다시 여기 온 이유였는데, 그것만이 우리가 라운에게 더 많은 검사를 받게 하는 이유였는데 그들은 우리를 돕고 싶지만 라운의 나이와 현재 보이는 무능력 때문에 그것이 불가능하다고 말했다. 그들은 지금 아이에게 뭔가를 한다는 것이 불가능하다고 생각했다. 거기에다 한 임상의는 우리 아들과 같은 아이에 대한 교육 가능성이 극히 제한되어 있어 지금 시작할 이유가 없다고 지적했다. 또한 언젠가는 이를 닦거나 머리를 빗는 것 같은 일은 훈련을 통해 할 수 있겠지만 의미있는 언어 사용이나 사회성 발달은 기대하지 말라고 했다.

181

나는 이해할 수 없었다. 무슨 뜻인지 알 수가 없었다. 도대체 무슨 말을 하는 것인가? 라운이 그들의 전문분야에 맞지 않는다는 말인가? 나이와 능력 부족 때문에? 이 전문가들이 심각한 학습장애가 있는 아이들을 도와야 하는 책임과 의무를 갖고 있다면 그들의 도움이 왜 라운의 현재 상태에 따라 제한되어야 하는가? 아이의 심각한 무능력을 보고도 시도조차 해보지 않고 안된다고 결정한다는 말인가? 나는 매우 화가 났다. 그러나 그런 감정을 폭발시켜도 아무 소용이 없다는 것을 알고 감정을 다스렸다.

나는 의사들에게 가서 생각을 바꾸고 마음을 열기를 청했다. 이런 아이들을 돕는 시도는 빠를수록 좋지 않은가? 나는 그들에게 이 분야에 관해 수많은 책과 논문을 썼던 로바스·델라카토·코즐로프를 인용했다. 그러나 의사들 중 어느 누구도 내가 언급한 사람들의 저서를 아는 사람은 없는 것 같았다. 이럴 수가? 자폐와 정서장애 훈련에 관한 최근의 흐름과 방법에 대하여 어떻게 모른단 말인가? 자신들의 전문분야에 관한 연구와 실험에 대해 어쩌면 이렇게 문외한일 수가 있는가?

나는 우리가 속았다고 생각했다. 우리도 라운도 그동안 속아온 것이다. 나는 기만당한 것에 화가 났다. 우리가 그동안 겪어왔던 일이었지만, 그들이 우리의 질문에 거만하게 '반'정도만 대답하고 결국 '안 된다'고 말한 그날 아침은 가장 깊은 좌절을 맛본 날이었다.

사마리아는 라운을 데리고 집으로 갔다. 시내를 향해 차를 몰면서 나는 분노에서 벗어나려고 애쓰며 주먹으로 운전대를 쳤다. 마침내 억제되었던 감정이 폭발했다. 침묵의 흐느낌은 여기저기서 들려오는 자동차 경적 소리를 따라 점점 더 커져갔다. 나는 너무나 화가 났다. 절망이나 낙담이 아니라 분노였다. 내 아들 그리고 그 애와 같은 다른 아이들의 미래가 바로 이런 사람들에게 달려 있다니 그들의 공허한 말이 내 마음속에서 끝없이 소용돌이쳤다. 조용하고도 권위있는 연민의 목소리, 연습한 듯한 차가운 웃음, 과장된 성실함. 그들은 조직을 통해 우리를 움직임으로써 전문성을 발휘할 시간의 일부를 채우고 있었다.

나는 자신에게 묻기 시작했다. 만일 그것이 그 전문가들이 우리에게 제시할 수 있는 최선이었다면 왜 화를 내는가? 이러한 분노가 나로 하여금 이 같은 체제 전체를 바꾸는 기폭제가 될 것이라고 믿었던 것이다. 그리고 그들로서는 최선의 의도를 가졌을 것이라고는 인정하면서도 사마리아와 라운 그리고 나 자신을 잘못 인도하고 결국은 거절당하게 만든 나를 꾸짖고 싶었다. 그러나 이제 됐다. 전문가들이 어떻게 믿고 생각하든 간에 우리는 라운에게 계속 다가갈 것이다.

그렇다면 왜 화를 내는가? 확실히 화를 내는 것은 나나 우리 아들에게 아무 도움이 못된다. 실제로 나는 오늘 일어났던 일에 지쳤고 괴로웠다. 의사들과 나 자신의 판단에 대해 더 생각해 보았다. 그리고 내면을 성찰하면서 그런 생각을 놓아버렸다. 날고 싶었는데 불행이 나를 무릎 꿇게 했다. 나는 라운이 날기를 원했다. 나는 다른 사람들에게 가르치던 대로 했다. 판단을 버리고 신념을 바꾸며 일에 대한 우리의 비전을 바꾼다. 그러면 세상은 의미있고 다시는 되돌릴 수 없게 그리고 즉시 변화한다. 나는 전문가들도 자신들이 배우고 믿는 것에서부터 어떤 관점과 확신을 얻는다는 것을 알게 되면서 그들을 있는 그대로 인정할 수 있었다.

라운에게 돌아오자 나는 그 애가 가질 수 있는 최선의 자원이 우리라는 것을 알았다. 이제 우리의 보살핌과 지식 그리고 우리가 가진 치료에 관한 정보는 그 분야의 많은 전문가들이 만들어 낸 확실한 전문 기술을 능가하기까지 했다. 우리는 아들과 함께 우리가 기본으로 생각하는 행복·사랑·수용을 위해 투신하면서 미지의 영역을 개척할 것이다.

우리 프로그램에 대해서 다시 깨닫고 다시 헌신하기로 결정한 후에도 우리는 자폐증에 관한 발견이나 도움이 되는 새로운 교육 전망에 대해 열려 있기로 했다. 그래서 1주일 후 우리는 몇 주 전에 전화로 이야기를 나눴던 호의적인 젊은 의사에게 라운의 상태에 대한 검사를 다시 받아보기로 했다. 우리는 여러 사람을 거쳐 그 의사를 알게 되었다. 우리의 조사 과정은 캘리포니아 대학에서 시작했고 미국을 가로질러 뉴욕 주립대학까지 연결되었다. 한 사람이 우리를 다른 사람에게 연결시키고 그런 식으로 계속되어 결국 우리는 이 특별한 전문가를 찾아낼 수 있었다.

그는 자폐아들이 사는 주거시설에서 새로운 외래환자 프로그램을 운영했고 우리의 어려움에 대해 호의적이고 진지하게 관심을 보였다. 나는 그에게 우리 프로그램의 기본 전제와 과정에 대해 자세하게 설명했다. 우리는 아들에게 진정한 변화를 가져오게 했다고 믿었지만 언어 영역에서는 막다른 골목 같은 두려움을 느꼈다.

그는 우리 생각에 호감을 표시하고 할 수 있는 데까지 우리를 돕겠다고 했다. 그는 라운같이 일찍 자폐아로 진단받고 또한 즉시 그렇게 강력한 자극이 되는 프로그램을 실행하는 경우가 드물다는 것을 알았다. 나는 그에게 극도로 심한 라운의 자폐 증상이 극적으로 사라지게 된 우리의 작업 결과를 설명했다. 어쨌거나 그 애는 지금 아주 천천히 나아지고 있는 것처럼 보이는 동시에 움츠러드는 명백한 현상도 계속되었다. 그는 우리가 라운을 그의 시설로 데려와서 발달연구팀의 면밀한 관찰과 조사를 받아보면 우리 프로그램에 도움이 될지도 모른다고 제안했다.

이 기숙 치료센터 건물은 큰 유리창과 나무 천장으로 이루어진 현대식 건물이었다. 우리는 푹신한 의자가 있는 카펫이 깔린 복도 로비에서 기다렸다. 안내하는 사람이 우리를 방으로 데리고 갔는데 그곳에는 6명의 팀원이 있었다. 그들은 다정하고 편안하게 자신을 소개했다. 한 여성이 라운을 밖으로 데리고 나가 같이 놀아주려고 애썼다. 우리는 우리가 알고 있는 의학 정보를 제공하고 진행상태를 자세히 설명하면서 지금까지의 과정을 말했다. 이 의사들은 분명하면서도 기민하고 집중하는 태도를 보였다.

우리와 이야기를 나눈 후에 그들은 라운에게 일련의 발달 검사를 받게 했다(블록, 모방놀이, 눈맞춤 놀이, 집중놀이, 사회성을 기르는 놀이들). 그들은 라운과 같은 나이의 비장애 그룹과 비교하여 라운의 능력을 재면서 게젤 발달도표에 의견을 기록했다.

검사가 끝난 후에 우리는 임상의들의 진단을 들었다. 그들은 20개월 된 라운이 언어와 사회성에서는 약 8개월 또는 그보다 약간 위인 정도의 기능을 보인다고 말했다. 목적을 달성하기 위해 어떤 행동을 어떤 순서로 할지 무의식중에 결정하는 능력검사에서 라운은 거의 자기 나이 또래의 기능을 가졌다. 놀이에서는 8개월에서 14개월 정도 된 아이의 능력을 보였다. 검사를 하는 동안 라운은 장난감을 별 표정 없이 바라보다가 때로 몇 개를 집어 탁자 위를 가로질러 돌리곤 했다. 라운의 표정을 간헐적으로 관찰한 후 임상의들은 결론을 내렸다. 라운이 자폐증과 기능 부전에 더해서 발육 부전이나 간질병으로 고생할 가능성이 있다는 것이다.

이 냉혹한 진단을 내리면서 그 의사는 라운의 성장발달에 대한 우리의 확고한 열정에 못마땅한 표정을 지었다. 우리의 프로그램에서 기록한 라운의 자세한 행동 묘사와 그동안 일어난 변화에 대한 보고서가 없었다면 그는 우리 아들이 지능 장애로 인해 언어 습득 가능성도 없다고 분명히 말했을 것이다. 그러나 그 애의 자기 자극적인 행동, 예를 들어 과도하게 몸을 돌리거나 흔드는 행동이 줄어들었으므로 의사들은 결정적 진단이나 공식적 예후를 내리는 데 주저했다.

그 팀의 어떤 의사는 우리가 라운과 함께하거나 안 하거나 간에 라운이 똑같은 방식으로 발달할 뿐이라고 추측하면서 우리의 개입이 사실 어떤 차이를 가져왔는지 확신할 수 없다고 말했다. 그는 간섭하지 않고 방임하는 태도를 강조했다. 라운을 혼자 내버려두어라, 아니면 적어도 우리 프로그램의 속도와 긴장을 늦추라고 말했다. 그는 라운이 우리가 지금까지 개입하고 가르친 것 때문에 이 정도나마 된 것이라는 사실을 이해하지 못하는 것 같았다.

우리는 전문가들이 가능하다고 보는 것 이상을 하고자 했다. 그의 충고는 우리가 배웠고 사실이라고 믿는 것에 대한 반론이었다. 그는 아마 라운이 어떤 식으로든 발전할 수는 있을 것이라고 생각할 것이다. 그리고 그는 다른 많은 기관처럼 자신의 생각을 라운에게 실험할 수도 있을 것이며 그의 가설을 공표할 수도 있을 것이다. 그러나 우리는 그렇게 할 수 없었다. 라운은 단순히 한 명의 환자나 하나의 통계치가 아니라 바로 우리의 아들이었다.

임상의들은 그들이 준비한 다른 방안을 조목별로 설명했다. 내가 전화로 이야기했던 젊은 의사는 우리 프로그램의 강도와 정교함이 시설이 제공할 수 있는 어떤 프로그램보다 훨씬 뛰어나다는 것을 알았다.

그는 다음 월요일에 발달 행동 측정의 구성요소인 '가정 인터뷰'를 계획했다. 그들은 비디오 카메라를 가지고 올 것이다. 이 시설이 내놓는 정보의 가치에 한계가 있는 것은 알았지만 우리는 그 의사처럼 자기 일에 깊이 참여하고 만나는 가족들에게 관심을 갖고 열심히 일하는 전문가를 만날 수 있음에 감사했다.

그는 우리가 미래에 대한 예측보다는 우리 프로그램의 '현재'에 관심을 집중하고 있다는 점을 이해했다. 그도 우리처럼 조기 교육의 중요성을 믿었다. 그러나 그에게 조기 개입의 의미는 적어도 세 살 된 아이를 다루는 것을 뜻했다. 특수한 조기 교육을 한 살 반이 약간 넘은 아이에게 시킨다는 것은 소설에서나 가능한 일이었고 독특한 사례였다. 그들은 우리 가족을, 우리의 방법을 그리고 우리가 아들에게서 얻어내려는 반응을 관찰하고자 했다.

그 젊은 의사와 조수가 약속한 아침에 집으로 왔다. 그들의 요청은 무엇이든지 평소와 똑같이 하라는 것이었다. 그들은 사마리아가 욕실에서 평소처럼 라운과 함께 작업하기를 원했다. 사마리아는 이 관찰자들과 장비 앞에서 라운의 손을 잡고 욕실로 들어갔다. 평소보다 조금 굳어 있는 것 같았다. 아내와 라운은 쌓여 있는 퍼즐과 장난감 앞에 같이 앉았다. 의사는 카메라와 녹음기를 들고 힘차게 따라들어왔고 그의 조수도 같이 들어와서 문 앞에 자리를 잡았다. 그런 후 욕실문이 닫혔다. 의사는 욕실을 찬찬히 둘러보고 나서 자신과 장비가 자리잡을 곳은 물이 채워지지 않은 차가운 욕조밖에 없다는 것을 깨달았다.

한순간의 주저함도 없이 의사는 말쑥한 바지와 멋진 스포츠 재킷 그리고 타이가 구겨지는 것도 아랑곳하지 않고 욕조 안으로 들어갔다. 그는 욕조 안에 비스듬히 누워서 조용히 카메라를 설치했다. 욕조 가장자리 때문에 고통스러웠겠지만 그는 이 한 번의 경험을 매일 하는 것처럼 했다.

라운은 침입자들을 곧 알아차렸다. 잠깐 동안 카메라 렌즈를 가만히 바라보았다. 아마 렌즈에 비친 자기 모습을 본 모양이었다. 그러더니 이 새로운 사건에 만족하고 그것을 만끽하듯이 그 애는 몸을 돌려 사마리아에게 반응하기 시작했다. 젊은 의사는 카메라 셔터를 눌렀다.

사마리아는 라운과 서로 상호작용하는 연습에 들어갔다. 먼저 그들은 서로 손가락 끝을 마주 댄 다음 손뼉을 쳤다. 사마리아가 라운에게 퍼즐을 가져오라고 하자 그 애는 엄마의 말대로 했다. 실제로 그들은 세 개의 퍼즐을 완성했는데 사마리아는 각 퍼즐 조각을 눈맞춤과 사회성을 늘리기 위한 기회로 사용했다. 10분 후에 그녀는 라운이 블록으로 높은 탑을 쌓고 그 블록으로 다시 변기 위에 선반을 만드는 것을 도와주었다. 사마리아는 라운이 한 것을 칭찬하고 그 애가 허락한 잠깐 동안 다정하게 안아주었다. 그녀는 동물농장을 소개하면서 서커스에서처럼 동물 소리를 흉내냈다. 라운은 함박웃음을 지으며 몇 가지 소리를 따라하려고 했다. 그리고 엄마와 아이는 악기를 들고 바닥에 마주앉아 드럼과 하모니카만 가지고 독특한 교향곡을 연주했다. 다음 사마리아는 베토벤의 9번 교향곡을 녹음기에 넣고 아들과 춤을 추었다.

라운의 관심이 적어지자 사마리아는 세면대 뒤에서 작은 그릇을 꺼내 특이한 플라스틱 기구를 진한 용액 속에 담갔다가 입에 대고 불며 비눗방울을 만들기 시작했다. 라운은 떠다니는 비누방울을 잡았다. 그 애가 하나를 잡았을 때 사마리아는 사랑이 많은 열성적 코치처럼 그 애에게 환호했다. 그녀는 말과 접촉, 함께하는 놀이로 아이의 관심을 끌려고 애쓰면서 끊임없이 말을 했다. 카메라를 의식하면서 그녀는 되도록 많은 놀이가 필름에 녹화될 수 있도록 짧은 시간 안에 여러 행동을 요약해 나갔다.

이 모든 상황에 매혹된 의사는 땀방울이 이마에 흘러내릴 때도 욕조 속에 침착하게 앉아 있었다. 그는 이해할 수 없는 영화에서 연습 없이 코미디 장면을 연기하는 배우처럼 약간은 자조적이고 익살스러운 얼굴을 하고 있었다. 욕실의 공기가 탁해져 갔다. 실내 온도가 올라갔고 머리 위의 조명이 좁은 곳에 있는 네 사람을 달구고 있었다. 한 시간이 지나갔다. 마침내 문이 열렸고 지친 모습의 사람들이 나왔다. 그곳에서 관찰자들은 연기자들에게 압도당한 것이다.

의사는 자신을 추스렸다. 그리고 웃으면서 고개를 끄덕였다. 기분이 좋고 흥분된 것처럼 보였다. 잠깐 동안 조용히 생각에 잠긴 후 그는 큰 소리로 말했다. "믿을 수 없는 경험이에요! 전에는 결코 이런 일을 본 적이 없어요. 사마리아, 당신의 태도, 당신의 에너지 그리고 끊임없는 자극은 믿을 수가 없어요. 당신은 라운에게만 훌륭할 뿐 아니라 보고 있는 우리에게도 너무나 매력적입니다."

라운의 확실한 행복과 평화로움에 대한 우리의 감성이 그를 크게 감동시켰다. 그는 라운에게서, 비슷한 진단을 받은 다른 아이들이 보이는 일상적 분노나 근심을 찾아볼 수 없었다. 라운이 근본적으로 무반응 상태에 있지만 의사는 그 애가 사마리아와 서로 교감을 나누는 것을 의미있게 보았다. 그는 우리에게 우리 일을 계속하라고 용기를 주었고 우리의 독창적 관점과 프로그램의 생명력에 놀라움을 표하면서 방법이나 기술의 장점에 관해 토의했다. 그는 어떤 집에서도 자폐아를 가진 부모가 아이의 심각한 발달장애를 기회와 선물로 받아들이는 것을 본 적이 없다고 말했다.

처음 우리를 면담했을 때 그는 우리의 열정과 낙관론을 버릴 것을 권했다. 그러나 이제 그는 진정으로 매혹되고 흥분된 어조로 이렇게 말했다. "당신이 그렇게 하고 있는 것이 중요한게 아니라 하고 있는 방법이 그토록 엄청난 영향력을 가지고 있어요." 그는 라운이 혼란을 느끼지 않도록 한 번에 한 가지 이상을 요구하지 말라는 충고를 했다. 나중에 그는 우리 프로그램의 정교함이 아동센터에서 제공되는 학습을 훨씬 능가한다고 했다.

사실 그는 우리가 그에게서 배우는 것보다 더 많은 것을 우리에게서 배웠다고 생각했다. 그는 우리의 새로운 개념에 큰 흥미를 보이면서 접근 방법이 집중적이고도 철저한 것에 놀라워했는데, 특히 우리의 접근 방법이 그가 함께 일하는 사람들이나 정신신경학자들, 특수교육 선생님들이 가르쳤던 방법과 전혀 달랐기 때문이었다. 우리는 아들의 세계에 합류했다. 그러나 그들은 아이들의 '부적절한' 자기 자극과 반복적 행동을 그치게 하려고만 했다. 우리는 아들이 보내는 신호를 따라 그 애가 상호교류적 놀이를 먼저 시작하도록 용기를 주었다. 그러나 치료사들과 교사들은 매 수업을 위해 프로그램을 고안하고 아이들로 하여금 그것에 따르도록 강요했다. 때로는 어린 환자들이 말을 잘 듣게 하기 위해 제한된 시간 동안 격리시키는 것 같은 지극히 혐오스러운 방법을 쓰기도 했다.

그는 머리를 저었다. 만약 그가 그의 시설에서 우리와 같은 방법을 사용한다면 그는 곧 직장을 잃게 될 것이다. 더군다나 우리의 관점은 이 분야에서 그가 배운 모든 것에 반론을 제기하는 것이었다. 그럼에도 그는 계속 우리와 연락하기를 원했다. 떠나면서 그는 기본 기술과 기초 언어 발전에 관한 책을 두고 갔다. 그러나 우리의 독서 수준과 프로그램은 그 책의 테두리를 이미 넘어서 있었다. 그 의사는 또한 우리에게 새로운 것을 말해주지는 못하겠지만 라운에게 EEG(신경학상의 뇌 검사)를 정식으로 해보는 것이 어떻겠냐고 제의했다.

저녁에 모여 아이디어를 내는 시간은 아직도 언어 습득이라는 과제에 중점을 두었다. 그것이 우리의 최고 목표였다. 라운과 상호작용하면서 끊임없이 이야기를 하지만 우리는 아들에게 말의 사용과 효과에 대해서 알려주는 부가적 방법을 만들어야 한다는 것을 알았다. 우리는 말하는 것을 가르치기 위해 한층 더 강력한 실행 방법을 쓰기로 했다. 라운이 다음 단계로 전진할 수 있는 새로운 방법을 찾아야 했다. 우리가 내린 결론은 짧게 말하는 체제를 고안하자는 것이었다.

몸의 각 부분이나 주위에 있는 물건을 가리키는 단순한 문장을 사용하는 대신 우리가 나타내려는 모든 것을 간단하고 명백하게 한 단어로 묘사하기로 했다. 그리고 모든 말을 이해하기 쉽고 반복하기 쉬운 한 개의 음절로 단순하게 함으로써 개념을 알기 쉽게 했다. 병은 'Ba(바)'로 물은 'Wa(워)'로 주스는 'Ju(주)'로 말하는 것이었다.

추가적인 다음 단계는 그 애가 우는 것을 말로 표현하게 하는 것이었다. 우는 것은 그 애의 원초적 언어였지만 우는 소리를 말이라고 하기에는 너무 명확하지 않고 막연했다. 그래서 새로운 전략으로 라운이 울 때 우리는 관심을 보이지만 약간 혼란스러운 것처럼 행동했다. 다시 말해 그 애가 원하는 것을 추측해 보지만 알 수 없다는 태도를 취한다. 원하는 것을 주지 않는 것을 라운이 느끼지 못하도록 하면서 당황한 것처럼 보이게 한다. 그 애가 냉장고 앞에서나 닫혀진 문 앞에서 울 때 우리는 눈앞에 있는 그 애가 원할 만한 것의 이름을 대면서 모른 척했다. 자신이 원하는 것을 우리가 말했을 때 라운은 빠르게 반응하고 울음을 그쳤다. 그리고 우리는 그 애가 원하는 물건 이름을 여러 번 말하고 그것을 얻게 된 것을 축하해 줌으로써 이러한 행동을 강화했다. 이 원초적 방법이 소통을 쉽게 했고 우리는 이 발전에 감사했다. 어쨌거나 라운이 말을 사용하는 것이 더 효과적이라는 것을 알게 되면 그 애는 말을 할 것이다. 우리는 바보같이 행동하면서 도움이 되는 사랑을 보여주자고 결정했다.

이 새로운 접근 방법을 쓰면서 우리는 아무도 그 주일을 편안하게 보내지 못했다. 왜냐하면 라운은 자기가 원하는 것을 갖다 줄 때까지 계속 울어댔기 때문이었다.

어느날 저녁에 손님이 왔는데 라운이 거실로 들어오더니 내 손을 잡아끌기 시작했다. 나는 그 애에게 무엇을 원하느냐고 물었다. 그 애는 울기 시작했고 나를 더 세게 끌었다. 원하는 것을 말한다면 도와주겠다고 해도 아이는 계속 울 뿐이었다. 내가 바닥에 앉자 그 애는 더 세게 나를 끌어당겼다. 나는 그 애의 눈에서 혼란스러운 모습을 보았다. 일어나서 그 애가 원하는 대로 해주고 싶은 충동을 느꼈지만 그것은 라운과 나 모두에게 도움이 되지 못한다고 생각했다. 그 애가 말하게 하려면 우는 것이 말을 하는 것보다 효과적이지 않다는 것을 알아야 했다. 아이는 내 손을 놓더니 외로운 모습으로 그 자리에 서서 신경질적으로 울어댔다. 그러더니 내게 다가와 여전히 훌쩍거리며 머리를 내 어깨에 기댔다. 나는 팔로 그 애를 안아주면서 다독거려 주었다. 울음 이 점점 잦아들었다. 방안에 있던 모든 사람들이 말없이 지켜보았다. 라운은 천천히 숨을 쉬면서 몇 분 동안 내게 기대고 있었고 팔은 몸과 관련이 없는 것처럼 늘어져 있었다.

다시 라운이 내게서 떨어지며 손으로 내 소매를 끌었다. 그리고 울 기 시작했다. 나는 뭘 원하는지 다시 물으며 내게 말한다면 기쁘게 도 와줄 것이라고 말했다. 아이는 더 심하게 울어댔고 계속 나를 끌어당 겼다. 나는 그 애가 내 말을 이해했지만 말을 하려 하지 않는다는 것 을 알았다. 그 애는 다시 신경질적으로 울어댔다. 그러더니 내 손을 놓 고 눈물을 흘리면서 나를 바라보더니 다시 한번 내 가슴에 기댔다. 나 는 축 늘어져 있는 아이를 위로해 주었다.

아이의 울음이 잦아들었다. 그리고 다시 자기가 해온 모든 행동을 반복하기 시작했다. 그 애는 나를 그리고 자기 자신을 시험하고 있었 다. 울음과 끌어당기는 힘이 더 커졌다. 나는 그 애가 원하는 것이나 내가 해줄 수 있는 행동을 제안하기 시작했다. 아이가 원하는 것을 알 수가 없었다. 우리는 막다른 골목에 왔다. 일어나서 그 애를 위해 여기 저기 뛰어다니려는 충동이 여러 번 일어났지만 그때마다 나는 자신에 게 말했다. '라운은 우리와 함께 있고 우리와 교류하려는 의지로 점점 더 강하게 자라고 있다. 그러니까 뒤로 물러나는 것보다는 앞으로 밀 고 나가야 한다.' 나는 그 애가 나와 세상에 대해 더 많은 것을 요구할 때 보여주는 성장의 힘을 가볍게 여기고 싶지 않았다. 이후 30분 동안 이 작고 귀여운 아이는 똑같은 과정을 다섯 번이나 반복했다. 마침내 그 애는 내게로 오더니 바닥에 앉아 내 다리를 베고 잠이 들었다.

193

나는 15라운드 경기를 치러낸 권투선수처럼 지치고 혼란스러웠다. 나는 그 애와 함께하고 싶었으나 그대로 있어야 한다는 것을 알았다. 내 안에 일어난 밀고 당김이 나를 혼란에 빠뜨렸다. 나는 내가 몹시 사랑하는 아들이 여전히 자신을 가두고 있는 보이지 않는 장벽을 깨뜨리고 나오도록 도우면서 그 애가 자신의 지옥을 통과하는 것을 지켜보았다.

▶ 일지: 열세번째 주 / 같은 일정

▶ 관찰

1. 가족들이나 친구들과 더 사회적인 교류 행동을 자주 한다.
2. 의사소통을 위해 계속 우는 방법을 사용한다.
3. 누군가의 손을 잡고 자기가 원하는 것(나가는 것, 이층으로 올라가는 것, 물을 마시려는 것 등)을 보여줌으로써 접촉을 자주 시도한다.
4. 장난감을 던지는 대신 가지고 논다. 자동차를 밀고 장난감을 굴리며 더 집중하고 인내하면서 물건을 찾는다.
5. 이제 어떤 때는 물건보다 사람을 더 좋아하는 것 같다. 자주 빈방에 사람과 같이 있으려고 한다.
6. 아직도 말을 효과적으로 사용하지는 않지만 단어를 많이 반복한다. 이해하는 말들이 늘어난다. 이해하는 단어: 아래, 워(물), 엄마, 아빠, 하지 마라, 안 돼, 더 많이, 음매(소), 바(병), 이리 와, 브린, 테아, 낸시, 메이러, 강아지, 코, 머리, 귀, 눈, 이층, 기저귀.
7. 처음으로 먹고 마시고 싶을 때 울음으로 표현했다.
8. 때로 우리 손을 잡고 자기가 원하는 것에 우리 손을 갖다 댄다.
9. 그 애가 물건을 꺼낼 때 다칠까 봐 부엌 장식장을 잠갔다. 우리가 장식장 문 잠그는 것을 잊었을 때 그 애는 우리를 그곳으로 데려 가 그 문이 열린 것을 보여준다.

▶ 변화 없음

1. 아직도 물건을 돌린다.
2. 아직도 침대에서 나오고 싶을 때 울지 않는다.
3. 제한적이지만 아직도 움츠러든다.

우리는 비키와 저녁식사를 했다. 그녀는 정서장애나 뇌가 손상된 아이들을 위한 병원에 상주하는 치료사로 일하기 위해 면접을 하고 왔는데 보고 들은 것을 모두 말하고 싶어했다. 비키는 흥분하고 혼란스럽고 화가 나 있었기 때문에 한꺼번에 쏟아내는 말이 산만하고 불분명했다.

"그리고 그 학교 프로그램 담당자가 나를 면접했어요. 그런데 그 여자가 무슨 말을 했는지 당신은 상상도 못할 거예요. 그녀는 프로그램·투자·치료, 모든 걸 책임지고 있어요. 내가 무슨 말을 하는지 알아요? 나는 그녀가 자폐아들에게 어떤 생각을 갖고 있는지, 그 애들에게 어떻게 하고 있는지 물었어요. 당신도 알다시피 라운 때문에 나는 더 많이 알고 싶었던 거예요. 그런데 기가 막혀서…, 오, 하느님! 그녀는 '자폐아들은 정말 미친 겁니다. 당신이 그 애들에게 해줄 수 있는 것은 많지 않아요'라고 말했어요. 아, 잠깐, 그게 전부가 아니에요. 그러자 안내하던 상담원이 이야기했어요. '우리가 그 애들에게 하는 것은 열네 살이 되어 이곳을 떠날 때 애들이 가게 되는 기관에 피해가 되지 않도록 좋은 환자로 훈련시키는 것입니다. 우리는 그 애들이 씻거나 먹거나 화장실 사용하는 방법 정도를 가르치게 될 것입니다. 그렇게만 된다면 행복한 거지요. 그 밖에 그 애들에게 해줄 것이 없어요.' 맙소사, 나는

195

믿을 수가 없었어요. 상담원은 그 애들을 쓸모없고 희망 없는 동물처럼 이야기했어요. 그리고 내 말은 듣지도 않고 자신의 말을 증명하려고 온갖 경우를 계속 인용했어요. 아, 얼마나 슬픈 일인지…. 그 애들은 그곳에서 쇠약해지고 있는 거예요. 나는 소리지르고 싶었어요. 당신은 이해할 수 없을 거예요. 라운을 보세요. 그 애가 지금 할 수 있는 것과 그 애가 얼마나 대단한지를 보세요. 세상에, 나는 정말 그곳에선 일할 수 없어요."

그녀는 마치 자신의 서식지가 파괴되는 것을 본 거대한 코뿔소처럼 화가 나서 말했다. 사마리아와 나는 그녀가 경험한 것이 사실임을 이미 알고 있었으므로 큰 관심을 가지고 그녀를 바라보았다. 대부분 전문가들의 생각이나 거주시설에서 대부분의 임상의가 자폐아들에게 하는 것을 보라. 만약 그들이 자폐아들을 근본적으로 치유가 불가능하다고 본다면(논문에서 제시한 대로 일생동안 발달상의 무능력으로 고통을 당한다면) 많은 일을 힘들여 할 필요가 있는가? 그 아이들을 시설에 가두거나 그들의 과격한 행동을 억제하기 위한 행동조절에만 신경 쓰면 되는 것이다. 이 어린이들의 일생과 그들이 우리에게 주는 선물은 결국 값어치 없는 것이 되고 마는 것이다.

비키는 잠깐 숨을 고르고 나서 계속했다. "그리고 같이 일할 한 여성을 만나기 위해 음악과 무용 치료실에 갔어요. 그곳에는 다른 문제점을 가진 아이들이 있었어요. 그 애들 중 어느 누구도 자폐아들이 보통 하는 그런 행동은 하지 않았어요. 그러나 어쨌든 나는 애들을 어수선하게 하지말라는 경고가 있었기 때문에 조용히 서 있었어요. 그들 말은 내가 아이들을 자극할지 모른다는 뜻이에요. 그런데 한 소년이 내게 걸어왔어요. 그 애는 사실 작지 않았어요. 거의 내 키 정도였는데 열두 살이래요. 그 애가 거칠게 말했어요. '어이, 아가씨, 섹시해.' 그 애는 물론 나를 어떻게 하지는 않았어요. 그런데 선생은, 아! 그녀는 그 애를 위협하고 야단쳤어요. 효과도 없는 것을! 그러자 그곳은 야단스러운 서커스장처럼 되어버렸어요. 꼬마들을 위한 동물원처럼 음악은 꽝꽝 울리고…, 간호사들은 아이들을 강제로 밀고 당겼어요. 정말 믿을 수가 없어요. 나는 어느 누구에게도 그렇게 해본 적이 없어요. 아이들은 그곳에서 얻는 것이 아무것도 없어요. 그 아이들은 그보다 더 나쁜 대우를 받을 수 없을 정도로 엉망으로 취급되고 있었어요. 오! 하느님, 당신은 믿을 수 있나요? 당신이 그 광경을 봐야 했는데…. 오, 잠깐. 수업이 끝난 후에 나는 감독관에게 가서 그들이 음악과 율동을 사용해 자폐아들에게 음악을 가르치는지 물어보았더니 그녀는 이렇게 말했어요. '오, 아니에요. 그 애들은 음악을 너무 좋아하기 때문에 음악 프로그램에서 제외시켰어요.' 내가 무슨 말이냐고 묻자 그녀는 '당신도 알겠지만 자폐아들은 음악을 들으면 너무나 음악에 빠져서 팔을 흔들고 돌리고 하지요. 그것이 바로 그 애들의 문제니까 우리가 그런 행동을 못하게 하고 반복적 증상을 멈추게 하려고 음악 프로그램에서 그 애들을 뺀 것입니다. 당신도 아시다시피 결국 우리는 그 애들이 거친 행동을 하지 않고 좀더 정상적으로 행동하도록 그들을 치료해야 합니다'. 정말 나는 참을 수가 없었어요. 더 이상 냉정해질 수가 없었어요. 나는 그 애들이 음악을 그렇게 좋아하는데 그들에게 다가가고 가르치기 위해서 왜 음악을 사용하지 않느냐고 물었어요. 대답은 이랬어요. '아, 나도 전에 그런 말을 들은 적이 있어요. 하지만 그렇지 않아요. 우리가 하고 있는 것만이 유일한 방법입니다.'

비키의 말이 끝나고 무거운 침묵이 감돌았다. 우리 모두는 그녀의 독백에 넋을 놓고 있었다. 비키의 말에 귀를 기울이던 브린과 테아까지도 혼란스러워하는 것 같았다. 브린의 눈이 흐려졌다. 나는 비키에게 그녀가 경험한 것과 사람들이 그녀에게 말한 것을 기록해도 되느냐고 물었고 언젠가 그 경험을 다른 사람들과 나누게 될지도 모른다고 말했다.

라운은 식탁 위를 숟가락으로 탁 소리나게 치고 콧노래를 흥얼거렸다. 사마리아와 브린도 그 애를 따라서 똑같이 행동했다. 테아와 비키도 그렇게 했다. 나는 잠깐 동안 홀린 듯이 그들을 바라보았다. 분위기가 순식간에 바뀌고 모두가 편안하게 일상적 행동을 하고 있었다. 그러자 거역할 수 없는 어떤 힘에 끌린 것처럼 나도 그들과 노래를 부르기 시작했다. 화음도 생겼다. 음악이 고조됨에 따라 우리 손은 최면에 걸린 것처럼 박자에 맞추어 식탁을 두드렸다. 콧노래를 더 크게 하자 숨쉬는 강도도 더 커지는 것을 느낄 수 있었다. 합창이 더 커지면서 가락도 높아졌다.

얼마 안가 우리 모두는 최대한으로 소리지르고 있었다. 그러자 라운이 한 사람 한 사람씩 우리 얼굴을 쳐다봤다. 놀라고 당황한 것처럼 보였다. 포효하는 대지의 음악은 어느 누구의 신호도 없이 라운을 제외한 우리 모두가 갑자기 멈출 때까지 계속되었다. 그러자 믿을 수 없이 큰 소리로 혼자 노래를 부르면서 그 애는 눈이 안 보일 정도로 함박웃음을 짓더니 갑자기 멈추었다. 10초쯤 침묵한 뒤에 우리 모두는 웃기 시작했다. 부드럽고 그 어떤 통제도 없는 그날 밤의 음악회로 우리는 뜻깊은 하루를 마감했다.

사마리아와 나는 우리 모두가 이제는 라운과 함께하는 섬세하고도 요구가 많은 스케줄에서 잠깐 벗어날 수도 있겠다고 생각했다. 낸시가 토요일 하루 라운을 돌보아 주기로 했으므로 우리는 사마리아의 조각 선생님 댁에서 브린과 테아와 함께 지내기로 했다.

우리가 숲속을 통해 굽은 길을 따라 나가자 깜짝 놀랄 만한 3층 건물이 나타났다. 그것은 건축술의 대가가 가벼운 마음으로 장난스럽고 이국적이지만 장엄하게 다양한 모습으로 시멘트를 사용해서 만들었다. 브린과 테아는 코끼리 형상을 한 이 거대한 추상작품에 입이 벌어졌다. 주차장을 따라 더 들어가자 역시 코끼리 같은 다른 구조물이 나왔는데 먼저 것보다 작지만 나무로 된 코는 그네 같아 보였다. 우리 딸들은 이 살아 있는 듯한 조각물을 보려고 차에서 뛰어내렸다. 사마리아와 나는 오른쪽에 있는 대리석으로 만든 두 개의 조각상을 보았다. 그 바로 앞에는 선사시대의 희귀한 돌로 조각된 신비스럽고 신과도 같은 거대한 얼굴이 우리를 바라보고 있었다.

창고 같은 스튜디오가 줄지어 있는 입구를 지나 우리는 또 다른 얼굴을 만났다. 이 모든 것을 창조한 알프레드 반 로엔. 그의 이마를 지나 입으로 내려오는 깊은 선에는 역사와 시간의 흔적이 남아있었다. 크고 돌출된 코가 그의 춤추듯이 빛나는 눈을 갈라놓았다. 그는 자신이 만든 인상적인 배경 속에서 수염을 기른 키 크고 호리호리한 고대 조각상처럼 나를 향해 서 있었다. 나치 수용소에서 살아남은 알프레드는 상상력이 만들어 낸 모든 환상적 형태를 나무·돌·합성수지와 금속으로 재창조하고 표현하면서 지금 여기에 우리와 함께 있는 것이다.

그가 말할 때 나는 그의 목소리에서 천년의 메아리를 들을 수 있었다. 그는 우리와 우리 딸들에게 웃으면서 큰 손으로 내 손을 잡았다.

그는 주위에 있는 여러 모습 속에서 기쁨과 웃음을 즐기는 것 같았다.

알프레드는 우리 가족들에게 그의 조각과 자신의 보물이 풍부한 세계로 여행을 하게 해주었다. 그의 예술은 여러 다른 시기를 통해서 발전되었는데 그 모든 것은 우리에게 놀란 만한 시각적 경험을 하게 해주었다. 그의 작품은 고전적이고 서정적인 것에서 인상적이고 추상적 형태로 바뀌었다. 그는 다듬거나 조각하지 않은 나무·대리석·오닉스의 모양과 재질 안에 어떤 특성이 있다고 믿었다. 그는 조각 도구를 능숙하게 사용하면서 돌이나 바위 속에 이미 깃들어 있는 정수를 발견하려고 애썼다. 그는 원재료의 내재된 생명력과 그 본래의 모습에 대해 깊은 존경심을 가지고 있었다. 그의 예술에 대한 접근 방식과 우리가 라운에게 다가가는 접근 방식은 서로 비슷했다. 그의 조각은 우리가 지닌 똑같은 감수성과 사랑을 반영하고 있었다.

한 스튜디오에서 다른 스튜디오로 옮겨가면서 그는 자신의 열정을 어떻게, 왜 지니게 되었는지에 대해서 말해주었다. 그는 아주 오래된, 사랑하는 친구처럼 우리를 대했으며 그가 예술로 표현한 것을 우리가 보고 경험할 수 있게 해주었다. 사마리아는 그의 따뜻한 환영과 관심 그리고 우리와 함께 시간을 보내는 것에 대해서 매우 설레고 감동하는 것 같았다. 나는 현란하게 진열된 그의 예술작품과 그가 말한 여러 이야기에 도취되었다. 그리고 나는 언젠가 라운과 다시 와서 이곳의 풍부함을 같이 나누기를 희망하며 라운이 보고 싶어졌다. 우리는 떠날 때 펜과 잉크를 사용해 그린 특별한 선물을 받았다. 우리는 그 작품을 잘 보관했다가 라운에게 선물을 하리라 생각했다. 그곳에 있는 돌과 금속과 나무에 내재된 정직성을 감상하면서 우리는 우리 아들이 원래부터 가지고 있었던 고결함과 아름다움 그리고 정열을 생각하게 되었다.

집으로 돌아온 우리는 그날의 경험에 도취되어 거실에 불을 피우고 불꽃 앞에서 저녁을 함께 했다. 라운과 낸시도 같이했다. 우리는 침묵 속에서 음악을 들었다. 나는 우리의 삶 안에 현존하시는 하느님을 그 어느 때보다도 강하게 느꼈다.

터져 나온 말

갑자기 한 주 동안 아무 경고도 없이 라운이 수업을 거부했다. 퍼즐을 가지고 놀지도 않았고 책장을 넘기지도 않았으며 욕실에서 물건을 집어 던지기 시작했다. 그리고 분명한 이유도 없이 울었다. 이름을 불러도 관심을 보이지 않았고 말을 걸어도 사마리아·낸시·메이러와 나에게 등을 돌리기까지 했다. 라운은 우리를 무시했고 싫다는 것을 확인시키려는 듯이 소리질렀다.

　수업시간이 아닐 때도 라운은 변했다. 일시적이라고 여겼던 이러한 행동이 그날과 그 다음날까지 계속되었다. 3일째 되던 날 아침 우리는 라운의 눈맞춤이 줄어들고 몸을 돌리고 흔드는 것이 조금 더 늘어난 것을 깨달았다. 또한 라운은 더이상의 신체적 접촉도 원하지 않았다. 항상 그런 것은 아니지만 라운은 만지는 것도 자주 거부했다. 그러나 그 애가 원하는 것이 있을 때는 우리 손을 끌고 감으로써 약간의 접촉은 유지했다.

 그 애는 기분에 따라 변덕을 부렸기 때문에 예측할 수 없었다. 한순간 우리를 거부하다가도 다음 순간에는 우리와 놀곤 했다.

 무슨 일이 일어난 것인가? 우리 아들이 그런 행동으로 우리에게 무엇을 말하려는 것인가? 라운이 우리의 당혹스러운 태도에 항의하는 것일 수도 있고 우리가 그 애의 울음에 일부러 게으르게 반응하는 것에 섭섭해하는 것일 수도 있다. 아니면 자신의 힘을 다 써버렸으므로 쉬기 위해서 움츠러드는 것일 수도 있다. 아마 처음으로 스스로 결정한 것인지도 모른다. 곧 자신이 변화를 원하는 것, 조금 천천히 하고 싶다는 것을 우리에게 알리기 위한 최선의 방법인지도 모른다.

 그렇다면 우리도 라운에게 응답하기로 했다. 우리는 오후 12시부터 6시까지 했던 빡빡한 스케줄을 하루에 두 시간으로 조정했다. 우리는 그 나머지 시간을 그 애가 상호작용적 행동을 하도록 용기를 주면서 가끔씩 혼자 자기 자극적인 행동을 하거나 놀이를 하도록 내버려 두었다. 며칠 후에 그 애는 다시 반응하기 시작했다. 그 애는 더 강해지고 더 능력이 있어 보였으며 더 행복해하고 더 흥분되어 보였다.

 우리는 이 같은 수업 방식을 그 다음 주까지 계속했으며 반면 그 애에게 더욱 강하게 반응했다. 우리는 라운의 참여에 더 강조를 두었다. 그 애는 수업시간에는 자신이 강하게 밀고 나갔으나 그 외에는 우리의 단호함을 인정했다. 우리는 라운이 스스로 행동이나 놀이를 선택하도록 했다. 나는 라운이 자신의 환경에 대해 스스로 통제할 수 없다고 느꼈기 때문에 이번 일이 라운에게 자신의 자율성을 다시 세우는 데 확실한 방법이 될 것이라고 믿었다. 아마도 그 애의 이런 저항이 프로그램을 조정하고 방향 변화를 촉진시키게 했을 것이다. 라운의 수수께끼 같은 행동을 다루는 우리의 방법은 우리와 라운이 함께 도약할 수 있게 해주었다.

그런데도 그 주간은 라운에게는 어려운 시간이었다. 의사소통을 하기 위해서 많이 우는 것은 고정 패턴이 되었다. 원하는 것을 빨리 얻지 못할 때 그 애는 혼란스럽고 좌절하며 화를 내기까지 했다. 우리는 우리의 교육과정을 계속했고 놀랄 것도 없이 그 애는 자기 식대로 했다. 우리는 라운이 밟게 되는 각 단계가 이전에 했던 것보다 어렵다는 것을 알고 있지만 그 애가 계속 나아갈 것이라고 믿었다. 그 애는 우리에 의해서가 아니라 더 나은 응답을 해주는 주위 환경에 대한 그 애 자신의 열망 때문에 더 앞으로 나아갔다. 거의 불끈하는 울화의 수준인 그 애의 거친 울음소리는 날카로운 불협화음으로 항상 집안을 채웠다. 우리는 그 애에게 친절하게 도와주고 보살펴 준다는 것을 계속해서 보여주었다. 우리 모두에게 그것은 어렵고도 힘든 연극의 막간 같았다.

사마리아는 싱크대 옆에 서서 울고 있는 라운에게 숟가락·포크·스펀지 그리고 마지막으로 빈 유리잔을 차례로 보여주었다. 라운은 하나씩 보여줄 때마다 더 세차게 울어댔다. 마침내 그녀는 컵에 물을 따라 아들에게 주었다. 그 애가 진정되었을 때 사마리아는 "라운, 물, 여기 물(실제로 영어 water가 아니라 앞의 한 음절만 따서 wa라고 함—편집자 주)이 있어. 물이라고 해봐, 물"이라고 말했다.

라운은 물을 꿀꺽꿀꺽 마셨다. 그날 늦게 라운은 같은 자리에 와서 똑같은 과정을 반복했다. 사마리아는 늘 하던 대로 일부러 모르는 척 행동했다. 라운은 저항했다. 울음이 커졌다. 사마리아는 아들 옆에 무릎을 꿇고 그 애가 얼굴을 비틀고 손가락으로 입술을 누르는 모습을 사랑스럽게 바라보았다.

"라운, 무엇을 줄까? 아가야, 엄마한테 얘기해 봐. 뭘 원하니?"

갑자기 라운이 자기 안의 온 힘을 다 써버린 것처럼 눈에 경련을 일으키면서 성대를 통해 맑고 큰 소리로 방안을 가득 채우는 한 단어를 내뱉었다. 일찍이 전문가들이 어떤 말도 하지 못할 것이라고 했던 이 작은 소년이 '물(워[wa])'이라고 소리를 질렀다.

사마리아는 뛰어 일어나 유리잔에 물을 가득 따라 그 애에게 재빨리 주었다. "그래, 라운, 너는 해냈어. 물, 라운, 물! 물! 넌 정말 착한 아이로구나"라고 말할 때 그녀의 손이 떨렸다.

어리벙벙해진 작은 아이, 그 애조차도 놀란 것 같았다. 물을 다 마시고 나서 그 애는 커다란 갈색 눈으로 엄마를 바라보았다. 사마리아는 그 순간에 그 애가 한 일을 감격하면서 아이의 머리를 부드럽게 쓰다듬어 주었다.

만세! 라운이 해냈다. 그 애가 말을 한 것이다. 정확하게, 의식적으로 그리고 의미를 가지고… '물'에 대한 소식이 도깨비불같이 삽시간에 퍼졌다. 사마리아가 먼저 내 사무실로 전화했고 이어서 낸시·메이러·마브·비키와 로다에게 차례로 전화했다. 우리 모두 흥분을 감출 수 없었다. 브린은 그 소식을 듣자 껑충껑충 뛰면서 라운에게 환호했다. 테아도 깔깔 웃으면서 동생을 안아주려고 팔을 벌리고 라운에게 달려갔다. 얼음이 녹았다. 의사소통에 아무 쓸모가 없던 얼어붙은 목소리가 드디어 자유로워진 것이다.

그날 늦게 라운은 싱크대 옆에서 같은 과정을 반복했다. 그 애는 울기 시작했고 사마리아가 라운이 원할지도 모르는 것들을 차례로 보여주면서 시간을 끌자 그 애는 신경과민 상태가 되었다. 잠시 후에 그 애는 다시 '물'이라고 말했다.

사마리아는 즉시 물을 주었다. 라운이 첫 말을 또박또박 소리내는 것은 앞으로 계속될 일련의 새로운 가능성을 암시했다. 그 애는 자신의 발전에 획기적 도약을 한 것이다.

저녁식사 때 라운은 엄마에게 '내려줘'라고 말함으로써 우리 모두를 놀라게 했다. 그 애는 아름답고도 분명하고 단호하게 말했다. 우리가 의자에서 그 애를 들어올려 바닥에 내려놓을 때마다 수없이 말했던 단어가 지금 그 애의 입에서 자유롭게 흘러나온 것이다. 우리는 곧 그 애를 의자에서 마루로 내려놓았다. 사마리아가 라운에게 주스를 주자 그 애는 빈 컵을 엄마에게 주면서 '더'라고 이야기했다.

무너진 댐 틈새에서 물이 뿜어져 나오는 것처럼 라운에게서 말들이 솟아나왔다. 그것은 마치 그 애가 말을 그렇게 오랫동안 품고 있다가 오늘 언어로 탄생시킨 것 같았다. 잠을 자러 2층으로 올라가면서 그 애는 가지고 있던 병을 가리키면서 그날의 네 번째 말을 했다. '병(바[Ba])'이라고. 그날은 네 개의 거대한 발걸음으로 끝을 맺었다. 네 개의 말들. 그 애의 목이나 우리의 귀에 전혀 새로운 것들이었다.

다음날 아침 이 일을 축하하기 위해 세 아이를 데리고 놀이공원에 갔다. 라운을 포함해서 우리 모두 기분이 매우 좋았고 들떠 있었다. 딸들은 롤러코스터를 타는 것으로 그들의 소풍을 시작했다.

사마리아와 나는 라운을 좀더 안전하고도 타기 쉬운 것에 태우기로 했다. 아이는 원형으로 둥글게 움직일 때 좋아하면서 방글거렸다. 딸들이 라운을 대회전식 관람차에 데리고 가도 좋으냐고 물었다. 그것이 천천히 그리고 어느 쪽으로 움직이는지 알 수 있기 때문에 우리는 허락했다. 경비원이 세 아이를 보호장치가 된 칸에 태웠다. 위로 위로 계속 위로 올라갔다가 주위를 둥글게 돌면서 아래로 내려오고 사마리아와 나는 길 위에 서서 우리 애들에게 손을 흔들어 주었다. 애들은 행복해 보였다. 테아는 라운의 손을 잡고 우리 곁을 지날 때마다 손을 흔들었고 라운은 웃음지었다. 그리고 브린은 동생에게 선생님이 하는 것처럼 "말해 봐, '하이!'라고. 말해봐, 라운 '하이!'라고" 했다.

우리는 회전목마로 가서 말 위에 딸들을 앉히고 안전벨트로 묶어주었다. 이 목마들은 반세기 전에 조각되었는데 눈이 툭 튀어나왔고 화려한 페인트로 칠해져 있었다. 오래된 뮤직 박스에서 음악이 흘러나왔다. 라운도 안전벨트로 묶었지만 만일을 위해 우리는 옆에서 그 애를 잡고 서 있었다. 우리는 회전판이 돌아갈 때 라운이 안전하다는 것을 느끼기를 바랐다. 회전목마가 천천히 움직였다. 속도가 붙기 시작했을 때 라운은 눈을 동그랗게 뜨고 주위를 돌아보면서 웃기 시작했다. 그 애는 회전목마를 좋아했다. 딸들은 위아래로 움직일 때 말 나무안장 위에 앉아 라운에게 '헬로우'라고 소리쳤다.

회전이 끝났을 때 브린과 테아는 다시 롤러코스터를 타고 싶다면서 동생을 데려가자고 했다. 사마리아와 나는 몇 분 동안 생각했다. 라운이 다른 놀이기구도 아무 탈 없이 탔으므로 우리는 괜찮겠다고 허락했다. 우리는 세 아이를 첫 번째 차 안의 차단기 아래 태웠다. 그 작은 기차는 천천히 비탈길을 올라가서 첫 번째 내리막길로 속도를 내면서 달려내려왔다. 우리는 기차가 내려오는 곳에 자리를 잡고 기다렸다.

나는 마음이 불안해 입술을 깨물었다. 마침내 애들이 우리 시야에 들어왔다. 브린과 테아는 팔로 동생의 어깨를 안고 있었다. 라운의 눈은 다시 커져 있었다. 놀란 것 같아 보이지는 않았지만 즐거워하는지도 확실하지 않았다. 기차가 우리 곁을 빠르게 지나갔을 때 우리 딸들은 신이 나서 손을 흔들었다. 기차는 비탈길을 올라가 다시 내려오고 하는 것을 계속하면서 날카롭고 굽이진 곡선을 돌아갔다. 그러다가 기차가 다시 보일 때 이번에는 라운도 누나들과 같이 크게 웃고 있었다.

살아있음을 즐거워하며 체험을 소중히 여기고 우정을 나누는 아이들의 모습은 마치 솜사탕과 같다. 우리 아이들은 한결같이 기뻐 들뜨며 놀이공원의 환상적 축제 분위기에 빠져들었다. 라운에게는 위아래로 움직이는 자기 자극적인 행동 외에 원형적 움직임을 경험하는 특별한 기회였다. 이 기계화된 소용돌이는 적어도 지금은 최면에 걸린 것처럼 반복적인 동작으로 그 애의 마음을 흡족하게 해주었다.

또 한 주가 지나갔다. 라운은 기분이 아주 좋은 것 같았다. 일정하지는 않았지만 때때로 그 애는 세 개의 단어를 사용했다. 딸들은 동생과 더 재미있게 놀았다. 그들은 이제 선생이 아닌 진정한 놀이 친구가 된 것 같았다. 다른 가족들은 라운의 행동을 과소평가할지도 모른다. 그러나 우리는 라운이 참여하고 발전하는 사람이 될 것이라고 확신했다.

집중하려는 그 애의 능력이 향상되자 우리는 욕실 밖으로 나가 좀 더 넓은 공간에서 수업을 해보기로 했다. 게임이나 다른 연습에 충분히 숙달되었기 때문에 우리는 그 애가 이제 더 산만한 것도 잘 견딜 수 있을 것이라고 믿었다. 창문이 있고 페인트칠이 된 벽에 그림이 걸려 있는 방. 선반에는 책과 레코드가 쌓여 있고 바닥에는 양탄자가 깔려 있는 방. 이것은 좀더 현실적인 가정환경을 라운에게 알려주는 계기가 될 것이다.

우리는 라운에게 작은 의자를 사주었고 거실에서 방석을 가져왔다.

그 애는 이 새로운 환경에 매우 만족한 듯했고 전혀 산만해 보이지 않았다. 방에 들어온 처음 몇 분 동안은 이리저리 살펴보다가 곧 엄마와 게임에 관심을 보였다.

우리는 프로그램의 다음 단계를 시작했다. 라운은 참여하려는 의욕이 더 강해졌고 배우려는 의지도 늘어났다. 우리가 처음 그 애의 세계 안으로 다리를 건너간 것이 벌써 반세기는 된 것 같았다. 그리고 이제 우리는 우리 아들이 같은 다리를 건너서·우리 세계로 들어올 수 있도록 도우려는 것이다.

이와 같은 의도를 갖고 우리 선생들은 라운과 함께하는 작업에 더 많은 지도력을 발휘하고자 했다. 라운에게 전적인 지도력을 맡기는 대신, 그와 함께하려는 놀이의 어떤 부분은 우리가 주도했다. 우리는 몇 달 동안 해왔던 대로 이 작업에 그 애가 반응을 보이는지 살펴보았다.

"라운, 네 코를 만져봐. 지금 손뼉을 쳐봐. 잘했어! 눈은 어디 있지? 눈, 그래 눈이야! 오, 잘했어. 너는 해낸 거야! 그래! 머리를 흔들어봐. 자, 이렇게 흔들어봐. 그래, 바로 그거야. 넌 정말 잘하는구나."

라운은 기쁘게 따라했다. 때로는 혼란스러운 것처럼 보이기도 했지만 한번 시범을 보이면 아주 잘 따라했다. 우리는 라운이 더 많이 보고 참여할수록 더 많이 배우고 자랄 수 있다는 것을 알았다.

그 애는 사진을 가지고도 잘했다. 물어보는 사람들의 얼굴을 사진에서 지적할 수 있었다. 퍼즐에 싫증을 내면 우리는 그 애에게 더 많은 사랑을 쏟아 그 애가 다시 퍼즐에 관심을 갖게 했다. 때로 라운의 관심을 유도하기 위해 먹을 것을 사용했고 프로그램에 더 많은 신체놀이 (돌리거나 뛰어드는 놀이)를 끼워넣었다. 그 애는 점프하는 것을 좋아했고 누가 간지럼을 태우거나 공중으로 던져주는 것을 좋아했다. 우리는 아들의 웃음을 더 자주 볼 수 있게 되었다. 나날이 그 애는 사랑받고 즐기는 데 더 열린 마음을 보여주었다.

즐거움, 어떤 의미에서 그것이 바로 열쇠였다. 그 애는 자기 자신을, 그리고 게임과 사람과 접촉을 더 즐겼다. 더 자유롭게 애정과 호의를 표현했고 눈빛조차도 말하는 듯, 미묘한 감정을 전하는 듯 보였다. 공원에서 다른 아이들과 같이 있는 것에 대한 관심도 늘어났다. 누나들과 놀자고 조르는 일도 많아졌고 누나들에게 더 즐거워하며 응했다. 이렇게 더 많이 표현하게 된 것은 단지 라운이 한 행동의 일부분에 지나지 않았으나 그 비중이 매일 점점 더 커져갔다.

자기 자극적인 행동이 계속되었지만 그 범위는 제한되었다. 라운은 아직도 돌렸고 때로는 오랜 시간 동안 그런 행동을 했다. 그 애는 아직도 혼자서 떠다니는 것 같았고 스스로 밀폐된 세계에 갇혀 있었다. 식구들과 자주 접촉하지만 아직도 서너 시간 동안 혼자 먼 곳을 바라보거나 흔들거나 돌리면서 보냈다. 그 외의 아홉 시간 동안 우리는 지속적이고 풍부한 상호작용적 관계를 유지하고 있었다.

▶ 일지: 열다섯번째 주

▶ 관찰

1. 한번에 10~15분 정도 식구들과 접촉을 한다. 눈맞춤을 매우 잘하고 신체적 상호작용도 탁월한 방법으로 하고 있다.
2. 장난감을 밀고 당기는 것에 더 관심을 보인다.
3. 부르거나 요구하는 것에 빨리 반응한다. 단어에 더 예민해지고 수용적이다.

4. 당황하거나 두려워할 때 앞뒤가 맞지 않게 더듬거린다. 어떤 것을 쉽게 움직이지 못할 때 혼자 계속해 웅얼거린다.

5. 사진을 더 많이 가리킨다. 지금은 집 안에 걸린 그림이나 사진까지도 알고 있는 것 같다.

6. 아직도 지난주에 사용하기 시작했던 네 단어를 말한다. 새로운 말은 하지 않는다.

7. 혼자 매우 특별하고 반복되는 곡조로 계속 노래한다.

▶ 변화 없음

1. 아직도 돌리고 흔들고 손을 팔랑거린다.

2. 아직도 오랜 시간 혼자 있으려고 한다. 때로는 밖으로 나가서 명상하는 것처럼 한 곳에 앉아 있다. 그러나 우리가 부르면 반응한다.

▶ 기타

1. 음악에 대한 관심이 늘어났다. 녹음기에서 흘러나오는 음악소리뿐 아니라 사마리아와 함께 피아노 건반도 두드리고 소리내는 것을 좋아한다. 수업 중에 사용하는 드럼·탬버린·플루트에 많은 흥미를 보인다.

2. 우리가 크게 또는 작게 이야기하면 라운은 그 소리에 맞추어 반응한다. 또한 자주 입과 혀를 마음대로 다룰 수 없거나 그것을 어떻게 바르게 사용하는지 모르는 것처럼 따로따로 움직이거나 비정상적인 방법으로 움직인다.

자폐증에 관한 연구에서 병원 방문에 이르기까지 라운과 함께하는 프로그램 때문에 내가 좋아하는 승마 시간을 가질 수 없었다. 승마를 하고 싶어 나는 토요일 하루를 온전히 승마에 바치기로 했다. 나는 자연과 바람과 나의 애마 카릴과 같이 있고 싶었다.

아이러니하게도 나는 말과 아들에게 같은 시인의 이름을 지어주었다. 둘 다 독특한 특징을 가지고 있었다. 라운이 태어나기 1년 전에 나는 힘차고 멋진 모습의 네 살 된 아팔루사종 말을 구입했는데 그 말의 이름이 카릴이었다. 그의 조상은 피라미드 안에 있는 파라오 무덤의 벽화에 그려져 있을 만큼 지구상에서 가장 오래된 말 품종 중 하나로 알려져 있다. 북미 대륙에서 아팔루사는 그 계보가 네즈 퍼스 원주민들이 나타나기 전부터 있었던 것으로 추정된다. 말은 그 생김새, 달리는 모습, 감각적인 속도감 때문에 많은 동물 중에서 가장 사랑을 받아왔다.

나에게 있어 카릴은 그냥 말이 아니었다. 매우 크고 당당한 이 동물은 드물게도 '워치 아이(각막이 흐린 눈)'을 가지고 있었다. 왼쪽 눈은 보통 말처럼 깊은 갈색 눈이었다. 그러나 오른쪽 눈은 워치 아이였는데 인간의 눈을 복제한 듯한 흰색 바탕에 연푸른색 홍채가 있었다. 섬뜩하면서도 신비스러웠다. 아메리카 원주민들은 그런 눈을 가진 말은 신의 소유물이라고 생각했다. 현대 사회에서는 워치 아이를 겁 많고 예측할 수 없는 동물에서 자주 나타나는 결함으로 보고 있다. 어떤 훈련소에서는 혈통의 순수성과 우수성을 유지하기 위해 카릴처럼 결함이 있는 말은 없애기도 한다. 어쨌거나 다른 말과 구분되는 이 아름다운 표시가 내 눈에는 가치를 떨어뜨리는 것이 아니라 독특하고 특별한 것으로 보였다.

마구를 채우자마자 나는 카릴에게서 내가 상상했던 것보다 더 많은 것을 찾아냈다. 카릴에게는 생의 청춘이 누리는 거침없는 대담함과 자유를 가진 빛나는 정신과 성숙한 영혼이 자연과 일치되어 있었다. 이러한 말의 기질을 내 특별한 아이에게도 발견할 수 있다는 것은 얼마나 신기한 일인가? 이 윤곽이 뚜렷하고 균형 잡힌 동물처럼 라운도 역시 다른 이들이 문제가 많다고 판단하여 버리려 하는 심오한 아름다움을 가지고 있다.

내가 카릴을 샀을 때 카릴의 안장은 거의 부러져 있었다. 그의 유일한 재주는 무서운 속도로 달려가는 능력뿐이었다. 나는 숙달된 기수가 아니었으므로 카릴을 내 식대로 훈련시켰다. 나는 우리가 같이 배우기를 바랐다. 내가 말 훈련에 관해서 18권의 책을 읽은 후 우리는 천천히 어렵게 시작했다. 나를 도와준 마구간 주인과 그의 아내까지도 카릴은 통제하기 어렵다고 했다. 그러나 카릴이 그 이국적인 눈으로 나를 바라볼 때 나는 그의 아름다움과 감수성을 보았다. 어느날 내 특별한 아들이 나를 바라볼 때 다른 이들은 어렵고 다르다고 느꼈던 것과 달리 나는 카릴에게서 이미 배운 대로 그 아이의 아름다움과 감수성을 보게 될 것이다.

나는 안장에 올라탈 때마다 앞으로 달려나가려는 카릴을 저지시키느라 무진 애를 쓰곤 했다. 예측할 수 없는 돌발 행동 때문에 나는 자주 땅에 내동댕이쳐졌다. 한 번은 순식간에 내 몸이 말의 머리 위로 날아 말의 다리 앞으로 떨어졌는데 그 순간 말은 조심스레 공중으로 뛰어올라 나를 밟는 것을 피했다. 수수께끼 같지만 서로 아껴주는 관계가 우리 사이에 형성되어 있었던 것이다.

이 훈련기간 동안 우리는 걷기부터 뛰어오르기까지의 과정을 마쳤다. 처음에는 아주 작은 나무토막을 뛰어넘었지만 점점 더 큰 물체를 뛰어넘게 되었고, 마침내 우리는 오래된 빨간 폭스바겐 자동차까지도 뛰어넘을 수 있었다. 그러나 우리가 이 정도로 도약을 완전하게 성공시킬 때까지 카릴은 적어도 열네 번은 나를 땅에 떨어뜨렸다. 때로는 경고도 없이 갑자기 울타리 앞에서 나를 땅으로 내동댕이쳤고, 점프를 한 후 그 앞발이 땅을 차고 나가면서 갑자기 몸을 틀거나 할 때면 나는 균형을 잃고 떨어졌다.

1년이 지났고 우리는 아직 같이 있다. 기묘한 한 쌍이다. 우리는 둘 다 세련된 스타일보다는 모험심과 힘을 더 갖게 되었다. 우리는 한 몸처럼 움직이고 서로 존중하는 것을 배웠다. 아침 6시에 카릴과 나는 아침 이슬에 젖어 반짝이는 잔디를 밟으며 쏜살같이 오솔길을 달렸다. 카릴의 네 다리는 좀이 쑤시는 듯 땅을 박차기 시작하고 내 손은 그를 늦추려는 긴장을 느낀다.

아침 햇살에 이슬이 사라진 넓은 들로 나오면 카릴이 잘 달릴 수 있는 것을 알기 때문에 고삐를 쥔 손에 힘을 뺀다. 그러면 카릴은 키 큰 풀로 뒤덮인 들판을 나는 듯이 달린다. 우리 몸은 대지 위로 미끄러지듯이 함께 움직인다. 말이 정열적으로 속도를 내면서 초원을 달려갈 때 나는 그를 북돋아 준다. 그리고 우리는 점점 속도를 늦추면서 환상적인 소나무 숲을 따라 키 큰 풀밭을 통과해 느긋하게 걸어온다. 오후에 나는 오래된 저택의 집터에서 멈추어 샌드위치를 먹으면서 말에게 큰소리로 이야기한다. 그러면 카릴은 힝힝거리며 콧김을 뿜는 것으로 대답한다. 우리가 같이하는 모험은 이렇게 간단하지만 나는 우리 사이에 진실하고 깊은 애정을 느꼈다. 말에서 내려 걸어올 때 카릴은 나를 보면서 풀을 씹으며 가끔 머리로 내 등을 밀면서 따라왔다.

해가 나무 뒤로 사라지기 시작하면 우리는 마구간을 향해 간다. 카릴은 돌아오기 전에 좀더 자유롭기를 원하는 듯이 고삐를 당겼고 나는 그렇게 해주었다.

15분 동안 내 말은 오래전에 세워진 돌담을 넘어 좁은 오솔길을 지나 숲을 통과하며 나는 듯이 달려왔다. 그가 숨을 깊이 들이마실 때 몸에는 하얀 땀방울이 솟았다. 바람이 내 몸을 어루만져 주었고 내 팔과 다리는 살아있는 모든 것과 연결되어 있음을 느꼈다.

조금 후 나는 카릴을 마구간으로 천천히 걸어 들어가도록 했다. 그를 진정시키고 쉬게 하기 위해서, 그와 함께하기 위해서…. 카릴은 하루 종일 그의 온 힘을 내게 준 것이다. 단단한 대지 위를 밟는 말발굽 소리, 그의 헐떡거리는 숨소리와 바람소리가 해안에 철썩거리며 밀려오는 파도같이 완전한 조화를 이루었다. 말과 나, 원시적이고 순수한 우리의 관계는 숨김없이 자연 그대로였다. 처음에는 어렵고도 문제가 있는 것으로 보이던 것이 이제는 깊고 성숙한 존경과 애정으로 나타났다. 또다시 라운의 목소리가 들려온다.

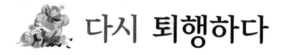# 다시 퇴행하다

우리의 작은 소년은 날이 가면서 더 많은 정보를 흡수할 수 있었으므로 우리는 새로운 게임과 상호작용 훈련으로 프로그램의 내용을 다양하게 했다. 프로그램의 동기적 측면이 라운의 발전에 단단한 기초를 마련했으므로 우리는 그 애와 함께하는 수업에 좀더 정교하고 교육적인 기능을 가르치는 것을 시도하기로 했다.

　내면의 동기가 유발된 라운은 앞으로 나가려 했다. 그 애는 모든 수업에서 접촉 부분을 먼저 시작했다. 아이가 위축되어 있거나 정신을 놓고 있을 때 우리는 자극제로 음식물을 이용해 관심을 유도했다. 그리고 많은 경우에 우리는 부차적 즐거움을 사용했다. 라운이 뜀틀에서 뛰기, 간지럼 타기, 교실 밖으로 소풍가기를 좋아한다는 것을 알기 때문에 우리는 그 애가 말·숫자·색을 배우는 데 참여하도록 이런 즐거움 가운데 한 가지를 제안했다. 그러면 그 애는 우리가 제시한 즐거움 가운데 어느 것을 택할지 결정한다. 대부분 즉시 참여했지만 가끔은 무관심한 채 있기도 했다.

외부 자극에 문을 닫고 자신을 격리시켜 평화롭고 명상적 상태가 되는 라운의 능력은 아직도 우리를 놀라게 했다. 또래 아이들이 훨씬 이전에 배웠을 것을 지금 배우고 있지만 그리고 대부분의 행동 기준에서 보면 완전하게 기능한다고 할 수는 없지만, 라운은 자신의 감각과 마음 상태에 있어 순간순간을 지배하는 엄청난 능력을 보였다. 그 애가 우리와 함께하면 아이에게서 뿜어나오는 기쁨과 에너지가 온 방을 활기차게 했다. 그러나 그 애가 움츠러들 때는 고요함이 아이를 둘러싸고 놀이방은 갑자기 고요한 성당이 된다. 사랑스러운 아들과 우리 사이의 애정어린 몸짓이 갑자기 한순간에 정지된 공간이 되는 것이다. 이때 침묵은 기도가 되었다. 경외심을 담은 기도가.

사마리아와 낸시는 새로운 장소에서 라운과 수업하기로 결정했다. 그들은 둘 다 지각능력을 발전시키고 즐거움이 가득한 신체 접촉을 늘리는 탁월한 도구로 물이 적당하다는 의견을 모았다. 그들의 결론은 욕조 안에서 수업하는 새로운 경험이었다.

낸시는 이 일을 위해서 매주 따로 시간을 냈다. 옷을 벗는 연습을 몇 번 한 후 라운은 쉽게 물이 가득찬 욕조에 적응했다. 라운과 낸시는 삶의 의미를 찾는 두 명의 탐험가가 되었다. 손가락으로 수면을 어루만지다가 물속으로 담그기도 하고 손에 물을 담아 서로에게 뿌리기도 했다. 낸시는 큰 주전자의 물을 폭포가 흘러내리는 것처럼 라운의 머리 위에 부었다. 아이는 깔깔거리면서 떨어지는 물을 혀로 받으려고 했다. 그리고 순식간에 물 뿌리는 기계가 되어 낸시와 벽과 커튼을 흠

뻑 적셨다. 몇 분 후 잠시 쉬고 나서 라운은 손가락으로 물 위에 원을 그렸다. 낸시와 라운은 욕조의 끝으로 퍼져나가는 잔물결을 바라보았다. 플라스틱 장난감들이 물위로 떠올랐다 가라앉았다 하면서 떠다녔다. 그들은 이를 즐기면서 물을 가지고 놀 새로운 방법을 찾으며 시간을 보냈다.

대부분의 아이들은 기저귀를 차다가 옷을 입고 신발을 신게 된다. 그래서 아이들은 자신의 몸을 알게 될 기회가 많지 않다. 그러나 라운은 이런 방법으로 자신의 신체를 탐색함으로써 분명하게 '나'라는 개념을 익힐 수 있었다. 비록 말로 표현하지는 않았지만 라운은 자기 몸을 더 잘 알게 되고 자신을 둘러싼 공간에 대해 확신을 가지고 탐구하는 것 같았다. 사실 라운은 새로운 장난감, 곧 자기 자신을 발견한 것이다. 때로 10~15분 정도 그 애는 자기 배 위로 손가락을 천천히 그리고 부드럽게 미끌어지듯이 움직였다. 호기심을 가지고 조심스럽게.

라운은 이미 썼던 말뿐 아니라 새로운 말도 배우기 시작했다. 우리는 아주 천천히 진도를 나갔다. 수많은 자극과 용기를 얻은 후에 그 애는 마침내 '엄마, 아빠, 뜨거워'라는 말을 할 수 있었고 이제 7개의 단어를 말할 수 있다. 이전에 배웠던 '병, 물, 위, 내려줘(또는 아래)'는 자주 그리고 정확히 행동에 맞게 사용했다.

오늘 아침에 라운은 침대에서 나와 침실 밖에 있는 피아노로 곧장 달려갔다. 사마리아가 라운과 낡은 피아노 의자에 앉아 있는 동안 그 애는 가끔씩 피아노 건반을 만졌다. 처음에는 흰 건반을 부드럽게 만지다가 힘이 폭발하는 것처럼 건반을 탕탕 내리쳤다. 그러더니 갑자기 멈추고 지금까지 무관심했던 검은 건반을 보았다. 그 애는 조심조심 검은 건반 하나를 만졌고 집게손가락으로 흰 건반들 위에 솟아 있는 검은 건반의 윗부분을 쓰다듬다가 건반의 옆면을 만지더니 마치 어떤 깨달음을 얻은 것처럼 웃었다.

사마리아도 역시 웃고 있는 자신을 발견했다. 그녀는 뒤로 물러앉아 아들이 피아노 건반을 계속 탐색하도록 했다. 그 애는 엄마가 거기에 있는 것을 안다는 표시를 했고 몇 개의 건반을 두드리고 머리를 까딱 까딱하면서 엄마의 눈을 바라보았다. 그녀가 머리를 끄덕이며 웃자 그 애도 따라 웃었다.

반 시간 정도가 지나고 라운이 피아노에 흥미를 잃은 듯했을 때 사마리아는 '세 마리의 눈먼 쥐'라는 노래의 처음 세 음을 피아노로 쳤다. 라운은 귀를 기울여 들었다. 그녀는 그 부분을 반복해서 쳤고 라운은 엄마를 바라보면서 조용히 앉아 있었다. 사마리아는 그녀의 손으로 라운의 손가락 하나를 잡고 방금 연주한 곡조를 쳤다. 그녀는 이 행동을 여러 번 반복했다. 그러나 라운은 계속 수동적 태도를 보였다. 사마리아가 혼자 그 곡조를 다시 치자 라운은 잠깐 주저한 후에 손가락을 조심스럽게 건반 위에 올려놓았다. 하나, 둘, 셋, 아이는 자기가 들은 대로 정확하게 해냈다. 그리고 다시 한번 그녀는 '세 마리의 눈먼 쥐'의 세 음을 그 애가 하는 대로 따라했다. 두 사람의 손가락이 건반 위를 움직였다. 엄마와 아들이 서로를 사랑하면서 같이 경험하고 따라하고 즐겼다. 그들은 그렇게 서로의 한 부분이 되어 공기 속을 떠다니는 바람과 같았다.

따뜻한 일요일 아침 우리는 담요·수건·수영복·공·삽·물통·연을 자동차에 싣고 바닷가로 향했다. 라운은 해변 모래 위를 걷고 기고 눕고 하면서 브린과 테아와 함께 모래성을 만들면서 재미있게 놀았다. 그는 걸어다니며 도시의 다리와 거리를 무너뜨렸다. 라운이 고질라처럼 행동하는 동안 딸들은 웃으면서 그것들을 다시 세우는 시합을 했다.

내가 라운의 신발을 벗기자 몇 분 동안 그 애의 걸음이 불안해 보였다. 맨발로 모래 위를 걷는 것은 라운에겐 새로운 경험이었다. 라운은 항상 그래왔던 것처럼 균형을 유지하고 넘어지지 않기 위해 발끝으로 걷기 시작했다. 그러나 그런 노력에도 그 애는 얼굴을 모래에 박으며 넘어졌다. 나는 그 애가 일어나는 것을 도와주고 맨발로 걷는 법을 가르쳐 주었다. 조금 연습한 후에 아이는 혼자 움직일 수 있었다. 우리는 멀리서 밀려오는 파도를 바라보면서 같이 걸었다. 나는 라운이 물속에 발을 담글 수 있도록 내 허리께로 들어올렸다. 찬물이 조금 닿자 그 애는 내 몸에 꼭 달라붙었다. 몇초 동안 발을 높이 올렸다가 이번에는 그 애 스스로 물속에 발을 담갔다. 라운은 이 장난을 거의 한 시간 동안 계속했다.

해가 지기 시작했다. 우리는 가족들을 담요로 불러모으며 석양을 바라보았다. 사마리아·브린·테아 그리고 나는 서로를 껴안았다. 나는 일어나 라운을 담요로 데려왔다. 그 애는 잠깐 동안 앉아 있다가 일어나 걸어 나갔고 가끔씩 우리에게 왔다가 또 혼자서 나다녔다. 자유와 공간을 탐구하기 위해서 왔다가 또 가고 하는 그의 움직임과 우리의 받아들임이 계속됐다.

그 다음 3일 동안 집 안에서 그 애는 지루해하는 것 같았다. 라운의 행동은 조금 더 어려진 것 같았다. 매일 조금씩 이루어졌던 성취가 잠시 멈춘 것 같았다.

우리는 프로그램 형식을 좀더 쉽게 하고 공부시간을 틀에 얽매이지 않고 자유롭게 하면서 다시 시작했다. 우리는 그 애가 신체 접촉을 하는 놀이에서 보였던 기쁨이나 즐거움을 별로 느끼지 못하는 것을 깨달았다. 그 애는 점점 더 혼자 있기를 원했다. 라운은 우리에게서 멀어지고 있는 것이다. 모두가 그 애의 움츠러듦에 민감해졌다. 뭔가가 변한 것이다. 가늘어진 불꽃, 동기의 결여, 새로운 나태함, 가장 중요한 것은 사람들, 곧 우리에게서 멀어져 간다는 확실한 움직임이었다.

사마리아·메이러·낸시와 나는 매일 밤 긴 회의를 계속했다. 우리는 생각을 나누면서 라운의 행동의 원인을 찾아보려고 고심했다. 때때로 새벽 2~3시에 사마리아와 나는 서로를 깨워 우리를 아들과 다시 연결시켜줄 수 있는 어떤 해결점을 찾아보려고 프로그램의 각 부분을 분석해 보았다. 우리는 라운의 행동에 함축된 어떤 메시지에도 민감하게 대응할 수 있도록 우리 자신을 준비했다.

라운의 감정 폭발이 점점 늘어갔다. 그 애는 집 안의 가구 위로 무엇이나 집어던지기 시작했다. 우리는 그런 행동들이 곧 사라지게 될 것이라고 생각하면서 그것을 허용하고 억제하지 않기로 했다. 라운은 의자 위에서 점점 더 과격하게 집어던지다가 상처를 입기도 했다. 우리는 처음으로 안된다는 말을 했다. 그 애가 무엇을 던질 때마다 우리는 단호하게 '안 돼'라고 말했다. 그러나 그 방법은 별로 도움이 되는 것 같지 않았으며 우리가 나무란 것은 오히려 상황을 악화시켰다. 라운은 자신의 그런 행동에 더 관심을 갖게 되었다. 내 생각에 라운은 그 상황을 조절해서 자기가 원하는 것을 얻으려 하는 것 같았다.

아이러니하게도 우리의 대응은 그 애의 행동을 강화시켰다. 우리는 교육적 도구로 징계를 거의 사용하지 않았는데, 징계를 사용할 때마다 오히려 그것은 거꾸로 발사되는 권총처럼 우리 얼굴을 때렸다. 우리는 여러 번 이것을 경험했다. 라운은 우리가 야단을 쳤기 때문에 그 애 방식대로 계속해 나갈 것이다. 우리는 그 애가 거의 분열증 같은 행동을 한 후에 웃는 것을 보았다. 그 애는 우리를 통제하기 위해 연속적 행동을 계획했고 우리는 그것에 말려들었다. 동료로서 동반자로서.

우리 자신과 가구와 라운을 위해서 우리는 그 애가 쉽사리 뒤집어 엎을 수 있는 작고 가벼운 가구들을 창고로 옮겨두었다. 이렇게 함으로써 우리는 두 가지 일을 해낸 것이다. 하나는 가구를 보호하는 것이고 다른 하나는 라운에게 '안 돼'라는 말을 더 이상 하지 않아도 되는 것이었다. 라운은 거의 1주일이나 없어진 물건들에 신경을 쓰는 것 같았다. 그 애는 환경이 바뀐 것을 좋아하지 않았다. 우리가 어떤 일이 일어났는지를 설명하려 했지만 그 애는 뒤집어엎을 책상과 의자를 찾는다기보다는 잃어버린 개를 찾으려는 작은 소년같이 거실의 빈 공간을 바라보았다.

라운은 수업을 할 때 점점 더 제멋대로 되고 협조하려 하지 않았다. 몇 주 전에 했던 행동을 이제는 전혀 하려 들지 않았다. 우리는 프로그램 진행을 더 천천히 했다. 우리는 실마리를 찾기 위해 라운을 지켜보면서 조직적이지 않은 놀이시간을 늘렸다.

▶ 일지: 열여섯번째 주

▶ 관찰

1. 라운이 움츠러들고 협조하지 않으며 제멋대로이고 가구를 민다.
2. 물, 병, 내려 줘, 뜨거워, 밖에, 엄마 같은 몇 마디의 말을 사용한다. 그러나 말을 하라고 하면 하지 않는다.
3. 아직 음악에는 관심이 있어 혼자 흥얼거린다. 하라고 하지 않아도 음악

에 맞추어 몸을 흔든다. 사마리아와 함께 10분 정도 앉아 베토벤의 피아노 협주곡 제5번 황제를 듣는다.

4. 우리가 하지 말라는 행동을 할 때는 웃는다.

5. 낸시와 라운이 욕조에서 하는 수업은 계속 잘 되어간다.

6. 사진과 설명을 쉽게 연결시킨다. 우리가 물어보는 사람과 사물을 지적한다.

▶ 변화 없음

1. 돌리는 것과 흔드는 것을 계속한다.

2. 아직도 혼자 떨어져 자신을 격려한다.

라운의 기분은 점점 더 변덕스러워졌다. 그 애의 행동은 자주 제멋대로가 되었다. 이런 현상이 몇 주일 동안 계속되었다. 계획했던 정규 수업에 반도 못미치게 하루에 서너 시간 정도 했다. 우리는 나머지 시간을 라운과 보냈다. 라운이 상호작용을 주도하고 행동을 계획하며 이끄는 동안 우리는 1대 1로 라운과 자유놀이를 하며 지냈다.

우리가 프로그램을 편안하게 할수록 라운의 기분도 풀렸다. 그 애는 다시 반응하기 시작했다. 내 생각에는 라운이 제멋대로 행동하고 변덕을 부린 것은 자신의 마음을 우리에게 보여주는 그 애 나름의 방법인 것 같았다. 그 애는 자신이 잠깐 쉴 수 있도록 스케줄을 좀 완화시켜 달라고 자신의 바람을 전한 것이다. 우리가 그런 표현들을 더 많이 들어주자 그 애는 우리에게 더 많이 반응했다.

라운의 변화는 우리를 흥분시켰다. 그러나 그 애는 단축 수업시간에서조차도 상호작용적 행동을 다시 거부하기 시작했다. 우리가 알지 못하는 어둠이 다시 우리를 덮쳤다. 완전한 퇴행이다. 우리 아들은 보고 듣는 자극에 별로 반응하지 않는 것만큼 소외되고 멀리 있는 것 같았다. 그 애가 우리에게서 떨어져 나가는데 막을 길이 없는 것처럼 느껴졌다.

침을 흘리는 것도 심해졌다. 라운은 자신의 혀를 통제할 수 없는 것 같았다. 그 애의 눈은 허공을 바라보고 얼어붙은 듯 표정이 없었다. 몸이 아픈 것일까? 그 애의 이런 행동이 유행성 독감이나 감기의 신호인가? 병원에 데려가자 목이 조금 부은 것 외에는 건강하다고 했다. 그러나 아마 목이 '조금' 아픈 것이 그 애의 마음에 무거운 짐이 되었는지도 모른다. 우리는 그 애가 이전에 조금이라도 아플 때마다 상태가 달라지거나 확실한 퇴행 상태가 되었던 것을 생각해 냈다.

지금 라운은 퍼즐을 제자리에 맞추기 전에 잠시 깊은 명상을 하는 것처럼 그것을 들고 바라보았다. 동작과 동작 사이가 지연되는 것은 몇 달 전보다 두 배나 더했다. 또 우리가 말로 요구하는 것과 그 애가 반응을 보이는 것 사이의 꾸물거리는 시간도 늘어났다. 사람들과 관계를 맺는 것이 다시 어려워 보였다. 그러나 그 애가 하고자 하는 생각이 있을 때는 빠르게 행동했다. 사마리아와 나는 라운이 스스로 이 과정을 정지시키고 뒤로 물러나 기어를 중립에 놓고 시간을 벌려는 생각이라고 짐작했다.

아이는 자신의 여정을 다시 고려해보면서 앞으로 나아가는 데 필요한 엄청난 노력을 계속할 것인지를 결정하려는 것 같았다.

어떤 면에서는 22개월 된 이 아이가 전혀 바보스러워 보이지 않고 오히려 생각이 많은 아이처럼 보였다. 우리는 라운에게 스스로 할 만한 모든 질문을 거의 다 해보았지만 여전히 아무 반응이 없었다. 심지어는 일단 말을 사용하지 않으면 우는 것조차 그 강도와 빈도가 더 이상 올라가지 않았다. 그 애는 더 이상 웃지도 않았다. 표정은 정지된 것 같았다. 몸은 기계적이 되고 동작은 굳어졌다. 전에 그 애의 눈에서 보았던 빛도 희미해졌다.

혼란스럽고 무력해짐을 느끼면서 라운을 보고 있는 동안 그 애는 손을 눈앞에 대고 흔들기 시작했다. 그리고 거의 5개월 전 같은 기괴한 소리를 내면서 마루 위에서 몸을 앞뒤로 흔들었다. 나는 라운 앞에 앉아서 그 애와 똑같이 행동했다. 나는 가끔씩 라운에게 말을 할 때를 제외하고는 그 애의 소리를 따라하려고 했다.

"라운, 아빠가 여기 있어. 엄마 아빠는 너를 사랑한단다. 듣고 있니?" 그러나 대답이 없었다. 내 소리를 들었다는 표시도 하지 않았다. "라운, 나도 지금 너처럼 하고 있는 거야." 그 애는 나를 멍하니 바라보았다. "귀여운 우리 아가야, 나도 끼워줄래? 어떻게 하는지 알려줄래? 너를 사랑한단다, 라운." 나는 갈 곳도 없고 할 일도 없고 그저 내 아들과 그곳에 함께 있을 뿐이었다. "그래, 이제부터 아빠도 너와 똑같이 할 거야." 나는 말을 그만 하고 그 애의 소리를 따라했다. 아주 잠깐 동안 그 애가 머리를 가볍게 끄덕이는 것으로 나는 그 애가 나를 인정했다고 생각했다. 정말 그랬을까, 아니면 내가 바라는 대로 환상을 본 것일까? 라운은 극적으로 변화했다. 롤러코스터와 같은 우리 생활은 이제 또 다른 놀라운 전기를 맞은 것이다.

▶ 관찰

1. 흔들거나 손가락을 팔랑거리거나 원으로 돌면서 자기 자극적인 행동을 다시 많이 한다.
2. 때때로 말로 요구하는 것에 반응하지만 의미있는 말은 거의 쓰지 않는다.
3. 신체 접촉이나 귀엽다고 쓰다듬는 것을 싫어한다.
4. 입술을 빨고 침을 흘리면서 혀를 앞뒤로 돌리고 입에 무엇을 넣는다.
5. 혼자서 자주 2층에 가려 한다.
6. 가족들과 교류하는 것을 싫어하고 혼자 장난감을 가지고 논다.

▶ 변화 없음

1. 고정적으로 돌리는 물건들이 엄청나게 늘어났다.
2. 누가 만지려 하면 뒤로 물러난다.

우리 모두는 급변한 상황에 적응하려 했다. 우리는 라운이 받아들일 수 있는 방식으로 만나려고 애쓰면서 우리의 반응을 수정했다. 집 안에 긴장이 감돌았다. 라운의 기분은 매일 바뀌었고 행동은 예측할 수가 없었다. 마치 라운은 우리를 시험하는 것처럼 잘하다가도 어떤 때는 전혀 협조하지 않았지만, 우리는 그 애가 이상한 짓을 하거나 움츠러드는 것을 허용하면서 그 애의 공간을 인정했다.

마치 암세포가 퍼져 그 애와 우리가 이룩한 모든 것을 소멸시키듯이 라운의 은둔자 같은 행동은 점점 심각해져 갔다. '행동들'이 더 강렬하게 다시 나타났다. 라운은 더 많이 흔들고 돌리고 허공을 쳐다보았으며 신체적 접촉을 피하고 누가 만지면 밀어냈다. 그리고 거의 매시간 동안 계속 울었다. 그래서 그 애와 함께했던 게임이나 그 밖의 다른 것들도 그만두어야 했다. 롤러코스터는 또 다른 급회전 길로 들어선 것이다.

토요일 아침이었다. 사마리아는 라운이 계속 혼자 있으려 하고 심각한 태도를 취하는 것을 알면서도 라운을 침대에서 들어올렸다. 아내는 라운을 부엌에 데려다 놓고 딸들을 부르러 갔다. 그때 나는 욕실에서 깡통 뚜껑이 부엌바닥을 가로질러서 '획'하고 굴러가는 소리를 들었다. 라운이 돌리고 있었던 것이다. 계속 들려오는 그 소리는 내 귀를 꿰뚫는 것 같았다. 나는 기다리면서 면도를 하다가 마침내 그 소리를 중지시키기로 했다. 그러면서 내가 라운과 같이할 것인지, 다른 것으로 그 애의 관심을 돌리게 할 것인지를 생각해 보았다. 라운이 혼자 있는 것 같아 나는 다른 식구들이 어디에 있는지 궁금해졌다.

부엌에 들어갔을 때 아내는 바닥에 앉아 있는 작은 소년을 눈물 젖은 눈으로 바라보면서 움직이지 않고 서 있었다. 브린과 테아도 불안한 공기를 느끼면서 식탁 의자에 앉아 눈길을 주며 조용히 앉아 있었다. 라운은 몹시 부산스럽고 열중해 있었다. 깡통 뚜껑을 돌아가게 하면서 던질 때마다 발끝으로 서서 돌아가는 물건 위로 몸을 구부리고 손을 이상하게 실룩거리며 불규칙한 동작으로 구부렸다. 우리는 무력감을 느낄 수밖에 없었다. 전보다 훨씬 심각하게 자폐적이고 무능력한 것처럼 보였다. 시계는 단순히 시작으로 돌아간 것이 아니었다. 더 깊고 더 당혹스런 어떤 것이 주춤거리는 우리 눈앞에 나타났다.

나는 아들 옆에 앉아서 조용히 그 애의 이름을 불렀다. 대답이 없었다. 이름을 더 크게 불렀다. 그러나 역시 대답이 없었다. 듣지 못하는 것인가? 그럴 리는 없다. 나는 책을 한 권 집어 그 애 머리에서 12센티미터 정도 떨어진 곳에서 내 손바닥에 찰싹 내리쳤다. 그러나 그 애는 눈도 깜빡하지 않았다. 소리를 듣지 못한 것처럼 전혀 움직임이 없었다.

그 애가 돌리기를 계속할 때 나는 라운의 눈앞에서 내 손을 흔들었지만 그 애는 눈도 깜빡거리지 않았다. 나는 거의 그 애의 얼굴을 때리는 것처럼 내 손가락을 꺾어 소리를 냈다. 반응이 없었다. 오직 돌아가는 물건에만 관심이 있을 뿐이었다.

나는 허탈감을 느끼면서 자리에서 일어났다. 아들의 몸은 우리와 함께 있지만 우리에게서 완전히 떠나버린 것이다. 사마리아의 시선을 피하면서 나는 우리 모두 아침을 먹자고 말했다.

사마리아가 라운을 데려오려 하자 그 애는 몸을 뻣뻣이 하고 엄마를 손으로 밀어내며 저항했다. 아내는 혼자 식탁으로 돌아왔다. 우리는 라운이 식탁에서 조금 떨어진 곳에서 기묘하고도 복잡한 무언극을 하는 동안 말없이 식사를 했다. 그러면서 라운에게 계속 음식을 주려 했지만 그 애는 우리를 무시하고 금속 뚜껑을 계속 돌렸다.

무엇을 해야 할까? 처음으로 돌아가자. 사랑으로 부드럽게, 라운과 함께 앉아서 그 애를 따라 해보자. 아들과 그의 행동을 인정하자.

그것이 쉬울 것 같았다. 우리는 이미 여러 번 그렇게 해왔으니까. 처음 하는 것처럼 그렇게 하자. 그러나 그것이 아니었다. 우리는 먼저 우리의 감정과 생각을 검토하고 평가해야만 했다. 라운에 대한 우리 사랑과 좋은 감정이 그 애가 발전하고 성취하는 데 기여했는지, 우리는 아들이 항상 발전해 가고 옛날의 자폐적 상태로 결코 다시 돌아가지 않을 것이라고 기대했는지…. 그리고 우리는 이날이 그 종지부를 찍는 날이라고 생각하는가? 그 모든 것이 허사란 말인가? 저 보이지 않고 꿰뚫을 수 없는 벽 뒤로 우리 아들이 사라진 것인가? 비록 사마리아와 나 어느 누구도 라운에 대해 기대하지 않았지만 우리 안에 어떤 불안감이 있다면 그 애와 함께하는 수업을 축소해야 한다. 우리는 모든 질문과 문제점을 검토해 나가면서 우리 중에 어느 한 사람이라도 그애가 심각하게 움츠러드는 것을 나쁜 것으로 보는 한 전체 프로그램의 기본자세를 조정하고 양보해야 함을 깨달았다.

우리는 많은 사람들이 우리 아들과 우리 가족의 상태를 심각하고 비극적인 것으로 본다는 것을 안다. 우리는 그런 종류의 생각들이 '저기 밖에' 존재하는 것이 아닌 우리 안에 우리가 가지고 있는 생각이나 신념을 반영한다는 사실을 안다. 우리는 사람과 사건을 우리가 선택하는 대로 분류한다. 사실 우리 대부분은 단순하고도 강제적인 질문에 대답하려고 노력한다. 이것이 나에게 좋은 일인가, 나쁜 일인가라는 질문에…. 라운이 움츠러드는 것을 우리는 우리 자신과 라운에게 나쁜 것으로 보기 시작했는가?

나는 우리 아들이 무슨 일을 하더라도 우리 안에 행복과 평화와 사랑을 가득 채워야 하며 그래서 그 애를 향해 수용과 사랑의 손을 내밀 수 있을 것이라고 믿었다. 우리는 그전보다 더 많이 그런 자세와 정신을 굳건히 하고 그것을 우리 안에 뿌리내려 생활에 확실하게 반영해야 했다. 판단하지 않겠다는 생각과 재결단은 우리에게 새로운 활력을 불어넣었다. 그러나 여전히 라운에게는 변화가 없었다. 라운의 성격은 위축되고 행동은 더 불규칙해졌지만 우리는 우리 자신을 가능한 그 애가 접근하기 쉽고 이해하기 쉽게 만들면서 그 애를 사랑하고 함께 움직이는 자세를 계속했다.

우리는 확실하게 아는 것이 아무것도 없었다. 단지 아들을 사랑하고

다시 트행하다

229

함께 있는 것뿐이다. 라운은 마치 현재 상태에 머물 것인가, 아니면 옛날의 행동으로 돌아갈 것인가, 아니면 잘 모를뿐더러 심지어 어렵기까지 한 세상 속으로 밀고 나갈 것인가를 결정하려고 자기 자신과 이상하고 우울한 대화를 하고 있는 것처럼 보였다.

모든 것을 조정하자. 모두 옛날로 돌아가자. 우리는 먼저 낸시와 메이러에게 전화했다. 그들은 긴장하고 혼란스러워했지만 받아들였다. 그들은 둘 다 라운에게 가장 좋은 것을 해주기 원했다. 메이러는 라운이 심각하게 움츠러든 후 첫 번째 오후를 맞았다. 사마리아는 친구와 함께 거실에 앉아 있다가 메이러가 서재로 가는 문 앞에 서 있는 것을 보았다. 사마리아는 그녀에게 잘되어 가느냐고 물었다. 메이러는 머리를 끄덕였다. 긍정적이다. 몇 분 후에 사마리아는 메이러가 아까와 똑같은 곳에 서있는 것을 보았다. 그러나 지금 그녀는 손으로 눈을 가리고 있었다. 사마리아가 곧 그녀에게로 갔다. 그녀는 메이러의 얼굴에 흐르는 눈물을 보았다.

"무슨 일이에요, 메이러, 뭐가 잘못되었나요?"

"나는 참을 수가 없어요. 나는 그 애를 사랑하는데, 이 모든 노력과 성과 후에 저런 라운을 보는 게 죽을 것처럼 괴로워요."

사마리아는 그녀가 울음을 그칠 때까지 안아주었다.

"자, 메이러, 우리 앉아서 얘기 좀 해요, 라운에 대해서."

메이러는 라운의 '퇴보'(그녀는 그렇게 불렀다)가 무섭고도 돌이킬 수 없는 것이라고 생각했다. 그녀는 그 애가 여러 면에서 좀더 나아지기를 기대했다. 라운을 사랑하므로 그 애를 건강하게 그리고 모든 일에 몰두하게 하는 데 자기가 꼭 필요하다고 생각했다. 그녀는 자신이 만든 함정에 빠진 것을 알았다. 그녀는 자신의 불행을 알아차린 것이다. 그녀는 라운을 잃을 수 없다고 했다. 그녀는 라운이 움츠러드는 것, 자폐 상태로 이따금 미끄러져 들어가는 것을 인정하고 좋게 보여주려 했다. 그녀는 라운이 성공하길 바란다면 우리가 라운을 특별한 목표로 이끌고 어떤 실망도 기꺼이 받아들이도록 우리 자신을 격려해야 한다고 생각했다. 물론 우리 모두 여기에 동의한다.

사마리아는 라운과 함께하는 데 있어서 어떤 판단이나 기대도 하지 말아야 한다는 원칙에 대해서 메이러에게 이야기했다. 그들은 '사랑한다는 것은 함께 있음을 기뻐하는 것이다'에 대해서 함께 이야기했다. 라운을 사랑하는 것은 지금 바로 오늘, 그 애와 있는 그대로 함께함으로써 행복하다는 의미다. 그렇다. 아마도 우리는 그 애가 앞으로 어떻게 될 것인지에 대해서 꿈이나 희망을 가졌는지도 모른다. 그러나 그것은 미래의 일이다. 우리가 가진 모든 것은 바로 오늘일 뿐이다. 그리고 오늘은 라운을 사랑하고 그 애와 함께 있는 것을 행복해하고 그 애의 인생을 축하해주는 날이다. 그녀는 메이러에게 그 전날과 새로 시작되는 날들은 그저 지나가게 하라고 말해주었다. 편견이나 슬픔이나 상실감 없이. 우리는 아직도 라운과 같이 있다. 우리는 함께 있고 우리의 꿈이 있다. 그리고 우리는 별에 가까이 다가가려는 열정을 가지고 있다.

어떤 약속도 없었다. 그저 오늘일 따름이다. 메이러는 사마리아의 눈을 보며 웃었다. 라운에게 헌신하려는 강한 의지가 메이러의 비전을 흐리게 했다. 그녀는 자유롭게 사랑하는 법을 배우고 있었다. 메이러는 라운의 이름을 부르면서 아주 특별한 자신의 학생에게 돌아갔다.

우리는 낸시와도 비슷한 주제로 이야기했고 브린과 테아와도 이야기를 나눴다. 나는 라운의 행동 변화 때문에 그들이 느끼는 두려움·질문·관심·실망 등을 들어주면서 프로그램에 관여하는 모든 사람과 계속 대화를 나누었다. 우리 각자가 라운에게로 되돌아가는 길이 있겠지만 나는 그 길이 가능한 한 분명하고 확실한 길이기를 바랐다. 우리는 더 멀리 뻗어나가야 했다. 그것은 곧 참호로 되돌아가 다시 전투할 수 있도록 각자 자신의 위치로 돌아간다는 의미였다. 다시 그리고 또 다시…. 결과를 예측할 길이 없다. 단지 소망과 행동이 있을 따름이다. 라운과 함께 있자. 그 애를 사랑하자. 그 애가 어디에 있건 그 애와 행복해하자. 우리 자신에게 행복해하자.

프로그램은 처음 단계로 다시 돌아갔다. 우리는 라운이 다시 동기를 갖고 자신이 원하는 것을 표현해주기 바라면서 우리의 사랑을 보여주려 애썼다. 매일 아침과 오후가 지난여름의 재연 같았다.

1주일이 넘게 우리는 라운의 자기 자극적 행동을 지켜보았다. 접시 돌리는 소리가 집 안에서 끊임없이 들렸다. 브린과 테아도 라운과 함께 돌렸다. 낸시와 메이러도 열심히 그들의 얼굴 앞에서 손가락을 돌리면서 학생을 흉내냈다. 사마리아는 아들과 다시 한번 욕실 바닥에 앉아 아이를 따라 천장 불빛을 바라보았다. 내가 라운의 옆에서 몸으로 원을 그리며 그 애의 회전하는 세계에 들어가자 인생과 사랑의 의미가 별로 중요하지 않은 것 같은 편안한 해방감을 느꼈다. 그 순간에 나는 돌리고 흔드는 것보다 더 의미있는 것은 생각할 수 없었다.

라운이 움츠러든 지 9일째 되는 이른 아침에 사마리아는 라운을 아침 식탁에 데려오려고 침대로 갔다. 그녀가 방에 들어갔을 때 라운은 콧노래를 부르고 있다가 엄마가 다가가자 엄마의 눈을 똑바로 쳐다보았다. 거의 1주일 이상이나 눈을 맞추지 않았기 때문에 그녀는 놀랍고 기뻤다. 손으로 아들의 뺨을 어루만져도 밀어내지 않았다. 그녀는 아들의 손에 뽀뽀를 했다. 그러자 그 애는 엄마의 코를 잡았다. 라운이 깔깔거리고 누워 있는 동안 사마리아는 웃으면서 간지럼을 태웠다. 갑자기 사마리아의 웃음이 큰 흐느낌으로 변했다.

나는 서재에서 그 소리를 듣고 놀라 층계를 뛰어올라가는 동안 아내가 우는 이유를 악몽처럼 머릿속으로 그리며 나 자신과 싸우고 있었다. 내가 방에 들어가자 사마리아가 라운을 안고 방을 왔다갔다하는 것이 보였다. 그녀는 아들의 머리를 만지고 등을 토닥거려 주었다. 아이는 놀란 얼굴을 하고 있다가 내가 바라보자 엄마의 슬픈 얼굴을 흉내내기 시작했다. 나는 무슨 일이 일어났는지 직감적으로 알아차렸다. 라운이 다시 우리에게로 돌아온 것이다. 우리의 작은 소년이 어스름의 땅에서 다시 되돌아온 것이다.

우리는 라운을 우리 침실로 데리고 갔다. 그 애는 기분이 아주 좋아 보였다. 내가 침대 위에 앉자 그 애는 다가와 내 손을 찾았다. 라운에게 웃음을 보내며 나는 그 애를 들어 공중에 던져올렸다. 라운은 웃기 시작했고 '더, 더'라고 말했다.

1주일 만에 그 애가 한 첫말은 음악과 같았다. 믿을 수 없었다! 정말 불가사의한 일이다! 라운이 이겨낸 것이다. 오늘 그 애는 전보다 더 열심히 우리와 함께하기를 바라면서 세상을 다시 창조한 것이다. 그 애는 우리가 간지럼을 태우고 안아주어도 가만히 있었다. 라운은 내 손을 잡고 침대에서 높이 뛰었다. 그리고 내가 코를 만지자 그 애는 '코'라고 말했다. 사마리아가 그녀의 머리카락을 만지면서 묻자 '머리카락'이라고 말했다. 그리고 개들 중에 한 마리가 방으로 들어오자 라운은 '사샤'하고 불렀다.

라운은 전에 이런 말을 해본 적이 없다. 그렇다. 그 애는 그 말들을 자주 들었던 것이다. 부엌에서 라운은 '워'가 아닌 '워터'라고 명확하게 말하면서 물을 달라고 했다. 그리고 물을 다 마시고 나서 그 애는 '더'라고 확실하게 말했다.

그 애의 행동은 우리를 깜짝 놀라게 했다. 우리는 라운이 요구사항을 말할 때마다 빨리 움직일 수가 없었다. 그 애는 난로 위에서 끓고 있는 차 주전자를 가리키면서 새로운 단어를 강조하듯이 '뜨거워'라고 말했다. 마치 그 애는 자신이 아는 모든 것의 이름을 부르고 말하는 것을 더 이상 참을 수 없는 것 같았다. 지난 몇 달 동안 그 애가 사용한 단어는 5개가 넘지 않았다. 라운은 지금 지난 5개월 동안에 우리가 그 애에게 조심스럽게 그리고 반복해서 해왔던 모든 말을 쓰기 시작한 것이다. 이번 주말에 사마리아와 나는 그 애가 한 말을 모두 기록했다. 그 목록은 볼 만했다. 이 한 주에 단순한 7개의 단어에서 75개로 믿을 수 없게 늘어났다.

그날 아침 늦게 라운은 엄마의 손을 잡고 '이리 와'라고 말했다. 라운은 엄마를 어디로 데려가려는 것일까? 라운은 수업을 시작하기 위해, 자신이 원하는 것을 알리기 위해 자신이 공부하던 서재로 엄마를 데려갔다. 라운은 벽장으로 가서 퍼즐을 달라고 했고 사마리아는 곧 들어주었다. 그녀가 한 개만 꺼내자 라운은 모든 퍼즐을 전부 달라고 했다. 그녀는 벽장 안에 있는 것을 모두 바닥에 꺼내놓았다. 그 애는 엄마 앞에 앉아서 퍼즐맞추기의 시작을 기다렸다. 사마리아가 퍼즐을 나누려 하자 그 애는 소 모양의 퍼즐을 집어 들고 익숙한 모습으로 재빨리 '음머'라고 했다.

라운은 자신의 메시지를 크고 분명하게 우리에게 전했다. 그 애는 다시 배우고 말하고 같이 행동하기를 원했다. 그 애의 열망과 분명한 열정은 여러 면에서 더 강하게 자라났다. 그 애는 새로운 힘을 보여주었다. 자신의 바람에 대한 새롭고 명백한 라운의 표현, 그리고 사람들과 관계를 맺는 것에 대한 새로운 관심이 도발적으로 표면에 떠올랐다.

매일 새로 태어나다

▶ 일지: 스무번째 주 / 일정대로 다시 이루어지다
▶ 특징
이번 주는 롤러코스터를 타는 것 같았다. 우선 라운은 관계를 맺는 데는 협조를 잘했지만 그러다가도 따로 떨어져 있는 것처럼 보였고 예측을 할 수가 없었다. 화도 자주 내고 괴로워하는 것 같았다. 기분이나 행동의 변화가 아주 심했다.
▶ 관찰
1. 말을 사용하려는 시도를 많이 한다. 2. 공부하는 것을 정말 즐기는 것 같다. 공부를 시작할 수 있게 교실로 가려고 한다. 3. 낯선 이들을 교실로 데리고 가서 퍼즐이나 게임을 보여주기 시작했다. 그 애는 새로운 사람들의 도움을 받아 퍼즐을 같이 해보려고 한다.

4. 말을 효과적으로 사용한다. 원하는 것을 표현하기 위해서 명확하게 말을 사용한다. 라운은 원하는 것을 말하거나 어떤 물건의 이름을 말한다. 많이 쓰는 단어는 다음과 같다. 머리카락, 코, 귀, 눈, 이, 목, 팔, 손, 손가락, 구두, 다리, 머리, 고추, 와라, 네, 밖에, 아니야, 더, 꽃, 물, 병, 불, 뜨거워, 위, 아래, 의자, 하지 마, 베개, 음악, 깔개, 공, 까마귀, 개, 오리, 돼지, 양, 염소, 소, 암탉, 말, 소년, 펭귄, 사슴, 고양이, 토끼, 당나귀, 벽장, 자동차, 아기, 인형, 북, 책, 물고기, 시계, 아빠, 엄마, 테아, 브린, 메이러, 사샤, 낸시, 손뼉을 치다, 피아노, 문, 배, 예쁘다, 주스, 바니, 그만, 바나나, 가라, 이층 등.

5. 이해하는 단어가 훨씬 많아졌다. 그리고 복잡한 요구도 듣고 행동한다. 예를 들어 '라운, 막대기를 집어 내게 줘' 하는 것 등이다.

6. 가족들과의 놀이를 먼저 시도한다.

7. 밖에 나가서 걷는 것에 흥미를 보인다.

8. 자동차 번호판과 글자들을 아주 좋아한다.

9. 이번 주에 혼자 숟가락으로 먹기 시작했다.

10. 아직도 최면에 걸린 것처럼 음악에 도취된다.

11. 아주 즐겁게 혼자서 퍼즐을 가지고 논다.

12. 목마 타려고 내 등에 뛰어오르기 위해서 의자에 올라간다.

13. 노래하며 둥글게 돌다가 신호에 따라 얼른 앉는 놀이를 한다.

▶ 기타

아직도 침을 많이 흘리고 혀를 입밖으로 내놓는다. 혀를 넣으라고 하면 잘 듣는다.

무슨 일이 일어났는가? 그 애가 움츠러들었다가 다시 돌아온 것은 무엇을 의미하는가? 그 애가 자신의 자폐적 세계로 들어갔고, 어쩌면 그 세계를 새롭게 전개되는 자신의 감정이나 경험과 비교를 해본 것인가? 라운은 격리되고 자폐적인 세계와, 우리가 보여주려는 사랑하고 기운을 돋우며 상호작용하는 세계 사이에서 선택할 힘이 자기 안에 있다는 것을 깨달았을까? 지난 6개월이 우리 모두에게 아무리 어렵고 혼란스러웠을 지라도 그 시간은 신나고 풍요로운 경험으로 가득차 있었다. 라운은 우리 인생의 풍족함을 발견하고 활동적으로 참여했다. 그 애는 한때 그를 가두고 있었던 보이지 않는 벽을 부수고 나와 참가자가 되기 위해 자신의 인식을 추려내고 소화시키는 법을 배웠다.

▶ 일지: 스물한번째 주 / 같은 일정

▶ 특징

라운은 기복이 있지만 여전히 잘하고 있다. 22개월 된 라운은 새로운 장난기를 보이고 우리를 시험하고 누나들과 다른 선생님들에게 도전한다. 사회적 상호작용을 많이 원하고는 있지만 아직도 통제받기를 원한다. 선생님들은 라운이 참여하는 것이 얼마나 효과적이고 신나고 또 쓸모있는 것인지를 그 애에게 보여준다. 따라하는 행동이 다시 비중있게 시작되었다. 라운은 손뼉치는 것이나 머리를 흔드는 것을 우리가 따라할 때 생기가 나고 즐거워했다. 우리가 비슷한 동작을 시작하려 해도 그 애는 구체적이고 직접적인 요구만 받아들여 따라할 뿐이었다.

▶ 관찰

1. 같은 행동을 계속하려는 경향이 생겼다.
2. 번호판 같은 데 새겨진 글자에 관심을 보이므로 우리는 블록에 글자를 새기거나 칠판에 자석글자를 쓰는 식으로 글자를 알려주었고 그 애의 이름 네 글자(Raun)를 가르치기 시작했다.
3. 우리가 라운에게 누가 물이나 주스를 원하느냐고 물으면 그 애는 '나'라

고 대답하면서 자기 가슴을 손으로 탁 치기도 한다.

4. 딱딱한 것과 부드러운 것을 구분한다.

5. 우리를 방으로 데려가서 수업을 능동적으로 시작한다.

6. 새로운 말을 아주 쉽게 배우고 정보를 받아들인다.

7. 옷을 벗는 일 등 스스로 하는 법을 가르치기 시작했다.

8. 우리가 키우는 개들과도 재미있게 놀 줄 안다.

9. 브린과 테아와 과격한 놀이도 한다. 테아와는 훌륭한 놀이 친구다.

오늘 우리는 우리 아들이 태어난 지 22개월째 되는 날을 축하했다. 우리는 먼저 예약했던 대로 이전에 방문했던 병원 가운데 한 곳으로 뇌파검사를 받기 위해 라운을 데리고 갔다. 우리는 병원의 특별구역으로 안내되었고 그곳에서 라운의 검사에 각자 다른 역할을 맡게 될 다섯 사람을 만났다. 그들 중 두 명이 실제적으로 검사를 주관했다. 다른 사람들은 검사 과정에서 지원하는 일을 맡았다. 검사가 시작되기 전에 나는 어디서 어떻게 진행되는지 자세히 보고 싶다고 말했다. 우리는 라운의 안정감이나 사람들을 믿는 마음이 사라지지 않기를 바라면서 조심스럽게 기다렸다.

기술자가 나를 컴퓨터 자료실로 데리고 갔다. 한쪽 벽을 거의 가득 채운 두 가지 모니터가 우리에게 라운의 검사 과정을 보여주었다. 임상의들은 우리 아들이 완전히 깨어 있는 상태에서 검사를 하려 했다. 그리고 만약에 라운이 너무 어려 검사할 때 꼼지락거리거나 너무 많이 움직이게 되면 아주 약하게 그 애를 마취시키려고 했다. 라운을 눕히고 의사들이 그 애의 머리에 22개의 전극 테이프를 붙였다. 관자놀이에 각각 한 개씩, 앞이마 가운데 한 개, 그리고 나머지는 머리 전체에 붙였다. 뇌파 판독을 방해할 수도 있는 어떤 움직임을 모니터링하는 하나의 추가적 회로를 비롯해 7개의 전자 판독기가 동시에 작동될 것이다. 전기 충격이 잘못되거나 불규칙할 때는 뇌의 기능에 장애를 가져올 것이다.

이 무균의 공간에서 라운은 이상하게 활동이 많아졌다. 그 애를 진정시키기 위해 간호사들이 처음에는 로비에서, 그 다음에는 검사실에서 라운과 놀아주었다. 옆방에서 이중 거울을 통해 우리는 의사가 마침내 라운에게 세 시간 정도 잘 수 있는 진정제를 먹이는 것을 보았다. 그리고 모든 전극을 그 애의 머리에 붙이고 기술자들이 검사를 시작하려 할 때 라운이 갑자기 10초 정도 깨어 주위를 둘러보더니 머리의 전극을 뽑아 버렸다. 라운이 다시 깊은 잠으로 빠져들어가자 그들은 전극을 다시 붙이고 검사를 시작했다. 별로 해가 되지 않는다는 진정제였는데도 라운은 거의 이틀 동안이나 어지러워했다. 검사 결과, 그 나이의 어린아이로서는 정상이라고 했다.

▶ 일지: 스물네번째 주 / 같은 일정

▶ 관찰

1. 우리가 시작하는 놀이에 쉽게 그리고 온전히 함께한다.
2. 각각 13개의 조각으로 된 새로운 4개의 퍼즐을 보여주었는데 아주 빠르게 숙달된 솜씨로 맞추었다.
3. 침 흘리는 것이 적어졌다.
4. 단어를 모아 문장을 쓰기 시작했다. 예를 들어 '고맙습니다'와 '하고 싶어요' 등이다.
5. 말을 더 많이 사용하게 되었다.

6. 공원에서 보는 다른 아이들에 대한 호기심이 많아졌다. 그러나 수동적인 아이들에게 더 관심을 보이고 그들을 만지고 껴안거나 **뺨**을 꼬집거나 한다.

7. 색을 분류하는 법을 배웠다. **빨**강, 흰색, 푸른색, 초록색, 노랑색, 검은색, 주황색, 자주색을 안다. 탁자에 같은 색깔의 물건을 늘어놓음으로써 그 애가 색 개념을 안다는 것을 보여주었다.

8. 블록을 잘 쌓는다. 탑이나 단순한 건물을 지을 수 있다.

9. 육면체로 된 끼우기 장난감을 잘 갖고 논다. 특별한 모양을 맞는 구멍에 잘 넣는다(그 육면체는 다른 모양의 구멍이 30개 있다).

10. 사람들에게 손을 흔들고 안녕이나 잘 가라는 말도 잘한다.

11. 방을 가로질러 의자를 움직이고 그 위에 올라가 선반 위에 있는 컵을 꺼낸다.

그 다음 주에 낸시가 갑자기 예기치 못한 발언을 했다. 학교에서 다른 일을 찾아보기 위해 우리 프로그램을 그만두기로 했다는 것이다. 그녀는 우리 세계의 한 부분이었으므로 그 결정은 우리 모두에게 큰 충격이었다. 그 말을 하는 낸시는 우리 눈을 똑바로 보지 못했고 목소리도 떨렸다. 그녀가 긴장하고 주저한다는 것을 느낄 수 있었다. 우리 일을 계속해야 하는지, 말아야 하는지 많이 고민한 듯했다. 낸시는 작별인사를 미리 연습한 것 같았다. 나중에 그녀는 어색하지 않을 때까지 머릿속에서 수없이 그 말을 반복했다고 털어놓았다. 그녀는 우리 프로그램을 그만둔 다음에도 우리 친구로, 우리 가족의 일원으로 계속 남아 있기를 원했다. 마침내 그녀의 눈은 눈물로 가득찼다.

낸시는 의자 위에 푹 주저앉아 버렸다. 그녀의 길고 검은 머리가 얼

굴을 가렸다. 그녀는 팔짱을 끼고 단호한 태도를 보였지만 목소리는
가늘어지고 속삭임으로 변했다. 사마리아와 나는 그녀를 매우 사랑했
다. 우리는 우리의 관계가 프로그램을 함께할 때만 성립되는 것은 아
니라고 말해주었다.

"낸시, 너는 네가 원하는 한 늘 우리 가족이야." 사마리아는 웃으면
서 말했다. "그리고 너는 라운과 그 애의 일생의 한 부분이 될 거야."

사마리아와 나는 오랫동안 그녀를 안아주었다. 아무도 말을 하지 않
았다. 우리는 포옹으로 우리 사랑을 전했다. 그러고 나서 나는 낸시에
게 말했다. "우리는 네가 우리를 도와준 것에 충분한 감사를 하지 않
을 수가 없구나. 아무도 네가 한 일을 과소평가하지 않아. 그것만은 항
상 기억해 주기 바란다. 우리는 저 작은 아이와 높은 산을 함께 뛰어
올라갔어. 그리고 너는 기꺼이 우리와 함께했지. 우리는 이 일이 언제
끝날지 몰라. 그렇지만 너는 정말 잘했어." 나는 감정이 북받쳐 목이
메어오는 것을 느끼고 숨을 깊게 내쉬었다. "낸시야, 우리 이번 일을
축복으로 생각하자. 그리고 너는 축복의 한 부분이야. 고마워."

낸시도 울기 시작했다. 사마리아도 울면서 낸시의 손을 잡고 키스했
다. "얘야, 너는 우리의 친구요 딸이었고 애들에게는 큰언니 같았어.
그래, 네가 자라서 우리 곁을 떠나는구나. 우리는 네가 그리울 거야.
그러나 우리는 그리워만 하고 있지는 않을 거야. 우리는 네가 라운과
우리에게 해준 모든 것에 감사할 거야."

"나도 그래." 내가 말했다. "나는 지난 6개월을 빼면 다른 것은 거의
기억할 수가 없어. 우리 모두는 웃었다. 심각함은 사라지고 우리는 서
로 기쁨을 나누었다.

우리는 거의 한 시간을 함께 앉아 있었다. 말을 많이 하게 되면서 낸

시는 자신의 결정에 확신을 느낀 것 같았다. 낸시가 지난 6개월 동안에 많이 자라고 많이 배웠다는 인상을 강하게 받았다.

우리의 다음 관심은 낸시가 떠난 것이 라운에게 미치는 영향이었다. 이것이 라운에게 어떻게 작용할까? 우리는 낸시가 해왔던 것에 가치를 두고 있었지만 그녀가 없는 것을 아쉬워하기 보다는 그 빈자리를 빨리 메우는 데에 관심을 두어야 했다. 우리는 몇 달 동안 우리와 함께했던 낸시의 역할을 대신할 다른 선생님이 필요했다.

대가족인 우리끼리 해왔지만 라운과 함께하는 우리 프로그램의 소문은 지방 고등학교와 몇몇 이웃 대학 사이에 퍼져갔다. 그래서 우리는 우리의 독특한 가정교육 프로그램에 동참하기를 원하는 심리학과 특수교육 전공자들을 찾아내서 도움을 받기 위해 상담자들과 학장들에게 전화했다. 그러자 여러 곳에서 대답이 왔다. 놀랍게도 우리는 며칠 사이에 수많은 전화를 받았다. 몇 번의 면접 후에 우리는 루이스라는 새로운 선생님을 라운에게 소개하면서 낸시가 그동안 라운에게 해온 것을 알려주었다.

라운은 새로운 선생님에게 조심스럽게 인사했다. 처음에 그 애는 선생님 주위를 크게 원을 그리며 걸었다. 라운은 공부방 밖에 있는 다른 사람들에게는 쉽게 다가가면서도 이 새로운 선생님이 다가가려 하면 일정한 거리를 두었다. 루이스는 라운에게 부드럽게 말을 걸고 자신을 쉬우면서도 진지하게 소개했다. 새로운 변화에 대처하기 위해 우리 각자가 그녀와 한 팀을 이루었다. 그런 후 그녀 혼자서 라운과 함께 수업을 하도록 했다. 라운은 눈에 띄게 움츠러들고 목이 아플 정도로 소리지르며 반항했다. 상호작용적 놀이에서도 어떤 부분은 잘 되지 않았다. 그 애는 다시 불안해졌고 말을 사용하는 것도 줄었다. 특히 루이스와 수업할 때는 다시 몸을 흔들기 시작했다.

루이스가 스스로 받아들이는 자세를 갖도록 도움을 주기 위해서 사마리아와 나는 루이스와 대화식 수업을 했다. 그녀는 자기가 가르치는 방식에 대해 질문했고 자기 능력에 대해 의심했다. 이 주제에 대해서 대화를 나눈 후에 루이스는 라운이 그녀를 피하는 데 개의치 않기로 했다. 대신 루이스는 우리가 라운과 함께할 때 가져야 한다고 그녀에게 가르쳐준 판단하지 않는 태도를 갖고 싶어했다. 심지어 라운이 그녀에게서 떠나려 할 때조차도 그녀가 무엇을 하든 결정은 라운 자신이 한다는 점을 그녀에게 상기시키면서 그녀가 지닌 따뜻한 성품과 부드러움을 칭찬했다. 우리는 라운에게 반응하라고 명령할 수 없었다. 단지 그 애가 참여할 수 있도록 용기를 주고 동기를 줄 뿐이었다. 우리가 스스로 선택을 하듯이 라운도 스스로 선택해야 한다.

루이스는 따뜻한 마음을 가지고 있었고 우리는 그 마음을 더 크게 키울 수 있도록 도움을 주고 싶었다. 만약에 라운이 낸시와 이별한 것을 힘들어한다면 우리는 그 애가 그것을 잘 견뎌 나갈 수 있도록 도와주기를 원했다. 좀더 마음을 열고 라운의 신호에 민감해져야 했다. 라운의 신호를 하나라도 놓치면 안 되었다. 우리가 행복해하며 사랑하는 자세를 계속 유지하는 것은 그 애가 변화하는 세계로 걸음을 내딛도록 돕는 데 필요한 안전망을 준비하는 것과 같았다.

다시 적응하려는 이 기간 동안 라운은 부엌과 거실에 있는 쓰레기통에 집착을 보였다. 이틀 동안 그것을 달라고 졸라댔다. 3일째 되는 날 우리는 가게에 가서 통을 전부 사왔다. 다른 크기, 다른 모양, 다른 색깔의 여러 통과 15개의 고무 봉지. 그 애는 말할 수 없이 좋아했다. 라운은 통을 주자 웃고 소리질렀다. 뛰어 일어났다 앉았다 하면서 손뼉을 쳤다. 여기저기에 통들이 놓여졌다. 라운은 노란통을 모자로 썼다. 크고 빨간통은 은신처가 되었고 작은 푸른통은 물이 항상 가득차 있는 저장 탱크가 되었다. 라운의 상상력과 창의력으로 단순한 살림도구가 장난감이 되고 배우는 도구가 되었다. 우리 모두는 이 새로운 쓰레기통 세계를 사랑했다.

낸시는 이따금 라운을 보러 왔다. 라운은 낸시를 보고 기뻐하는 것 같았지만 지금은 그녀가 떠난 것을 받아들이는 것 같았다.

라운은 사람들과 관계 맺는 것을 전보다 더 확실하게 했고, 새로운 자립심을 보이며 그의 힘을 길러나갔다. 나는 사마리아와 함께 잠깐 동안이라도 한 번쯤 라운에게서 떠나볼 때가 되었다고 생각했다. 몇 주 동안 사마리아를 조른 후에 나는 마침내 꽉 짜인 스케줄에서 벗어나 휴가를 갖기로 그녀와 합의를 보았다. 우리는 라운이 우리가 없는 상황에서도 잘 적응하고 잘 해나가기를 바랐다.

일단 결정을 내리자 그에 따른 준비가 착착 진행되었다. 브린과 테아를 위해 새로운 일정이 마련되었다. 두 딸이 프로그램에 참여하는 것뿐 아니라 우리가 이미 계획했던 친구들과 함께하는 모임과 활동을 위한 일정이었다. 형과 형수가 우리 딸들을 하루 데려가 돌보아 주겠다고 했다. 멋진 일이다. 그리고 사마리아는 그녀와 내가 없는 것에 맞추어 라운의 일과표를 바꾸었다. 메이러는 그 주말 동안 우리 집에서 지내면서 평소처럼 라운을 보기로 했다. 루이스는 자신이 맡은 수업을 계속해 나가기로 했다. 낸시도 돕기로 했다. 몇 달 동안 우리와 우리 프로그램에 가까워진 비키도 다시 한번 함께해 보기로 했다. 비키와 라운이 여름 동안에는 어려움을 겪었지만 우리에게서 많은 것을 배웠으므로 이제는 훨씬 더 잘할 수 있을 것이라고 믿었다. 오랫동안 심사숙고한 후에 우리는 비키에게 주말 아침 학습에서 사마리아의 역할을 맡기기로 결정했다. 우리가 없는 동안 세 아이를 편안하게 해줄 여섯 사람을 확보한 것이다. 안심은 되었지만 그래도 우리가 떠나는 데는 용기가 필요했다.

다음날 아침에 비키는 라운이 평소보다 말을 더 많이 하고 의사소통도 잘하는 것을 보았다. 그 애는 수업시간에도 아주 잘했다. 두 사람이 게임을 하고 장난감을 가지고 노는 동안 시간이 빠르게 지나갔다. 낸시와 메이러가 오후 수업을 맡았고 저녁 수업은 브린과 테아가 반 시간씩 나누어서 진행했다.

첫날이 거의 다 갈 무렵 라운의 태도가 조금 변했다. 그 애가 몇 번 우리를 찾았다. 하루가 채 지나기도 전에 라운은 프로그램 초기에 엄마를 쳐다보지도 않고 상호작용도 하지 않았던 그때와 같은 행동을 보였다. 라운은 뭔가 달라졌음을 알아차린 것이다. 눈빛은 흐려졌고 처음에 보였던 흥미는 사라졌다. 메이러와 낸시는 라운이 아주 이상한 행동을 하는 것을 보았다. 라운이 그들에게 찰싹 매달렸던 것이다. 손을 꼭 잡거나 다리를 끌어안고 어떤 때는 그들을 꼼짝 못하게 했다. 라운은 자기 머리를 그들의 무릎에 묻기도 했다. 이 작은 소년이 새로운 힘으로 신체적 접촉을 한 것이다. 그러나 이 모든 노력에도 라운은 균형을 잃은 것처럼 보였다.

"라운, 내가 도와줄까? 어떻게 해줄까?" 메이러는 계속해서 물었다.

그들은 모두 따뜻하고 상냥하게 물었지만 반응이 없었다. 그 애는 생각과 감정의 우물 속에 빠져버린 것 같았다. 브린과 테아마저도 그 변화를 알아차렸고 중재해 보려고 애썼다. 브린은 우리에게 전화하기를 바랐고 우리가 없어서 동생이 슬픈 것이라고 믿었다. 모두가 라운에게 관심을 더 많이 쏟았는데도 그 애의 우울한 기분은 깊어만 갔다.

다음날 아침 비키가 라운을 아래층으로 데려왔을 때 그 애는 전날과 달리 열정적이고 협조적이었다. 불안이 사라진 것 같았다. 그리고 서재에 들어가기 전에 복도에 서서 벽에 걸려 있는 엄마와 나의 사진을 오랫동안 바라보았다. 라운은 사냥꾼이 짐승을 추적하는 것처럼 조심스럽게 사진 앞으로 다가가 뭔가를 깨달은 듯 흥분과 기쁨에 가득차 내 사진을 가리키면서 "아빠! 아빠!"라고 소리쳤다.

라운은 '아빠'를 계속 부르다가 목소리가 점점 작아지면서 속삭임으로 변했다. 아빠를 몹시 그리워하는 얼굴로 사진을 보면서 몇 번이나 아빠를 불렀다. 사진은 물론 아무 대답이 없었고 그 애는 상실감에 혼란스럽고 두려워하기까지 하면서 이번에는 엄마의 사진 앞에 섰다. 그러고는 믿을 수 없을 정도로 "엄마! 엄마! 엄마!"라고 크게 소리쳤다.

또다시 말소리가 점점 작아지더니 거의 들리지 않게 되었다. 그러나 라운은 포기하지 않고 계속했다. 그 애는 더욱 다가가서 손가락으로 사진 속 엄마의 얼굴을 어루만지고 머리카락을 쓰다듬었다. 그리고 사진에서 손가락을 떼더니 가만히 바라보았다. 엄마를 사진 속에서 나오게 하려는 것처럼 눈을 엄마의 엷은 푸른색 눈에 맞추더니 마침내 손을 내리고 한숨을 쉬었다. 몇 분간의 침묵이 흐른 뒤에 라운은 몸을 돌려 말했다. "비키, 퍼즐, 와요, 퍼즐해요."

비키는 이 작은 소년에게 따뜻한 웃음을 보내며 손을 잡고 부드럽게 토닥거렸다. 라운은 부모를 찾은 것이 아니라 자기 자신을 찾은 것이다. 비키는 서재에서 그날의 수업을 했다. 라운은 같이하기는 했지만 기운이 없고 쳐져 있는 것 같았다. 소리가 날 때마다 그 애는 하던 일을 멈추고 주의 깊게 귀를 기울였다. 그리고 자기 자신에게 묻듯 '엄마? 엄마?'하고 큰 소리로 말했다.

비키는 라운이 문 쪽을 바라볼 때 이렇게 말했다. "엄마는 어디 가셨어. 그렇지만 돌아오실 거야. 며칠 있으면 아빠와 엄마가 오실 거야."

그것이 질문인가, 아니면 그냥 말인가? 아마도 그 애의 기도였을 것이다. 엄마의 부재가 아이를 괴롭게 했다. 라운은 엄마가 가르쳐 준 대로 입을 다물고 콧노래를 흥얼거리기 시작했다. 마음을 진정하려는 듯이 이쪽저쪽 움직였다. 녹음기에 녹음된 것처럼 라운은 엄마에게서 배운 노래를 부르기 시작했다. 그 애는 쉬지 않고 노래를 불렀다. '세 마리의 눈먼 쥐', '그곳에 그곳에', '당신은 사랑스러워', '스플리시 스플리시', '노란 리본을 매자' 그리고 다른 노래들을, 익숙한 사랑의 노래들을 불렀다. 따뜻한 연상이 그 애의 기억 속에 아마도 위로의 샘으로 자리잡고 있었을 것이다.

비키는 라운을 따라 노래를 불렀다. 과거에 했던 것과는 조금 다르지만 시간이 지남에 따라 그녀는 라운이 변해가는 것을 느낄 수 있었다. 그 애는 자폐적 행동에 머물지 않았다. 그러나 낸시와 메이러는 우리가 없어서 라운이 긴장한다는 생각 때문에 혼란스러워했다. 비키는 수업시간에 그녀의 불안을 접어두고 현재에 충실하려 했다.

저녁에 라운은 우울해 보였지만 힘이나 열정이 없어도 상호적 행동은 계속하려 했다.

아침이 되자 라운은 점잔을 빼는 것처럼 보였다. 그전에 했던 것과는 다른 행동이었다. 움츠러든 것도 아니고 만지지 못하게 하는 것도 아니었지만 마치 화가 난 것 같았다. 아침을 먹고 비키와 라운은 수업을 시작했다. 그 애는 몇 분 동안 잘하더니 곧 멈추었다. 라운은 한쪽 마음의 문을 닫고 다른 문을 연 것처럼 비키의 눈을 똑바로 바라보았다. 도전의 눈길로, 그녀는 복잡하고 신중한 대화가 라운의 머릿속에서 진행되고 있음을 알았다. 얼굴 표정이 단호해지더니 입을 꼭 다물고 어떤 큰일을 하려는 것처럼 머리를 숙였다.

또 다른 도약, 라운은 변하고 있었다. 그 애는 퍼즐 끝을 잡고 온 힘을 다해 던졌고 그것이 벽을 때리면서 부서지는 것을 보았다. 부서진 조각이 사방으로 튀었다. 작은 소년의 유희를 위한 불꽃처럼 흩어졌다. 라운은 블록을 때려부숴 공중에 내던지기 시작했다. 비키는 웃으면서 그 애에게 손을 내밀었다. 그러나 반응이 없었다. 라운은 의자 밑다리를 당겨 쓰러뜨렸고 책상을 당겨 모든 종이와 책들을 밀어버렸다.

"라운, 뭘 원하니? 비키에게 말해 봐, 비키가 너를 도와줄거야."

그 애는 비키를 밀치고 다른 가구를 뒤집어엎었다. 그러다가 멈추고는 공허하게 벽을 바라보았다. 입가에서 침이 흘러내렸다. 갑자기 라운이 왼쪽 다리를 축으로 해서 재빠르게 돌더니 앞으로 돌진했다. 비키는 라운이 황소처럼 탁자를 향해 달려가는 것을 보았다. 그 애는 그것을 쓰러뜨리더니 또 다른 의자를 향해 달려갔다. 라운은 물건을 밀어버릴 때마다 이름을 외쳐댔다. '의자! 책! 블록! 탁자!'

비키의 마음이 바빠졌다. 생각이 혼란스럽게 서로 엉켰다. 무엇을 어떻게 해야 하나? 어떤 일이든지 지금 바로 하자. 지금! 그녀는 생각의 가닥 사이에서 빠져 나갈 길을 찾으면서 자신을 밀어붙였다. 그녀는 사마리아와 나와 함께 나누었던 대화를 떠올렸다. 그러자 비난이나 기대 없이 그 애의 세계에 온 힘을 다해 몰입함으로써 얻게 되는 관계 이미지가 그녀의 마음을 채웠다. 그녀는 우리 프로그램의 초기 단계에 대한 이야기를 기억해 냈다. 모든 것을 라운의 판단에 맡기자. 그 애가 하는 대로 내버려두고 그 애와 함께하자.

비키는 사마리아가 끝없는 시간 동안 라운과 관계를 맺기 위해 애쓰던 모습이 떠올랐다. 그녀는 사마리아의 말들이 시간을 넘어 그녀에게로 되돌아오는 것을 들을 수 있었다.

"그 애는 당신이 성실한지 아닌지를 알아요. 그것은 우리 목소리와 몸짓 언어, 눈의 움직임 그리고 얼굴 표정으로 대화하면서 뿜어내는 향기처럼 우리가 보여주는 자세예요. 내가 라운을 따라할 때 누가 시켜서 한 것이 아니고 내가 하고 싶어서 한 것이에요. 좋았어요. 나는 내가 라운을 사랑한다는 것을 그 애가 알아주기를 원해요. 그리고 그 애가 알 것이라고 믿어요. 그래서 내가 몸을 흔들 때면 라운과 하나가 되는 것 같아요. 나는 그곳에 라운과 나를 위해서 있는 거예요. 그리고 그 애는 그것을 알고 있어요."

그때 한 가지 생각이 그녀의 머릿속을 스쳐지나갔다. 비키는 일어나 모든 가구를 오른쪽에 세워놓고는 다시 하나씩 내던지기 시작했다. 라운은 비키를 바라보더니 곧 함께 던지기 시작했다. 그러나 비키는 라운보다 더 빨리 움직였다. 한 번은 그 애가 비키에게 오더니 그녀를 밀치면서 "저리 가, 저리 가!"라고 말했다.

비키는 저항하지 않았다. 그녀는 라운이 요구한 대로 움직이고는 다른 의자로 가서 그것을 던졌다. 그녀는 흥분했고 그 일에 빠져 다른 방으로 가서 물건을 쓰러뜨리기 시작했다. 라운도 그녀와 같이하면서 지나는 길에 있는 것들을 손으로 툭툭 쳤다. 재능있는 두 사람이 거칠게 날뛰는 것은 사랑과 분노의 색다른 무언극이었다. 라운은 거의 숨을 쉴 수 없을 정도로 점점 긴장했다. 땀방울이 그 애의 얼굴에서 흘러내렸다.

때때로 라운은 광포한 행동을 갑자기 중단하고 비키에게 다가가서 그녀의 다리를 껴안았다. 그리고 다시 발작적 행동을 계속했다. 거의 두 시간 동안 그런 행동을 하던 라운은 지친 비키의 무릎에 머리를 기댔다. 뽀뽀를 하며 라운의 머리를 쓰다듬어 주는 그녀도 숨이 찼다. 비키는 라운에게 서재로 가서 다시 공부할 것인지 물어보았다. 그러자 라운은 벌떡 일어나 그녀의 손을 잡고 "와"라고 힘있게 말했다.

라운은 방안에서 비키의 맞은편에 앉아 퍼즐 맞추기를 했고 책장을 넘기면서 계속 눈을 비볐다. 때로 그녀가 이야기할 때 그 애는 웃기도 했다. 그렇게 반 시간 정도가 지난 후에 그 애는 일어나 오더니 비키의 어깨에 머리를 기대고 잠시 그녀의 등을 토닥거렸다.

그날 저녁 낸시가 라운을 재우려 하자 그 애는 미친 듯이 울어댔다. 그래서 낸시는 라운을 아래층으로 데려와 하고 싶은 대로 하라고 했다. 라운은 잠을 자지 않으려 했다. 아마 그 애는 자기가 잠든 사이에 낸시도 우리들처럼 어디로 가버릴지 모른다고 생각한 것 같았다. 마침내 피곤이 그 애를 덮쳐 다리가 떨리고 몸은 술취한 것처럼 균형을 잃었다. 결국 라운은 머리를 낸시의 무릎에 기댄 채 서서 잠이 들었다.

두 사람은 그런 자세로 거의 한 시간을 서 있었다. 시간이 얼어 붙은 것 같았다. 자기가 할 수 있는 최선의 길을 찾으려는 이 작고 귀여운 소년이 마치 르누아르의 솔직하고 말이 필요 없는 색채처럼 딱딱한 모서리를 부드럽고 둥글게 했다. 라운의 그날 행동은 매우 강한 메시지를 남겼다. '나와 함께 여기에 머물러서 나를 사랑하고 나를 도와주세요'라는 메시지였다.

사마리아와 내가 그 다음날 늦게 도착했을 때 라운은 이미 잠들어 있었다. 낸시와 메이러가 거실에서 우리를 기다리고 있었다. 그들은 매우 피곤해 보였고 자기들이 거대한 허리케인에서 살아남은 것처럼 이야기했다. 그들이 라운에게 보여준 사랑과 관심은 우리를 크게 감동시켰다.

그러나 우리는, 극적이고 아름다운 이정표로 드러난 것을 그들이 놓치고 있다는 것을 알았다. 그들이 지난 이틀 동안에 일어났던 일을 말할 때 사마리아와 나는 웃음을 참지 못했다. 메이러는 약간 화가 나서 우리가 웃음을 그치지 않으면 그 자리를 떠나겠다고 위협했다. 우리는 그때부터 길고도 집중적인 토의를 세 시간 동안 했다.

그것은 우리 선생님들에게 배움의 기회가 되었다는 것이다. 특히 라운에게는 가장 중요한 경험이었다. 자폐증에 관한 모든 권위있는 논평에서 예측하지 못한 행동을 한 것이다. 그 애는 자폐적인 의식 대신에 사람을 선택했다. 그 애는 자기 자극적 고집 속으로 움츠러드는 대신에 사람들과 관계를 가지려 했다. 그 애는 포기하거나 마비되는 대신에 감정과 느낌을 보여주었다. 이번 주말에 라운은 그 애의 입장에서 보면 용기있는 행동을 한 것이다. 비록 혼란스럽고 약간 어리둥절하기는 했지만 결국 라운은 사람들과 그 세계를 선택한 것이다.

아침에 라운은 우리 둘을 열렬하게 환영했다. 우리가 라운의 침대로 갔을 때 그 애는 껑충껑충 뛰면서 "엄마, 엄마, 아빠"하고 소리쳤다. 라운은 환하게 웃으며 반복해 불렀다. 그리고 침대 밑에서 장난감 강아지와 동물책을 꺼내 보여주었다. 라운은 흥분했고 행복해 보였다. 그 애는 사마리아를 보고 "후가, 후가"라고 말했다.

그녀는 아들의 작은 몸을 안고 쓰다듬어 주었다. 그 애의 손은 엄마를 부드럽게 그러나 힘있게 잡고 있었다. 두 사람은 서로를 느끼며 사랑하고 있었다. 몇 분 후에 사마리아의 품에서 놓여난 라운이 아직도 웃음을 잃지 않은 채 나를 향해 "후가, 후가, 아빠"라고 말했다.

나는 라운을 들어올려 꼭 안아주었다. 그 애는 내 어깨에 머리를 기대고 내 목을 꼭 끌어안았다. 이 어린 아들을 사랑하는 것이 내게 최고의 기쁨을 가져다주었다.

라운은 내 무등을 타고 아래층으로 내려왔다. 아직 아침식사 전인데도 그 애는 엄마에게 서재로 데려가 달라고 했다. 그 애는 온 가족과 함께 놀이를 하고 싶었던 것이다.

다음 주에 우리는 비키를 정식 선생님으로 다시 불렀다. 그리고 우리는 추가로 열성적인 두 대학생들을 훈련시켜 그들의 자세나 생각을 알아보고 우리 프로그램의 특성을 알려주었다.

우리가 프로그램의 기본이 되는 부분을 나눌 때마다 우리의 생각은 더욱 확실해져 갔다. 사람들에게 단지 프로그램 절차를 설명하는 것을 넘어 삶에 대한 우리의 태도나 신념이 우리가 가르치는 것의 주요 핵심이 되었다. 우리 중에 누구라도 라운을 진정으로 받아들이기 전에 먼저 그 판단을 인정해야 한다. 그리고 진정으로 사랑하기 전에 우리는 먼저 사랑 안에서 행복을 찾아야 한다. 왜냐하면 불안과 고통은 우리가 마음을 열고 전개되는 사건에 함께하지 못하도록 방해하기 때문이다. 라운을 돕는 것은 우리 안의 깊은 곳에 대한 도전을 의미했다. 비록 사마리아와 내가 아직도 길을 찾고 있고, 우리가 이해하게 된 것을 완전히 증명하지는 못했지만, 우리는 우리가 상상했던 것보다 더 아름다운 꿈을 갖고 그 꿈이 아들에게 가까이 다가가려는 우리의 시도 가운데 현실로 다가오는 것을 보았다.

자원봉사자들을 비롯한 우리 모두는 힘이 넘쳐흘렀다. 우리는 프로그램을 정상 속도로 진행했다. 라운은 퍼즐을 빠르게 했다. 그 애는 물건과 색을 잘 구별했다. 그 애는 인형에도 관심이 생겼고 최근에는 강아지와도 놀기 시작했다. 대개의 경우 라운은 한 과제를 완전하게 해낸 다음에 소리치고 손뼉을 치면서 자기 자신을 격려했다. 또한 신체 접촉과 상호작용을 원하는 것도 매일 늘어갔다. 무등 타기, 위아래로 뛰기, 간지럼 태우기와 침대에서 같이 구르기가 많아졌다. 새로운 단어를 말하고 짧은 문장을 다양하게 쓰면서 언어 기능은 뚜렷하게 발달되어 갔다.

가까운 친구들의 특별한 권고에 따라 우리는 외부에서 정보를 구해보기로 결정했다. 우리가 개발하고 이루어 낸 모든 것들이 우리의 창의력과 에너지에서 나온 것이지만 우리는 항상 열린 자세를 지향했다. 아마도 우리에게 어떤 새로운 방향을 보여줄 다른 사람들도 있을 것이다. 우리는 아들을 돕기 위해서 우리를 도와주려는 사람들과 대화하고 어느 곳에도 갈 것이다. 그러나 우리는 지금까지 그런 사람들을 하나도 발견하지 못했고 미지의 땅에서 홀로 계속 걸어가고 있다.

우리는 정서나 행동에 어려움이 있는 아이들뿐 아니라 학습장애를 가진 아이들을 위한 다른 특수학교를 방문했다. 그곳은 전반적으로 효율적인 분위기가 배어 있었다. 라운을 한 수업에 참가시킨 뒤 사마리아와 함께 뒤에서 관찰해 보았다.

교사와 조교들은 심리학자와 특수학교 교사 위원회에서 만든 학습계획에 따라 아이들을 가르쳤다. 그러나 그와는 대조적으로 우리 프로그램은 아이가 중심이 되어 라운의 관심이나 상태에 따라서 자연스럽게 전개된다. 어쨌거나 그 교실에서 우리는 한 선생님이 학생들을 작업대로 데려가기 위해서 아이들을 손으로 미는 것을 보았다. 그리고 그 선생님은 아이들에게 앉으라고 명령했다. 일어나려는 한 아이를 선생님이 강제로 의자에 앉혔다. 그 애가 마루에 있는 블록을 가리키자 선생님은 그것을 무시할 뿐 아니라 그 애의 손을 아래로 밀고는 앞을 보라고 지시했다. 두 번째 아이는 크레용을 가지고 있었는데 그 애가 새를 그리려 하자 선생님은 아이의 손에서 크레용을 빼앗아 버렸다.

그곳에서는 아이들의 자연스런 호기심과 탐구하려는 열망이 규정된 일정표로 대체되어 체계적으로 억압당했다. 신체적 행동도 선생님이 지시한 것만 해야 한다. 조교들 가운데 몇몇은 아이들이 말을 잘 듣게 하려고 소리를 질러댔다. 아이들은 이 고도로 통제되고 격앙된 분위기에서 완전히 정신이 나간 것처럼 보였다.

그때 라운이 칠판에 글자를 쓰기 시작했다. 그러나 선생님은 그 애가 한 것을 칭찬해 주는 대신 선심을 쓰듯이 라운에게 웃으며 손에서 분필을 빼앗고 책상에 가서 앉으라고 했다. 라운은 얼굴을 찡그렸고 이 낯선 환경과 분위기가 혼란스러운 것 같았다.

사마리아와 나는 우리가 이상한 별에서 금방 떨어진 것 같았다. 보기에 따라서는 우리가 관찰하는 모든 것이 우리가 어린아이였을 때 학교에서 배운 경험과 거의 일치한다고도 볼 수 있었다. 그러나 동시에 우리가 본 것은 아이들을 존중하지 않는 낯선 분위기였다.

어쨌거나 나는 선생님의 눈에서 악의는 찾아볼 수 없었다. 나는 그들이 좋은 뜻을 가지고 있다는 것을 안다. 그들은 훈련을 잘 받았고 기본 원칙에 대한 의심 없이 교과서대로 따른다고 생각되었다. 이 교실에서 아이들의 성향이나 느낌은 관심밖이었다. 이런 환경에서 선생님들은 최선을 다한 것이다. 그러나 잃어버린 삶을 회복할 기회는 먼 곳에 있는 것 같았다.

또다시 우리는 우리 스스로 나아가야 한다. 우리가 계획했던 것보다 더 진지하면서 개인적으로 적당하고 사랑하며 배우는 프로그램은 어디에도 없었다. 우리가 증명할 것은 아무것도 없었고 우리는 우리가 받아들인 비전을 믿고 우리 과정대로 해나감으로써 많은 것을 얻게 될 것이다.

프로그램을 시작한 지 서른번째 주가 되었다. 라운은 이제 24개월이 되었고 여전히 빠른 속도로 나가고 있다. 우리는 프로그램을 1주일 내내 하루에 12시간씩 계속했다. 어떤 이들은 우리를 미쳤다고 하지만 우리는 특별하게 축복받았다고 생각했다. 우리는 라운을 도우면서 우리의 열정과 기쁨을 따라갔다. 그것은 짐도 아니고 희생도 아니었다. 나는 하느님이 작은 일에도 존재한다고 들었다. 우리는 너무나 자주 평화·이해·지혜·영원을 찾으려고 하늘을 향해 우리의 눈을 돌린다.

나는 내 눈을 두 살 된 사내아이의 손을 향해 돌렸고 그 애가 종이에 낱말을 쓰는 것을 보았다. 예전에 전문가들은 저마다 이런 일이 결코 일어날 수 없다고 말했다. 나는 저 작은 손가락과 그 손가락으로 무언가를 쓴 종이에서 내가 하늘을 향해 찾고자 했던 모든 것을 보았다. 하느님은 놀랄 정도로 작은 일에 존재하신다. 우리는 라운이 말을 배우는 것을 도왔고 그 애가 유용하고도 의미있게 소통하는 것을 가르쳤다. 이 작은 소년은 그 자신을 둘러싼 껍질을 뚫고 나온 것이다. 자기 마음에서 새로운 길을 밝히고 새로운 자리를 열어놓음으로써 세상과 마주한 것이다. 7개월 동안에 우리는 일생에 걸친 변화를 경험했다.

우리는 라운이 20개월이 될 무렵, 4개월 전에 우리 아들을 본 적이 있는 검사기관에서 또 다른 정밀진단을 하기로 했다. 우리는 그때와 같은 접견실로 가서 똑같은 임상의들을 만났다.

로비에서 라운은 활기찼으며 주위에 관심이 많았다. 우리가 약속 시간까지 기다리고 있을 때 전에 라운을 검사했던 팀원 중의 한 사람이 우리에게 와서 인사했다. 그녀는 라운을 보더니 놀라 입을 다물지 못했다. 라운은 방을 가로질러 다니면서 만지는 것마다 이름을 말했다.

"믿을 수가 없군요! 이 아이가 4개월 전에 본 그 아이라는 것을 믿을 수가 없어요. 이것이 가능할 것이라고는 생각지도 못했어요. 엄청난 일이에요."

그녀는 길고 어두운 복도를 따라 우리를 데리고 갔다. 빛바랜 초록 벽들이 신비스러운 자궁처럼 우리를 둘러싸고 있었다. 때때로 단조로움을 깨고 햇빛과 나무가 창문 사이로 보였다. 라운은 마치 이 만남과 검사를 예견하고 가능한 한 빨리 그곳에 가려는 것처럼 우리보다 앞서 달려갔다. 검사실에서는 이전에 만난 적이 있는 발달연구팀이 우리를 반겨주었다. 라운은 사람들 한 명 한 명을 쳐다보고 말을 거는 의사들을 똑바로 보면서 "하이"라고 인사했다. 그들은 놀라 서로 쳐다보았다. 그들의 예측은 어긋났다. 그들은 혼란과 흥분을 감추지 못했다. 이 아이가 그때 그 아이란 말인가?

활동적이지만 완전하게 자신을 통제하면서 라운은 자신이 아는 것과 획득한 지식을 보여주었다. 라운은 이 모든 것을 간청이나 보상 없이 했다. 아이는 소파로 걸어가더니 아주 쉽게 "소파, 소파, 노란 소파" 하고 말했다. 그리고 라운은 의자 쪽으로 가서 의자를 가리키면서 "의자, 파란색"하고 말했다.

다시 그 애는 다른 곳으로 가면서 "의자, 빨간 의자, 파란 의자, 노란 의자"하고 외쳤다. 갑자기 그 애는 반응을 살피려는 듯이 멈추고 주위를 둘러보았다. 라운은 의사들의 표정을 살피면서 그들의 얼굴을 바라보더니 천장을 가리키면서 큰 소리로 "불"하고 말했다. 라운은 마루를 자신있게 가리키면서 "마루"하고 말했다.

그리고 그 애는 특수병원의 의사들의 놀라고 열중한 눈앞에서 계속해 나갔다. 나조차도 라운의 힘과 과감성에 어리벙벙해질 지경이었다. 도저히 불가능해 보였지만 그 애는 자기가 그곳에 있는 이유를 정확하게 아는 것처럼 보였다.

지난번 검사 때 라운에게 별 관심을 보이지 않았던 의사 가운데 한 사람이 라운을 무릎 위에 앉히고 상냥하게 말했다. "라운, 넌 참 좋은 아이로구나. 그리고 아주 멋지기도 해."

그러더니 라운에 대한 편안하고 친숙한 태도가 자기 같은 전문가의 입장에는 맞지 않는 것처럼 라운을 무릎에서 재빨리 내려놓았다. 그리고 라운에 대한 평가를 즉시 시작하자고 제안했다.

그들은 라운의 가능성을 알아보기 위해 다른 게젤 차트를 사용하여 세 시간에 걸쳐 집중적인 검사와 면담을 했다. 모든 것이 끝난 후에 수석 진단의와 동료들이 다시 한번 회의석상에서 우리와 마주쳤다. 그들은 라운이 잘해 봐야 그 나이 또래 아이들의 반 정도 능력을 보이거나 또는 정신적으로 뒤처지거나 움츠러들지도 모르는 상태로 다시 찾아올 것이라고 생각했다는 것이다. 불과 4개월 전에 20개월 된 라운을 보았을 때 그들은 라운이 언어와 사회성에서 8개월 정도밖에 안 된다고 했다.

그런데 지금 검사와 기록에서 이 24개월 된 아이가 또래 아이들과 모든 면에서 거의 같은 수준이라는 것을 알 수 있었다. 심지어 더 나은 부분도 있었다. 검사 중 절반이 넘는 부분에서 라운의 수준은 30~36

개월이었다. 지난 4개월 동안 라운은 16개월에서 26개월 정도의 수준을 급격히 끌어올리는 믿을 수 없는 발전을 기록한 것이다. 주위와 담을 쌓고 다가갈 수 없었던 작은 소년이 지금은 분명하고 누가 봐도 똑똑한 소년이 되었다.

의사들은 다시 한번 그들이 얼마나 감동을 받고 놀랐는가를 이야기했다. 라운이 이루어 낸 것은 이전에 그들이 겪은 전문가적 경험을 뛰어넘는 것이었다. 그들은 그런 발전이 가능하다고 해도 라운의 경우는 도저히 있을 것 같지 않은 일이라고 생각했다.

그 중 연장자인 의사는 우리의 태도와 신념 그리고 끝없는 가능성에 관한 우리의 생각을 고려하면서 검사 결과를 보았다. 그를 비롯한 의사들은 다른 아이들을 돕기 위해 함께 프로그램을 만들 것을 제안했다. 멋진 일이다. 우리는 생각해 보겠다고 했다. 아마도 가까운 미래에 실현될 수 있을 것이다.

우리의 만남은 아이러니한 비꼼으로 끝이 났다. 수석 진단의가 의심스러운 충고를 한 것이다. 그는 라운이 잘 적응하고 특별히 영리하니까 우리가 이제는 좀 편히 지내고 우리 프로그램을 그만둘 것이라고 생각했다. 말도 안 된다! 그들은 아직도 이해하지 못했단 말인가?

여러 면에서 우리에게 분명한 것은 라운이 아직도 비슷한 과제를 수행하기 위해서 다른 아이들보다 두 배는 더 노력한다는 것이다. 그 애는 자기의 지각능력을 시험하고 인식 장치를 발전시키면서 자라는 중이다. 그 애는 아직도 불안정하고 상처 입기 쉽다. 우리는 심한 감기와 외상, 새로운 압력 또는 예측할 수 없고 손써 볼 수 없는 감각기관의 충격이 라운에게 퇴보를 가져올 수 있으며 이런 퇴보 가운데 어느 것은 아이와 함께 영원히 갈 수 있다는 것을 알았다.

우리는 결코 미래를 두려워하며 살지 않았다. 우리에게는 오늘만이 있을 뿐이었다. 우리는 라운이 우리 세계에 멋지게 적응했고 영리한 지능을 보인다는 의사들의 말에 동의했다. 그러나 확실히 그 애는 더 올라가야 할 산이 있다. 비록 자폐적 증상이 많이 약해졌지만 완전히 사라진 것은 아니었다. 라운은 아직도 하고 싶어하는 몇 가지 자폐적 특징을 가지고 있다. 그리고 동시에 그 애는 더 많이 원하고 요구하면서 우리에게 다가오는 것 같았다. 우리는 우리 프로그램을 계속할 것이다. 라운이 더 깊은 경험의 닻을 내릴 수 있도록 하자. 그 애의 머릿속에서 신경과 신경세포가 잘 연결되어 그 애가 더 나아질 수 있게 하자.

한 신경 생리학자가 라운과 함께하는 우리의 집중적 자극 교육 프로그램 내용을 대강 알려 달라고 청했다. 내가 "태도, 태도, 태도입니다"라고 했을 때 그녀는 웃었다.

나는 검사가 있기 전에 병원 로비에서 그녀와 같이 기다린 적이 있었다. 그때 한 작은 소녀가 그 애 엄마와 우리 쪽으로 걸어왔다. 그런데 그 소녀는 엄마의 손을 놓고서 팔을 벌리며 웃고 있는 사마리아에게 곧바로 달려왔다. 그 소녀는 푸른 눈을 가지고 있었다. 사마리아는 그 아이의 얼굴을 어루만지면서 그 애에게 속삭이기 시작했다. 그 작은 소녀는 사마리아의 눈을 바라보면서 머리를 사마리아에게 기댔다. 그들은 아주 친숙하게 인사를 나누는 오래된 친구처럼 보였다. 마침내 그 소녀의 엄마가 왔다. 그녀는 한마디 말도 없이 아이의 손을 잡고 문을 향해 걸어갔다. 그 소녀는 계속 우리를 돌아보았다.

나중에 우리는 이 아이에 대해서 물어보았다. 그 아이는 자폐증이며 항상 사람과의 접촉을 피한다고 했다. 음, 아마도 그 작은 소녀는 무엇을 알아본 것 같았다. 아마도 웃음이나 손의 부드러운 감촉으로 사랑하고 받아들이는 자세나 태도를 느낄 수 있을 때 그 초대는 대부분의 기능장애 어린이에게 활기를 불어넣을지도 모른다. 어쩌면 그 소녀는 자신을 안심시키며 격려해 주는 분위기 속에서 자신의 한계를 넘어섰는지도 모른다.

푸른 눈의 작은 소녀, 라운 카릴과 영적 오누이 같은 어린 소녀. 전문가와 교육자들은 이런 특별한 아이들을 집단으로 취급한다. 그들은 그 애들을 따라가는 대신에 압력을 가하고 밀어붙인다. 마음이 아프다. 그들은 일생을 감금당할 것이다. 그리고 그들을 돌보아 줄 관리인들에게 돈을 지불해야 할 것이다. 얼마나 막대한 낭비인가? 라운은 지금 그 모든 것을 뛰어넘은 것 같다. 그 애에게는 계속해 나타나는 지평선이 있을 것이다.

6개월이 지나갔다. 우리는 아들이 깨어 있는 시간에는 그 애와 함께 행복하게 우리 프로그램을 계속했다.

두 살 반이 된 라운은 계속해서 나아지고 있었다. 애정·호기심·창의력 그리고 행복을 보여주었고 매일 새로 태어났다. 라운은 삶을 사랑했고 삶은 그에게 사랑을 돌려주었다.

라운이 사람을 대하며 즐거워하는 것도 더 나아졌다. 14개의 단어로 문장을 말하는 것을 배웠다. 상상력으로 인물을 창조하고 선생님들의 목소리와 특성을 모방하면서 그들의 역할을 연기했다. 하루 종일 음악과 함께 생활했기 때문에 그 애는 새로 배운 노래를 피아노로 연주한다. 그 애는 피아노를 자기 것으로 만들어 멜로디와 가사를 써서 두 개의 노래를 작곡했다. 많은 것들이 그 애의 세계를 채웠다. 그 애가 좋아하는 놀이 중에는 뺀 것도 있고 더한 것도 있었다. 라운 카릴은 알파벳을 배웠고 50개가 넘는 단어의 철자를 배웠다.

라운의 힘은 눈에 보이는 그 애의 기쁨을 그대로 나타냈다. 그 애의 호기심·기쁨·지혜 그리고 평온은 우리 모두를 감동시켰고 우리가 늘 원했던 그곳으로 우리를 갈 수 있게 했다. 우리 각자에게 라운은 우리가 누구이고 서로를 위해서 우리가 무엇을 할 것인지를 알게 해주는 문이 되었다.

어느날 메이러는 대학 공부를 위해 우리를 떠난다고 이야기했다. 작별인사를 할 때 눈물이 그녀의 뺨을 적셨다. 그녀는 라운이 나무 블록으로 작은 도시를 만드는 것을 보면서 자기 자신에게 말하듯이 큰 소리로 말했다. "라운을 떠난다는 게 실감이 나지 않아요. 라운은 나에게 많은 것을 가르쳐 주었어요. 두 분도 그렇고요. 두 분은 내 생애의 아주 중요한 부분이 될 거예요. 나는 변했고 사랑받는 것을 느낄 수 있어요. 그렇지만 지금이 떠날 때라고 생각해요. 라운이 혼자서 잘하고 있으니까요. 그 애는 이제 그 애 자신이 된 거예요."

라운의 삶이 꽃을 피우다

우리는 아들과 그후로도 2년 넘게 프로그램을 계속했다. 하루하루가 라운의 발전과 향상을 위한 무한한 기회가 되었다. 세 번째 생일쯤에 라운은 활발하고 협조적인 학생이 되어 있었다. 아침에 일어나면 자주 명랑하게 재잘거리면서 우리 손을 끌고 서재로 가서 교육용 장난감·게임·책 같은 것들이 가득 채워진 선반을 가리켰다. 우리는 우리 공부방을 세상에서 가장 멋지고 활기찬 곳으로 만들었다. 그전에는 우리의 모든 행동이 라운의 반응에 달려 있었다. 그런데 지금 그 애는 우리더러 함께 하자고 먼저 초대했다. 솔직히 라운은 우리 딸들보다 공부하는 것을 더 즐겼다. 우리 프로그램은 그 애에게 자신과 주위의 환경을 이해하고 탐구하려는 열정을 일깨워 주었다.

그밖에도 라운은 특별한 능력을 보여주었다. 우리에게는 거의 들리지 않는 소리도 그 애는 들을 수 있었다. 예를 들어 한 번은 몸의 내부

구조를 설명하는 책에 관해 열띤 토론을 하고 있는데 그 애가 손을 들어 우리말을 제지했다. 그리고 자기가 어떻게 자기 자신의 심장 박동소리를 들을 수 있냐를 설명하면서 웃었다. 내가 라운에게 어떻게 하느냐고 묻자 그 애는 "그냥 듣는 거예요"라고 말했다. 조금 있다가 라운은 내가 마루에 앉아 있을 때 내 옆에 서서 내 심장 뛰는 소리를 들을 수 있다고 단언했다. 나는 내 목의 동맥에 손가락을 올려놓고 맥박을 측정했다. 놀랍게도 그 애는 내 맥박이 뛰는 것에 정확하게 손으로 박자를 맞추었다. 가끔씩 내 심장 박동이 불규칙해지면 그 애의 손장단도 잠깐 멈추었다가 심장이 다시 뛰기 시작하면 계속되었다.

또 다른 재주도 있다. 라운이 균형을 잡는 능력은 놀라웠다. 그 애는 난간의 가장자리를 따라 아래를 한번도 내려다보지 않고 줄타기 선수같이 걸을 수 있다. 때로 라운은 서거나 한발로 뛰면서 그렇게 할 수 있는 것을 기뻐했다. 그 애는 나무 블록을 차례로 쌓아 무너뜨리지 않고 높은 탑을 만들 수도 있었다. 사마리아·브린·테아 그리고 우리 프로그램의 어떤 지원자나 나도 그 애를 따라갈 수 없었다. 때로 라운은 나를 보고 장난스럽게 머리를 흔들었다. 그리고 나에게 제일 윗부분의 블록을 조금 왼쪽으로 움직이라고 말했다. 라운의 말대로 하자 내 탑은 비로소 안정을 되찾았다. 나는 그 애의 능력을 인정하면서 웃음을 보냈다.

그러나 이렇게 발전해 나가는 자질과 인간성보다도 그 애의 탁월한 온순함과 부드러운 순수함이 우리 모두를 가장 감동시켰다.

초저녁이었다. 저녁식사가 거의 끝나갈 무렵 브린과 테아가 남은 후식을 누가 더 먹느냐 하는 것으로 다투고 있었다. 사마리아는 동전 던지기로 결정하자고 제안했다. 딸들은 동의했고 라운이 동전을 던지기로 했다. 라운은 기꺼이 동전을 던졌다. 우리 모두는 식탁에 떨어지는 동전을 보았다. 뒷면이었다. 테아가 이겼다고 소리지르며 좋아했다. 그러나 그 애가 케이크 접시를 집으려 할 때 접시가 그 애의 손에서 미끄러져 마루에 떨어졌다. 접시는 깨졌고 케이크는 깨진 조각 사이에 흐트러졌다. 테아는 어깨를 으쓱하고 웃었다. 그러나 브린이 소리내어 웃자 테아의 표정은 곧 바뀌었다. 브린은 마룻바닥을 가리키면서 점점 더 크게 웃었다. 테아가 브린에게 따지자 두 소녀는 싸우기 시작했다.

라운은 한마디 말도 없이 누나들을 지켜보았다. 그 애는 방금 먹기 시작한 자기의 후식을 테아에게 주었다. 이에 놀란 테아가 웃으면서 괜찮다고 거절하자 라운은 누나의 손을 잡고 그 옆에 섰다. 그리고 그 애는 아무 말도 하지 않았다. 브린은 웃음을 머금고 동생을 주의 깊게 바라보았다. 그리고 놀랍게도 브린은 테아가 마루를 닦는 것을 돕겠다고 했다. 라운이 자기도 돕겠다고 할 때까지 아무도 말을 하지 못했다. 이제 식탁의 분위기가 바뀌었다. 세심하고 사랑스러운 작은 소년의 순수하고 진실한 행동이 우리 모두에게 깊은 감동을 주었다.

세 아이들이 서로 돕는 것을 보았을 때 나는 인간 행동이 지닌 예기치 않은 매력에 대해서 경탄하지 않을 수 없었다. 나는 라운과 함께하는 우리 프로그램의 기본 시각에 대해서 우리에게 충고해 준, 대학에서 학생들을 가르치는 친구들을 기억했다.

"그것은 세상의 방법이 아니야. 받아들이고 판단하지 않는 것에서는 좋은 것만 나오지. 그러나 사람들은 보통 그런 식으로 서로를 대하지 않아. 사람들은 화를 내고 서로 소리지르고 욕설을 퍼붓곤 하지. 그래서 서로 상처를 입혀. 자네는 인생의 그런 부분에 대해서도 라운에게 가르쳐야만 할 걸세."

그러나 나는 내 아들과 딸들이 하는 천진스럽고도 귀여운 행동을 바라보면서 왜 사람들이 사랑과 존경에서 나오는 행동은 힘이 없는 것처럼 아이들에게 가르치고, 분노와 공격하는 방법을 가르치는 것이 중요하다고 생각하는지 의아해했다.

라운과 함께하는 일이 우리 인생의 모든 측면을 바꾸었다. 우리는 자신의 인간성을 그리는 법을 배웠다. 우리는 한 가족으로 서로를 가깝게 끌어당겼다. 딸들은 아직 어리지만 우리의 가장 사랑스러운 친구이자 협력자였다. 사마리아와 나는 라운을 받아들이기 위해 더 강해졌고 우리는 둘 다 그 기회를 축복으로 생각했다.

마침내 어느날 밤에 나는 '생각할 수도 없는 일'로 여길지도 모르는 한 가지 제안을 아내에게 했다. 도시에서 하는 내 사업이 내게는 더 이상 적절해 보이지 않았다. 그리고 라운과 함께하는 우리의 일이 그만큼 의미있게 느껴졌다. 비록 그 일이 우리를 어디로 끌고 갈지 짐작할 수도 없었지만 나는 내 인생의 방향을 바꾸어 모든 노력을 아들의 프로그램에 쏟아붓기를 희망했다. 그것은 곧 내 사업을 그만둔다는 뜻이다. 사마리아는 웃음을 지었다.

"당신은 왜 웃고 있어?" 내가 물었다.

"나는 당신이 언제 이런 결론에 도달할지 오래전부터 궁금했어요."

"그러면 찬성하는 거요?" 그녀는 긍정적으로 고개를 끄덕였다. "그런데 잠깐! 당신은 내가 말하는 것을 다 이해한 거요? 내가 사업에서 손을 뗀다는 거야. 얼마 동안은 저축한 것으로 살 수 있지만 그것도 다 쓰게 되면 우리는 아무것도 없어. 우리는 집과 자동차, 그밖에 모든 것을 잃을 수도 있어."

"여보, 나도 무슨 뜻인지 알아요. 그리고 나는 당신이 무슨 결정을 내리든지 따를 거예요. 됐지요?" 사마리아는 나를 안심시켰다.

그녀의 말을 듣는 둥 마는 둥 하며 나는 더듬거리며 말했다. "나는 대답을 찾으려고 너무 많은 시간을 보낸 것 같아. 그런데 지금 라운과 함께하면서 내 인생의 깊은 곳에서 가장 확실하고 놀랄 만한 어떤 것을 느꼈어. 그 애를 돕는 것이 내 인생에서 바로 최선이었다는 것이야! 나는 지금까지 한 것 이상으로 더 하고 싶어. 그것은 절벽에서 뛰어내리는 것과 같지만 그러나 나는 우리가 살아남을 거라고 생각해. 나는 그것이 현실적이 아니라는 것을 알지만 그래도…."

"당신 지금 누구를 납득시키려고 해요? 나, 아니면 당신 자신?" 사마리아가 말했다.

나는 그 순간에 진실을 알았다. 나는 그녀가 좀더 조리있고 이치에 맞게 내게 항의하고 논쟁하기를 원했다. "나 자신, 내가 나를 납득시키려는 거야."

"여보, 나는 어떤 결정이든 그것이 당신을 위한 것이라고 생각해요. 나는 당신을 믿어요. 나는 무엇보다도 당신이 행복하기를 원해요. 당신이 원하는 대로 해요! 이 결정이 당신이 원하는 것이라면, 나는 당신을 끝까지 지지할 거예요." 그녀는 웃으면서 내 팔을 잡았다. "진심이에요. 걱정 말아요. 우리는 잘해 나갈 거예요. 사실 라운과 나는 당신 도움이 많이 필요해요."

나는 낙하산을 메고 처음으로 비행기 밖으로 뛰어내리려는 사람처럼 숨을 멈추었다가 내쉬었다. 온몸에 긴장이 풀리면서 나는 편안하게 이 결정을 받아들였다. "나는 그렇게 할 거야. 회사와도 도시와도 끝이야. 이제부터는 이 길이 내 인생이 될 거야."

바로 그 다음날 나는 회계사와 변호사를 만났다. 아무도 내 결정을 이해하지 못했다. 아버지까지도 내가 사업을 계속해야 한다고 설득했다.

회사를 시작할 때부터 회계일을 해온 스티브가 내 마음을 바꾸어 보려고 마지막 시도를 했다. "나는 당신이 이 사업을 얼마나 열심히 해왔는지 잘 압니다. 그런데 이렇게 성공적인 일을 어떻게 그만둘 수 있어요?"

"스티브, 나는 그만두는 것이 아니라 내 아들을 향해서 또 내가 깊이 믿고 있는 것을 향해서 가는 거예요. 난 좋아요."

"당신은 지금 모험을 하고 있다는 걸 아세요?"

"우린 잘할 거예요. 그리고 내가 가진 모든 것이 다 없어진다고 해도, 적어도 노력했다는 사실은 남지요. 그리고 바로 그 사실이 내 아이들이 이해할 수 있을 만큼 컸을 때 내가 말해주고 싶은 거예요. 네 꿈을 좇아라. 아마 가장 큰 위험은 내면의 소리를 듣지 않는 것일 거예요."

"정말 당신이 그 일을 하고 싶어한다고 확신해요?" 스티브가 다시 물었다.

"확신해요."

"당신이 아들을 위해서 하려는 것을 믿을 수가 없어요."

"스티브, 이건 나를 위한 거예요. 나를 위해 하려는 거예요. 이해가 안 돼요?"

"네, 이해하기 어려워요. 그렇지만 잘하기를 빌어요." 그는 머리를 흔들고 사무실을 나가려다 말고 다시 한번 나를 보고 머리를 흔들더니 아주 다정하게 포옹했다.

"염려해 줘서 고마워요."

두 달 후 나는 뉴욕 매거진에 '다가갈 수 없는 아이에게 다가가기'라는 제목으로 기사를 썼다. 나는 거의 10년 전에 글쓰기를 그만두었지만, 밤마다 라운이 그날 한 일을 함께 살펴보고, 우리가 경험한 것을 축복으로 여기면서 밤늦게 다시 타자기 앞에 앉아서 글을 썼다. 그 기사에 대한 평판으로 나는 '하퍼 앤드 로Haper&Raw' 출판사와 책을 내기로 계약했다. 『썬 라이즈Son-Rise』가 출판되자마자 우리는 우리 아들처럼 다가갈 수 없고 고칠 수 없고 가망없다고 진단 받은 아이들을 둔 전 세계 많은 부모들에게서 도와달라는 요청을 받았다. 걸려오는 수많은 전화에 대답해 주고 그 가족들을 도와주기 시작하면서 우리는 라운과 하는 프로그램을 계속했다.

다음 12개월 동안 우리 프로그램의 기본 원칙은 좀더 세밀하게 되었다. 그리고 라운의 배우려는 열정도 불꽃처럼 타올랐다. 라운은 이제 복잡한 문장으로 우리가 서로 통할 수 있을 뿐 아니라 이해 정도가 또래 아이들보다 훨씬 앞서갔다. 우리는 라운에게 1, 2학년 교과서를 보여주었는데 세 살 반 된 그 애는 별로 힘들이지 않고 그것들을 익혔다. 우리는 지리·수학 그리고 미술책을 라운에게 보여주었다. 라운이 자신의 자폐적 세계로 다시 움츠러들지는 않았지만 우리의 열정적 자극이 없으면 사람들과 상호교류하는 것도 적어지고 주위에 대한 호기심도 적어진다는 것을 알아냈다.

우리는 라운이 한걸음 더 크게 내딛도록 그 애를 도와주어야 했다. 우리는 상상력을 필요로 하는 놀이를 만들어 내어 프로그램 방향을 다시 한번 바꾸었다. 상호작용을 위한 기초로 책·퍼즐·장난감을 사용하는 것보다는 라운이 상상을 하게 하고 라운의 마음에서 이미지와

라운의 삶이 꽃을 피우다

아이디어를 꺼내 그것들을 사용하여 우리와 함께 놀이를 꾸미도록 그 애를 자극하려 노력했다.

예를 들어 우리는 라운이 비행기와 로켓에 관심이 있는 것을 이용해 새로운 상호적 놀이를 만들었다. 오후 수업에서 브린은 방 한가운데 라운과 같이 앉아 비행기 조종실을 자세하게 묘사했다. 라운은 집중해서 들었다. 잠깐 동안 그 애는 혼란스러운 것 같았다. 그러나 라운은 점점 브린의 게임에 동참했다. 라운은 조종사가 되고 브린은 부조종사가 되어 다음 20분 동안 두 아이는 상상 속에서 비행기를 조종하며 급회전도 하고 각자 몸을 기울여 회전도 그리면서 항공기를 날렸다.

나는 그 수업의 대부분을 지켜보면서 기록했고 라운이 그런 상상을 더 많이 하도록 해야겠다고 생각했다. 상상력을 최대한으로 높이기 위해 나는 옆에서 천둥소리를 냈다. 처음에 라운은 영문을 모르고 눈을 커다랗게 뜨고 나를 바라보았다. 그러나 브린은 변화가 많은 날씨 때문이라고 말하면서 몸을 심하게 움직였다. 그러자 라운도 바닥에 추락할 때마다 웃으면서 위아래로 깡충깡충 뛰기 시작했다.

또 다른 수업에서, 지금은 프로그램에서 가르치고 있는 우리 친구 로라가 상상의 배를 만들어 자신의 특별한 학생과 이국적 섬들을 방문했다. 그들은 야자나무 아래에서 코코넛을 먹었고 상상의 파도에 발을 적셨다. 테아는 라운에게 춤을 가르치고 그 애와 함께 보이지 않는 가상의 무대에서 춤을 추었다. 그들은 보이지 않는 청중 앞에서 절을 하기도 했다. 우리 딸에 의하면 그들은 기립 박수를 받았다고 한다. 라운은 점점 재미를 만끽하는 것 같았다. 이렇게 라운은 공상할 수 있고 상상놀이에 참가할 수 있었다. 그러나 라운은 아직도 이런 종류의 놀이에서 먼저 시작하지는 않았다. 사실 이런 경험이 계속되는 동안 우리는 라운이 무엇을 하는지 보기 위해 그 애 혼자 방에 남겨두었다. 장난감이나 책이 방에 있으면 그 애는 곧 그것들을 가지고 놀았다. 우리가 그 방 물건을 다 치워도 라운은 5분, 10분, 15분 정도까지도 만족한 듯하면서 아무런 일도 하지 않고 혼자 앉아 있었다. 그 애는 창밖을 내다보거나, 자신에게는 행동을 먼저 시작하는 능력이 없는 것처럼 누구를 또는 어떤 것이 도착하기를 기다리듯이 머리를 손에 대고 있기도 했다.

우리는 몇 개월 동안 지속적으로 모든 수업에서 상상력에 큰 비중을 두었다. 그러던 어느날 라운은 교실로 걸어들어와 상상놀이 주제를 정하자고 했다. 라운은 자원봉사 선생님 앤디에게 라운의 그림책에서 읽은 대로 시간여행을 하자고 했다. 앤디는 좋다고 하면서 라운이 먼저 어떻게 해야 하는지 보여주어야 한다고 말했다. 라운은 선생님에게 그들이 작고 둥근 타임머신에 들어갈 수 있도록 자기를 꼭 껴안으라고 했다. 그리고 우리 아들은 보이지 않는 단추를 눌렀고 이상한 타임머신 소리를 내면서 공룡으로 가득한 푸른 초원에 상륙했다. 앤디는 놀라 주위를 돌아보았고 타임머신 주위를 돌아다니는 공룡에 대해 말했다. 라운은 웃으면서 책에서 본 두 마리 공룡 이름을 말했다.

"와! 그림보다 더 크네"라고 말했다.

곧바로 우리는 방을 다시 치우고 라운을 혼자 놓아두었다. 놀랍게도 그 애는 곧 상상의 친구들과 놀기 시작했고 그들의 도움으로 보이지 않는 냄비·프라이팬·접시·스파게티 소스로 완전한 식사를 만들기도 했다. 사마리아와 내가 관찰한 대로 우리는 라운이 또 다른 장벽을 넘었다는 것을 알았다. 라운은 마음속에 창조력을 발휘해 그 애가 알게 된 모든 것들을 활발하게 사용하기 시작했다. 그날부터 이 작은 소년은 주위의 세계와 교류할 뿐 아니라 자신의 마음속에서 만들어 낸 생각이나 이미지와도 즐겨 교류했다.

어느 여름날 오후에 사마리아는 라운과 집 옆 베란다에서 수업을 하기로 결정했다. 그녀는 유성과 태양계 그리고 별에 관한 세 권의 책을 가져왔다. 자리에 한번 앉자 라운은 주의 깊게 페이지를 넘기며 읽을 수 있는 단어를 골라 질문했다. 왜 토성에는 둥근 고리가 있어? 화성에는 사람들이 살고 있어? 태양은 정말 불타고 있어? 사마리아는 책 내용을 참고로 해서 할 수 있는 최선의 대답을 해주었다.

그리고 20분 정도 지나자 라운은 관심이 없어졌다. 그래서 호기심을 자극하려고 그녀는 아들에게 우스꽝스러운 질문을 했다.

"얘야, 라운아, 저기 밖에는 아주 큰 하늘이 있단다. 그리고 너는 아주 특별한 아이야. 나는 네가 저기 또 다른 별에서 온 것을 안단다. 이리 온, 라운, 너는 어느 별에서 왔니?"

라운은 장난스럽게 엄마를 바라보았으나 대답은 하지 않았다.

"라운, 네가 저기 밖에 있는 넓은 세상을 상상하고 네가 어디에서 왔는지를 잘 생각해 봐. 그것이 무슨 별일까, 응? 너는 어느 별에서 왔을까?"

라운은 하늘을 올려다보았다. 그 애는 하늘을 한 번 살펴보고 나서 엄마를 바라보더니 이렇게 말했다.

"나는 욕실 별에서 왔어요."

사마리아의 입이 벌어졌다.

"그래, 정말 그렇구나." 그녀는 눈에 눈물을 가득 담고 말했다.

라운이 계속 변화되어 가는 동안 그 애의 명석함과 관대함은 우리를 놀라게 했다. 그 애는 또한 호기심과 자발성을 키워 도움을 받지 않고 스스로를 가르치기 시작했다. 라운은 사람들을 예리하게 관찰했고 우리 사이의 상호적 행동에 대해 질문을 했다. 그 중에도 특히 라운은 탐구하는 것을 좋아했다. 세탁기, 토스터, 풀밭을 기어가는 개미, 소다수 병의 쉬잇하는 소리, 빗물이 고인 웅덩이, 휘파람 불기(별로 성공은 못했지만 그래도 해보려고 노력했다), 시계 안의 톱니바퀴, 전동 타자기, 베개 깃털, 전화(그 애는 소리를 듣고 응답기에 말하는 것을 좋아했다) 등 이 아이를 매혹시키는 것은 끝이 없는 것 같았다. 우리는 라운이 자폐증을 분명히 벗어났고 초기의 어려움을 보이지 않았으므로 이런 프로그램을 계속할 것인지 논의하기 시작했다. 우리의 결론은 라운이 결정을 내리도록 하자는 것이었다.

라운의 네 번째 생일이 지난 후 우리는 그 애의 상호적 행동의 성취도가 교실 안에서나 밖에서나 상관없이 훌륭하다는 것을 깨달았다. 우리는 시장·동물원·해변·식당 그리고 마침내 뉴욕시까지 여행을 함으로써 그 애의 환경을 넓혀주기 시작했다. 처음에는 거대한 도시의 소음이 라운에게 큰 충격을 준 것 같았다. 그러나 우리는 그 애가 곧 잘 적응해 나가는 것을 보았다. 자동차·버스·경적소리·사이렌 그리고 사람들을 피해가려 하기보다는 오히려 도시의 거리를 걷거나 달리는 것을 좋아했다.

라운은 아이들에 대한 관심이 많았다. 그 애는 처음으로 자기 옆을 지나가는 아이들을 보고 웃었다. 때로는 그 애들도 웃음을 보내왔다. 그러나 대부분 그 애들은 도시에서 낯선 이들과 일정한 거리를 유지하는, 매우 유효한 사회적 기술이 라운에게 결핍된 것처럼 여기며 라운을 호기심어린 눈으로 바라보았다. 그러나 그런 것에 개의치 않고 라운은 그 애들이 지나갈 때 아이들을 만지려고 다가갔다. 한번은 라운이 엄마와 함께 길을 건너려고 서 있는 작은 소년을 안아주었다. 그러자 그 아이의 엄마는 기분 나쁜 표정으로 라운에게서 아이를 잡아끌었다. 우리는 웃음띤 얼굴로 그녀를 향해 정중하게 고개를 숙였다.

라운이 도시에서 행동하는 것을 바라보면서 우리는 그 도시가 더 친숙하게 느껴졌다. 우리 모두는 우리가 어떻게 세상을 볼 것인지를 결정한다. 용을 생각하면 용을 볼 수 있다. 라운은 도시를 넓은 놀이터쯤으로 생각했으며 도시의 차가움이나 적대감은 보지 않았다. 그 대신에 사람들이 자신에게 안녕이라며 웃음을 보내고 싶어하는 것처럼 행동했다. 얼마나 훌륭한 가르침인가? 그리하여 그날 정오쯤에는 우리 모두 라운이 하는 대로 따라했다. 센트럴 파크에서 우리는 지나가는 사람들에게 인사했다. 그러자 놀랍게도 대부분의 사람들이 환영의 응답을 했다. 우리 가족 중에 누가 진정한 선생님이었을까?

반년이 또 지나갔다. 나는 어느 달 어느 날에 라운과 함께하는 우리의 정식 프로그램을 끝냈는지 정확하게 말할 수가 없다. 매주일 그 애가 좀더 단호해지고 혼자서도 잘 해낼 수 있었기 때문에 우리의 교육 과정은 변화했다.

우리는 라운에게 좀더 많은 자유시간을 주었다. 생각해 보니 라운이 자신의 계획과 독립심으로 우리 프로그램을 능가하게 되었다고 말할 수도 있겠다. 어느날 그 애가 스스로도 완전하게 잘해 나갈 수 있는 법을 배울 만큼 우리와 아들 사이의 균형이 극적으로 바뀌었다는 사실을 깨달을 수 있었던 것이다.

이후 계속되는 라운의 16년 동안의 변화를 돌아볼 때 나는 그 애가 우리에게 준 많은 기회와 특별한 상황에 대해서 경외심을 가진다. 그 애는 하늘에서 온 아이처럼 느껴졌다. 하느님이 우리를 위해서 특별히 라운을 선택한 것이다. 이렇게 말하는 것이 조금 우습고 마치 위선처럼 보일지도 모르지만, 그것이 우리가 가진 생각의 전부다. 사마리아와 나 그리고 우리가 교육시킨 다른 사람들은 특별한 아이들의 부모들과 함께 일하면서 자신들의 상황을 그것을 불행이 아닌 축복으로 보도록 도와주려 했다. 그것을 저주라고 한다면 그것이야말로 위선이다. 마치 우리가 꿈속에서 보는 용이나 악마처럼 우리는 우리가 보기를 기대하는, 다시 말하자면 우리가 볼 수밖에 없다고 믿는 것을 본다. 그러나 우리가 보아야 한다고 생각하는 것을 지우고 경이로움과 아름다움을 만들어 보면 어떨까? 그림의 떡이고 비현실적일까? 그렇다! 그러나 확실하게 비현실적이지 못하면 우리는 결코 어려움을 이겨내고 꿈을 이루지 못할 것이다.

회의론자들은 라운의 눈부신 성장이 얼마나 계속될 것인지를 알고 싶어 했다. 변화는 계속되었는가? 더 많은 꽃을 피웠는가?

나는 여러 가지 방법으로 그 질문에 답하려고 노력할 것이다. 라운의 변화는 끊임없이 계속되었으며 더욱 나아지고 있었다. 우리의 낙관론을 비판하는 사람들에게 나는 한 가지 말하고 싶다. 이 모험은 라운이 자폐증에서 벗어나는 것으로 끝나지 않았다. 그 애의 여정은 다른 아이들 역시 그러한 가정교육 프로그램을 통해 배우고 자라도록 도움을 주는 본보기가 되었다. 가르침의 핵심은 사랑과 수용의 자세다. 이러한 자세는 우리의 판단을 자각하는 것으로 시작되고 그 다음 그런 판단을 버리는 것을 배움으로써 얻게 된다. 정말 간단한 일이다! 우리는 매일 사람들에게 이 자세를 가르친다. 그리고 그 결과는 굉장하다.

다른 프로그램의 결과로 부모들은 이 모델에 기초를 둔 모임을 결성했다. 그들도 처음에는 우리 라운처럼 변화될 수 없고 고칠 수 없다고 했던 아이들의 부모들이다. 그렇다면 우리가 가르친 모든 사람들이 라운과 같은 결과를 이루는가? 아니다. 어느 누구도 그런 보증을 해 줄 수는 없다. 그러나 모든 무력한 사람들과 그런 노력의 기회를 갖는다는 것이 중요하다.

성서에 이런 말이 있다. "한 사람의 생명을 구하는 것이 온 세계를 구하는 것이다." 우리의 노력은 결코 아무런 결실 없이 소멸되지 않는다. 결코!

그렇다면 왜 별을 향해 나아가지 않는가! 왜 황금을 얻으러 가지 않는가? 구리도 아니고, 은도 아니다. 황금을 얻으러 가야 한다! 이에 대해 우리가 성공하지 못할 때 피할 수 없는 실망과 좌절을 느낄 거라고 비판할 수도 있다. 그런 생각을 바꾸고 사람들에게 새로운 방법으로 '노력'해 보도록 가르치는 것은 어떨까? 영광은 도달할 그곳에 있는 것이 아니라 우리가 어떻게 그 길을 가는가에 있는 것이다.

심리학자들과 특수교육 교사들은 아내와 내가 다른 부모들에게 거짓 희망을 준다고 비난했다. 그들은 자기들이 한 아이의 일생이 어떨지 그 결과를 두 살이나 세 살 때 알 수 있다고 권위를 가지고 주장했다. 말도 안 되는 이야기다! 이것은 또 다른 신념을 만드는 것이다. 이것은 사람들에게서 희망과 가능성을 빼앗고 창조성을, 에너지와 용기 있는 정신을 죽이는 일이다.

더 나은 날을 바라고 세계의 평화를 바라고 지구상에서 기아와 질병이 사라지기를 바라는 마음은 창의력과 재량이 풍부하도록 해준다.

희망은 우리를 살아 있게 한다. 특별한 아이를 둔 부모들에게 용기를 주는 한 방법이 있다면 그것은 결코 희망을 포기하지 말라는 것이다. 당신의 꿈을 가져라! 별들에게 다가가려는 아이를 사랑하고 돕는 데 실패는 있을 수 없다. 만약에 누가 당신 아이나 당신의 조건을 희망 없는 것으로 평가하더라도 그것을 믿지 말라. 신념은 자기 달성을 가능하게 한다.

우리 각자는 독특하다. 우리 각자는 유일하다. 우리는 다른 이들의 예측을 믿을 필요가 없다. 라운이 내게 그것을 가르쳐 주었다. 희망은 결과와는 별로 관계가 없으며 내적 느낌과 밀접한 관계가 있다. 희망은 선을 느끼게 한다. 희망은 우리로 하여금 잿더미 속에서도 가능성을 찾게 한다. 희망은 물과 햇빛이 충분하지 않은 곳에서조차도 뿌리를 내리는 씨앗이다. 왜냐하면 희망이 바로 물이고 햇빛이기 때문이다.

변화는 지속되었는가? 라운은 계속해서 성장했는가?

사람들은 이런 질문을 던질 것이다. 나는 독자들에게 우리 아들의 매일·매주·매달의 발전까지 모두 다 알려줄 수 있다. 기적과 신기한 일들로 가득찬 몇 년의 세월이 있었다. 그러나 그보다도 나는 라운이 성년이 되기까지 있었던 중요한 사건을 짧막한 글로 기록하고자 한다.

네 살부터 열여덟까지

네 살의 라운

다음 단계는 라운을 어린이집에 보내는 것이었다. 우리 지역에서 한 곳이 가장 믿을 만하고 진보적이었다. 우리는 라운에게 새로운 경험을 할 준비를 시켰다. 라운은 이 모험을 엄마와 같이 어린이집에 가는 것으로 시작했다.

사마리아는 대학교 캠퍼스 안에 있는 어린이집으로 차를 몰았다. 대성당같이 높은 천장이 있는 커다란 접수실에 들어가자 한 여성이 그녀와 라운에게 형식적으로 인사하고 먼저 지원서를 작성해 달라고 했다. 사마리아는 그녀가 매우 권위있고 전문적인 직업인처럼 보이지만 라운을 똑바로 쳐다보지 않는다는 것을 알아차렸다. 그녀는 웃지도 않고 냉정한 직업의식만 보였다. 우리는 우리 아들에게 인간적이고 따뜻하고 재미있는 환경을 마련해 주고 싶었다. 사마리아는 그래도 학생들의 분위기가 그 사무실의 형식적 딱딱함과는 다를 것이라고 생각했다.

지원서를 다 쓴 후에 사마리아는 엄지손가락 놀이에 열중하는 아들 옆에 앉아서 기다렸다. 몇 분 후에 접수실 다른 쪽 책상에 앉아 있던 여성이 사마리아에게 오더니 자신을 소개했다. 그녀는 컴퓨터에 기록된 대로 수업 시간·수업 날짜 그리고 수업료 등에 대해서 빠른 속도로 말했다. 그리고 라운의 긴 머리를 보더니 머리를 잘라야 한다고 말했다. 사실 그것은 입학에 꼭 필요한 요구 조건이었다. 또 다른 요구 사항은 그들이 라운의 입학을 허용하기 전에 라운이 수업에 한 번 참석해야 한다는 것이었다. 그녀의 요구가 적합하다고 생각되어 사마리아는 우리 아들에게 그 여성을 따라 교실로 들어가라고 했다. 그러자 라운은 망설임 없이 그녀의 손을 잡고 큰 걸음으로 따라갔다. 아! 이제 라운의 첫 번째 어린이집 경험이 시작된 것이다.

사마리아가 뒤따라가려 하자 다른 직원이 그녀를 제지했다. 그들은 사마리아의 출현이 라운과 다른 아이들을 방해한다고 생각했으므로 사마리아는 라운을 관찰할 수가 없었다. 5분이 지나갔다. 사마리아는 이것이 라운이 스스로 치러내야 할 첫 번째 관문이라고 생각하며 초조하게 사무실을 서성거렸다. 그녀는 '라운은 잘해낼 거야'라고 스스로에게 다짐하면서 기다렸다.

마침내 직원이 시계를 보더니 책상에서 일어나 라운을 데리러 갔다. 사마리아는 그녀가 긴 복도를 걸어가서 끝 교실로 들어가는 것을 바라보았다. 그러자 열린 교실 문을 통해 갑자기 한 아이가 소리지르는 것을 들었다. 사마리아는 본능적으로 그 소리를 향해 몸을 움직였다. 전에 라운이 소리지르는 것을 들은 적은 없었지만 사마리아는 복도를 빠르게 걸어가면서 그 소리가 아들의 소리라는 것을 직감적으로 알았다. 사마리아가 교실로 들어가자 접수실의 그 직원이 라운이 싫다고 하는데도 그 애의 팔을 끌고 교실을 가로질러 오는 것을 보았다.

"뭘 하는 겁니까? 그 애 혼자 가게 내버려두세요." 사마리아가 항의했다.

"이 아이는 벌을 받아야 합니다. 내가 옷을 입혀 주려고 하는데 말을 안 듣고 들고 가려 했습니다." 그 직원은 권위적으로 말했다.

"그 애를 내버려두세요!" 사마리아는 강하게 요구했다. 직원은 우리 아들의 팔을 놓고 비난하듯이 머리를 흔들었다. 그러자 라운은 엄마 품으로 뛰어들어와 꼭 끌어안았다.

"괜찮아, 아가, 다 잘될거야. 이제 네가 옷을 입을래?" 그 애는 눈물을 글썽거리며 고개를 끄덕였다. 사마리아는 라운에게 옷을 건네주고 나서 물끄러미 바라보는 직원에게 말했다. "나는 당신이 아이를 왜 그렇게 대하는지 알 수가 없군요. 이 어린이집은 우리 아이에게 맞지 않아요. 사실 어떤 아이라도 이곳은 맞지 않을 것 같군요." 사마리아는 라운의 손을 부드럽게 잡았다. "우리 아가, 어서 가자. 우리 이곳을 떠나자."

라운은 몇 분 후에 그 충격에서 벗어났다. 그리고 후에 사마리아와 나는 라운에게 그 직원이 아이들의 교육에 대한 자신의 소신대로 최선을 다한 것이라고 설명해 주었다. 우리 역시 그녀처럼 생각했던 때가 있었다는 것을 알고 있다. 왜냐하면 우리 역시 아이들을 움직이게 하기 위해서는 강제로 힘을 써야 한다고 배워왔기 때문이다. 그러나 지금은 생각이 다르다는 것을 우리는 알고 있다. 우리는 라운이 사랑받기를 원했고 이것은 가장 중요한 문제였다. 존중되기를 원했고 그의 선택이 받아들여지기를 원했다.

라운에게 왜 소리질렀느냐고 하자 어떤 아이가 선생님이 크레용을 빼앗아가서 소리를 지르니까 다시 돌려주었기 때문에 자기도 똑같이 했다고 했다. 그 애는 자기도 똑같은 행동을 하면 자기를 끌어내던 사람이 놓아줄 것이라고 생각한 것이다. 나는 웃었고 라운도 웃어 보였다. 우리 아들이 세상 살아가는 방법을 배우기 시작한 것이다.

다음번에는 먼젓번보다 덜 색다른 어린이집을 선택했다. 브린과 테아는 우리 이웃에 있는 놀이방에 다니는데 그 애들은 둘 다 그곳을 아주 좋아했다. 전에 유치원 교사였던 놀이방 선생님은 집에서 보조교사들과 함께 프로그램을 운영했다. 그곳에는 진보적인 철학이나 세련된 직업의식은 없었지만 아이들을 사랑하는 프로그램으로 가득차 있는 것 같았다. 그녀는 아이들에게 교육적 장난감을 보여주고 그 애들이 배울 수 있게 이끌어 주었다. 그 선생님은 무엇보다도 아이들 사이의 상호인격적 관계에 초점을 두었다. 우리가 가장 원하고 바라는 것은 라운이 친구들이 있는 사회속으로 사랑스럽게, 자연스럽게 그리고 재미있게 합류하는 것이었다. 그 어린이집은 아들에게 꼭 맞는 곳이었다.

루산느 선생님은 우리와 라운을 환영해 주었다. 이웃에 있는 많은 고등학교와 대학교 학생들이 라운의 프로그램에 자원봉사로 참석했기 때문에 선생님은 아들의 일을 잘 알고 있었다. 더군다나 그녀는 가능한 한 우리에게 민감하고 열려 있고자 했다. 사마리아는 우리가 아이를 기르는 데 있어 모든 분야에 기본이 되는 태도에 대해서 루산느 선생님과 이야기했다. 그녀는 우리가 말한 원칙에 공감하면서 거기에 덧

붙여 어린아이의 행동을 이해하기 위한 방법으로 판단하지 않고 질문을 사용한다는 생각에 전적으로 동감하고 기뻐했다. 그녀는 라운에게 강요하지 않고 스스로 참여하도록 용기를 주는 데 동의했다. 라운에게 소리를 지르거나 신체적으로 압력을 주는 일 없이.

"좋습니다. 댁의 아드님이 우리 어린이집에 함께한다는 것은 좋은 의미로 나를 긴장하게 합니다." 그녀가 말했다.

사마리아는 첫 주 내내 라운을 교실까지 바래다주고 싶어했다. 그런 다음에는 남아서 라운을 관찰할 수 있는지를 선생님에게 물어보았다. 만약 이 제의가 거절된다면 우리는 다른 곳을 찾아보기로 했다. 그러나 정반대로 선생님은 좋다고 했다. 그 놀이방에는 안에서 밖을 볼 수 없지만 밖에서는 안을 볼 수 있는 유리창이 없었다. 사마리아가 그 방에 라운과 같이 있는 것을 원하지 않았기 때문에 다른 제안을 했다. 어린이집에도 놀이방을 꾸며놓았기 때문에 사마리아는 밖에서 안을 볼 수 있었다.

서로를 잘 알기 위한 시간이 주어졌다. 선생님은 라운을 보자 자상한 할머니처럼 안아주었다. 그녀는 라운에게 놀이방과 장난감을 보여주고 누구와 짝이 되고 싶냐고 했다. 라운은 주의 깊게 듣고 있더니 선생님의 손을 잡고 블록이 가득 쌓여 있는 곳으로 갔다.

"이것을 가지고 놀아도 되나요? 나는 탑 쌓는 것을 좋아해요." 라운이 말했다.

"물론이지. 또 네가 원한다면 너를 도와줄 수도 있어. 그렇게 할래?"

라운은 머리를 끄덕였다. 사마리아는 그 두 사람을 바라보았다. 그녀의 뺨에 눈물이 흘러내렸다. 사마리아는 선생님과, 이제 세상을 향해 마음을 연 작은 아이에게 감사했다.

놀이방에 간 첫날, 사마리아는 라운을 놀이방에 데리고 가서 그 애의 손을 잡고 문 옆에 서 있었다. 그 애는 곧 엄마의 손을 놓고 선생님과 아이들이 동그랗게 앉아 있는 곳으로 들어갔다. 선생님이 라운을 아이들에게 소개했다. 한 작은 소년이 라운의 손을 잡고 악수했다. 라운은 엄마를 바라보았다. 사마리아는 고개를 끄덕이며 라운이 그 소년에게 응답하도록 용기를 주었다. 그러자 라운도 그 소년의 손을 꼭 잡고 힘차게 악수하며 포옹까지 해 그 애를 놀라게 했다. 선생님이 웃었다. 우리집에서는 악수 대신 안아주는 것이 환영한다는 인사법이었다. 라운이 친절하고도 존중해 주는 환경 속에서 세상에 대해 배우는 것을 보는 것이 얼마나 경이로운가!

사마리아는 놀이방의 분위기에 안심하면서 작별인사를 하고 떠났다. 그녀는 밖으로 나와 안을 살펴보기 위해 지하실 창문으로 갔다. 땅에는 눈이 쌓여 있었고 차가운 땅 표면이 바람마저 얼어붙게 만들었다. 사마리아는 지하실 창을 통해 안을 들여다보려고 차가운 눈 위에 엎드렸다. 그녀는 다른 아이들 사이에서 라운을 보았다.

갑자기 사마리아는 자신이 와들와들 떨고 있는 것을 깨달았다. 그녀의 발가락은 눈과 바람 속에서 감각이 없어져 갔다. 그런데도 그녀는 지금까지 본 그 어떤 영화보다 매혹적인 장면에 사로잡혀 꼼짝도 할 수가 없었다. 마침내 그녀는 뻣뻣하게 굳은 다리로 일어나 절뚝거리며 자동차로 걸어갔고 평화로운 웃음이 얼굴에 퍼졌다.

라운은 놀이방에서 보낸 첫날을 좋아했다. 사마리아는 그녀가 관찰한 것에 기초해 선생님에게 라운이 수업에 더 잘 적응하도록 돕는 몇 가지 제안을 했다. 선생님은 주의 깊게 듣더니 만족한 듯 웃었다. 선생님은 이러한 나눔을 분명히 좋아하는 것 같았다. 사마리아와 나는 선

283

생님의 개방적 태도와 친절함에 깊은 감동을 받았다.

그 주 후반에 사마리아는 눈 위에 담요를 깔고 그 위에 엎드려 매우 이상한 일을 보게 되었다. 그 놀이방에서 빅 지미라는 제일 큰 아이가 작은 소년에게서 불자동차를 빼앗고는 그 애를 거칠게 밀어버렸다. 작은 소년이 자동차를 다시 빼앗으려고 하자 빅 지미는 더욱 거칠게 그 애를 밀었다. 그때 블록을 가지고 놀던 라운이 친구를 괴롭히는 빅 지미에게 갔다. 빅 지미는 라운을 노려보았다. 라운은 지미의 키와 덩치에 비해 아주 작아 보였다. 잠시 두 아이는 서로를 쳐다보았다. 그런데 지미가 고함을 지르자 라운은 웃으면서 그 자동차를 달라고 부드럽게 이야기했다. 처음에 지미는 라운의 당돌한 요구에 혼란스러운 것 같았다. 그러나 그 애는 어깨를 으쓱하더니 자동차를 라운에게 주었고 라운은 그것을 작은 소년에게 주었다. 빅 지미는 다른 자동차를 가지고 놀기 위해 제자리로 돌아갔고 라운도 다시 블록을 쌓기 위해 돌아갔다.

사마리아는 아들에게 조용히 박수를 보냈다. 나무들과 눈덮인 관목들만이 그녀의 박수소리를 들을 수 있었다. 선생님은 라운이 문제를 해결하는 데 어떻게 그렇게 효과적이고 편안하게 할 수 있는지 놀라워했다.

빅 지미는 놀이방에서 말썽을 많이 피운 아이였다. 그런데 라운은 그 애에게 부드럽고 진실하게 다가간 것이다. 그후 지미는 변화되어 라운의 친구가 되었다. 사실 선생님은 지미뿐 아니라 다른 아이들도 라운 앞에서 눈에 띄게 사랑스럽고 다정해졌다고 알려줬다.

다섯 살의 라운

라운은 다른 학교에 있는 유치원에 들어갔다. 첫날에 사마리아와 라운과 나는 다른 학부모들과 아이들과 함께 오리엔테이션과 놀이시간에 참가했다. 활기차고 강렬한 인상의 젊은 선생님이 흥분된 감정으로 우리에게 말했다. 그녀가 우리에게 유치원 교과과정에 대해 설명하는 동안 아이들은 방의 뒤편에서 보조 교사와 놀고 있었다. 라운은 즐겁게 참여했다. 사실 그 애는 다른 아이들보다 더 외향적이고 더 참여적인 것 같았다.

그날의 일정이 다 끝나고 떠나려 할 때 한 소년이 라운에게 달려와 그 애가 갖고 있던 매직 마커를 달라고 했다. 그런데 라운이 대답하기도 전에 다른 아이가 라운의 얼굴을 때리고 마커를 빼앗아 달아났다. 라운은 여태 누구에게 맞아본 적이 없었기 때문에 깜짝 놀란 것 같았다. 그러나 그 애는 울지 않았다. 라운은 뺨을 만지면서 엄마에게 야단맞는 그 작은 아이를 바라보았다. 마침내 그 아이 엄마는 라운을 때렸다고 자기 아이를 때렸다. 그 엄마는 아들에게 폭력을 쓰는 자신을 인식하지 못하는 듯 했다.

사마리아와 나는 무릎을 꿇고 라운을 보았다. 우리는 우리의 반응이 라운에게 얼마나 중요한지를 알았다. 우리가 만일 그 일을 놀랍다거나 무서운 것으로 본다면 라운도 그 일을 놀라운 일이나 불행한 일로 받아들이게 될 것이다. 그래서 우리는 라운에게 어떤 기분인지 묻기로 했다.

"괜찮니?" 사마리아가 묻자 라운은 고개를 끄덕였다.

"뺨을 만져 줄까?" 내가 물었다. 우리는 라운의 부풀어오른 뺨에 손자국이 나 있는 것을 보았다. 라운은 내 손을 뺨으로 가져갔고 나는 살며시 쓰다듬어 주었다. 그러자 선생님이 우리에게 와서 사과를 했다.

차 안에서 라운은 그 소년이 왜 자기를 때렸느냐고 물었다. 그래서 우리는 라운에게 우리가 상상해 볼 수 있지만 정확한 이유는 모른다고 말했다. 만약 라운이 정말 알기를 원한다면 그 아이에게 직접 물어볼 수도 있을 것이다.

"라운" 사마리아가 말했다. "아이들을 포함해서 사람들은 속이 상하고 불행할 때가 있어. 그럴 때 그들은 그것을 여러 가지 다른 방법으로 표현한단다. 어떤 땐 슬퍼하기도 하고 무서워하기도 하고 화를 내기도 하고 서로 때리기도 한단다."

"그리고 때로 슬퍼하고, 무서워하고, 화를 내는 것을 동시에 하기도 한단다. 그래서 그런 일이 일어날 때는 모든 것이 혼란스러워지게 되지. 내 생각에는 그럴 때 사람들이 서로 때리게 되는 것 같구나." 내가 덧붙여 말했다.

"그러면 나를 때린 아이도 혼란스러웠나요?" 라운이 물었다.

"아마 그 애의 마음이 그랬을 거야." 사마리아가 말했다.

"왜 그 애 엄마가 그 애를 나쁘다고 했나요?" 라운이 다시 우리에게 물었다.

"누구를 나쁘다고 하는 것은 자신이 원치 않는다는 것을 말하는 방법이란다. 예를 들면 '나쁜 아이'라는 말은 '그 일을 다시 하지 말자'는 뜻이야." 나는 귀엽고 사랑스러운 우리 아들에게 웃으면서 말했다. "라운, 맞았을 때 어떤 기분이었니?"

라운은 생각에 잠겨 나를 보더니 깊은 한숨을 내쉬고 나서 말했다. "아팠어요."

"그래, 그 애가 너를 세게 때렸으니까."

"난 싫어요, 아빠. 그리고 그 애가 다시는 안 그랬으면 좋겠어요."

"나도 그렇단다. 그런데 지금 너는 그 아이에 대해 어떻게 생각하니?"

"아! 우리는 그네를 함께 탔어요. 나는 그 애를 정말 좋아해요." 라운은 웃었다.

원망도 없고 유감도 없었다. 아무도 라운에게 상대방을 미워하거나 증오하라고 가르치지 않았고 그래서 그 애는 그렇게 하지 않은 것이다.

몇 주 후에 교사와 학부모 회의에서 제너 선생님이 자신을 기쁘게 해준 라운에 대한 이야기를 했다. 어느날 수업 중에 교실 뒤쪽 책상에서 몇 명의 아이들이 떠들면서 크레용을 던지며 수업을 방해했다. 그녀는 아이들에게 그만두라고 계속 말했는데도 아이들은 듣지 않았다. 그녀의 생각에 주모자는 마이클이라는 아이인 것 같았다. 선생님은 그 아이의 행동을 더 참을 수가 없어 그 애를 나무랐다. 그러자 그 애는 화를 내며 선생님에게 소리를 질렀다. 그래서 그녀는 자신의 말이 잘 전달되지 못했다고 생각하면서 다시 노골적으로 말했다. "마이클, 지금 당장 그만두어라. 너는 나쁜 아이가 되어가는구나."

2분 후에 라운이 선생님의 책상으로 가서 말했다. "제너 선생님, 마이클은 나쁘지 않아요. 그 애는 단지 행복하지 않을 뿐이에요." 그녀는 라운의 말에 대해 하루 종일 생각해 보았다. "정말 마이클은 라운이 본 대로 확실히 불행해 보였어요." 그녀가 우리에게 말했다.

그리고 며칠 후 그녀는 다른 아이를 '나쁘다'고 말하려다 그만둔 일이 있었다고 말했다. 그녀는 그 말을 하려고 입을 벌리다가 몸을 돌려 라운을 쳐다보았다. 그 애는 자기 책상에서 선생님을 주의 깊게 바라보았다. 제너 선생님은 라운을 보고 웃으면서 말했다. "그래, 나도 기억한다. 라운아. 그 애는 나쁜 것이 아니고 단지 행복하지가 않을 뿐이지."

"그것은 정말 놀라운 일이었어요." 그녀는 계속했다. "라운이 한 이 한마디 말이 내 생각을 완전히 바꾸어 놓은 거예요. 정말 마이클과 조나단과 다른 아이들은 행복하지 않았어요. 그 애들은 나쁜 것이 아니었어요. 나는 다시는 아이들을 나쁘다고 하지 않을 거예요."

제너 선생님은 또 라운이 수업시간에 그린 그림에 대해서 이야기했다. 그녀는 학생들에게 기억나는 일 중 즐거웠던 일을 그림으로 그려 보라고 했다. 아마도 새로운 자전거를 얻었다거나 동물원으로 놀러 간 것 정도일 것이다. 아이들은 아주 잘 그렸다. 한 아이는 아기고양이와 놀고 있는 엄마고양이를 그렸다. 어떤 아이는 지난 여름에 수족관에 갔을 때 보았던 큰 고래를 그렸다. 그러나 라운의 그림은 그녀가 보았던 다른 아이들의 그림과 달랐다. 그 애는 이 교실의 다른 아이들이나 이전에 그녀가 가르쳤던 다른 아이들이 그린 그림보다 더 오래전의 것을 그렸다.

제너 선생님은 라운이 선택한 주제를 신기해하면서 그녀의 책상에서 그 그림을 꺼내와 우리에게 보여주었다. 그것은 배가 많이 부른 임신한 여성의 모습을 어린아이다운 해석으로 그린 것이었다. 라운의 설명에 따르면 그 애는 그녀의 배 안에 접시를 돌리고 있는 한 작은 소년을 그려 넣었다. 선생님이 그 그림의 여성이 누구냐고 하니까 라운은 '엄마'라고 말했다. 그리고 그 애는 그 작은 소년이 바로 자기라고 자랑스럽게 이야기했다. 그런데 제너 선생님은 라운의 지난날, 곧 그 애의 심각한 자폐증과 자기 자극적인 행동에 대해서는 모르고 있었다.

우리는 그 그림을 부엌 식기장 앞에 핀으로 꽂아놓았다. 우리는 몇 년 동안 그 그림이 누레지고 연필 자국들이 사라져 버릴 때까지 거기에 두고 볼 때마다 즐거워했다.

6개월 후 저녁식사 시간 우리 집 부엌. 테아가 잔에 마지막 남은 주스를 따랐다. 라운이 그 주스병을 가져가 자기 유리잔에 기울였지만 주스는 나오지 않았다. 그 애는 누나가 주스병을 비운 것을 알고 좀 나누어 달라고 했다. 그러나 테아는 거절했고 라운은 한 번 더 달라고 했다. 테아가 다시 싫다고 하자 사마리아와 내가 나서기 전에 그 애는 이상한 행동을 했다. 그 애는 주먹을 꽉 쥐고 화가 난 표정으로 자신을 얼굴을 탁탁 쳤다.

우리는 어안이 벙벙해서 라운을 바라보았다.

"라운, 너 지금 뭘 하고 있니?" 내가 물었다.

"나는 지금 누나에게 내가 화난 것을 보여주고 있어요."

"그런데 얘야, 너는 정말 화가 난 것처럼 보이지 않는단다." 내가 말했다. 그 애는 마치 연극을 하는 것 같았다.

라운은 곧 주먹을 펴고 얼굴 표정을 부드럽게 했다. 그 애는 학교에서 배운대로 한 것이었다. 제너 선생님은 교실의 네 귀퉁이에 베개를 갖다 놓고 누가 화가 났을 때는 사람을 때리지 말고 베개를 치라고 학생들에게 말했다. 그녀는 또 사람들이 원하는 것을 갖지 못하게 될 때는 화나는 것이 당연하다고 설명했다. "그것은 자연스러운 일이란다." 그녀는 학생들에게 말했다. 그래서 라운도 자기가 원하는 것을 누나에게서 얻지 못했으므로 화가 났을 것이라고 결론지었다. 우리가 본 것은 라운이, 반 아이들이 화를 내는 것을 보고 그대로 따라한 모습이었다.

"그런데 라운, 너는 누나에게 정말 화가 났니?" 사마리아가 물었다.

"아니요."

"자, 그러면 이번 일에서 배운 것은 원하는 것을 얻지 못했어도 화를 낼 필요는 없다는 거지. 그래도 행복할 수 있지 않니? 그게 너의 선택이야." 그녀가 말했다.

"나는 행복해요." 라운은 그의 솔직한 순진함으로 우리에게 확실하게 말했다.

그날 저녁에 나는 제너 선생님과 긴 전화 통화를 했다. 그녀는 최근에 석사 학위를 받기 위해 게슈탈트 요법에 대해서 공부하고 있었다. '감정에 가까이 다가가고 표현하라'는 것이 그녀의 주장이었다.

"아이들에게 화난 것을 표현하게 하는 것은 건강한 일이에요." 그녀는 확신을 갖고 나에게 말했다.

나도 동의했다. 정말 나는 학생들이 자신의 감정과 만나도록 하기 위해서 그녀가 얼마나 의식적으로 또한 배려 깊은 노력을 하는지 잘 알고 있었다. 그러나 나는 우리가 우리 아이들에게 그녀의 교실에서 표현되는 메시지와는 조금 다른 것을 가르쳤다고 설명했다. 우리는 우리 아이들에게 누군가가 그들이 싫어하는 일을 하거나 그들이 원하는 것을 얻지 못했다 하더라도 나쁘다고 느끼거나 화를 낼 필요는 없다고 가르쳤다. 아이들은 자신에게 일어난 일에 대해 어떻게 대응할 것인지 선택할 수 있다. 나는 제너 선생님에게 우리가, 화를 내는 것은 좋지만 세상이 자기 식대로 되어가지 않는다 해도 좋게 느낄 수 있는 또 다른 선택도 있을 수 있다는 것을 아이들에게 가르쳤다고 이야기했다. 우리는 라운이 행복과 불행은 자신의 선택에 달린 것이라는 것을 알아주기 바랐다.

"재미있는 견해군요." 제너 선생님이 말했다. "나는 아이들에게 그들이 화가 났을 때가 아니라 화를 내야겠다고 생각한다면 아이들을 위해 베개를 준비하겠다고 이야기해야겠어요. 살면서 배우는 거지요. 사람들이 원하는 대로 안 될 때 모든 사람들이 다 화를 낼 것이라고 생각할 필요가 없네요. 마음에 들어요. 이 사실을 나 자신에게도 다시 상기시켜야겠군요." 그녀는 웃었다.

여섯 살의 라운

이 특별한 해에 라운에게는 새로운 모험이 기다리고 있었다. 『썬 라이즈』가 나온 후에 미국 전역의 부모들·전문가·교사들이 우리와 연락했다. 그리고 12개 국어로 번역되자 전 세계에서 도움을 청하는 편지가 산더미처럼 쌓였다. 우리는 우리가 할 수 있는 한 그들에게 답장을 썼다.

　매주 때로는 매일 미국의 다른 주와 다른 나라에서 많은 가족들이 우리 집을 찾아왔다. 그들은 아이들을 데리고 왔는데 많은 아이들이 자폐증이었고 어떤 아이들은 발달장애나 신경학적 기능장애를 가진 아이들이었다. 실어증, 뇌성마비, 심각한 간질병 그리고 다른 어려움으로 고통 받는 아이들을 둔 부모들에게 우리는 기꺼이 오라고 이야기했다. 그들은 우리와 공통의 유대를 나누었다. 그들 역시 자신의 아이가 의미있는 변화를 가져올 수 있다는 어떤 희망도 받아보지 못했다. 그래서 절망에 빠지기도 했지만 이 용감한 사람들은 전문가들의 부정적 견해를 무시하고 아이가 나아지기를 원했다.

　우리는 모든 사람들을 돕고 싶었다. 그러나 우리는 이 부모들에게

291

어떤 보증도 해줄 수 없음을 주의시켰다. 그들이 우리가 말한 태도에 대한 관점을 받아들여 자신의 아이를 위해 집에서 우리와 비슷한 교육 프로그램을 운영한다 하더라도 결과는 누구도 예측할 수 없는 것이다. 그러나 우리는 사랑과 수용으로 가득찬 그런 여정이 아이들과 부모들에게 선물로 주어질 수 있다고 믿었다.

라운과 처음부터 같이했던 몇몇 자원봉사자들이 우리를 도왔다. 브린과 테아도 그들이 동생을 가르쳤던 것처럼 다른 아이들을 가르치는 데 흥분해 같이 동참했다. 무엇보다 놀란 만한 자원봉사자는 라운 자신이었다. 아이들의 부모들이 집에 왔을 때 라운은 흥분하고 열광했다. 그리고 아이들과 만나자 라운은 그 애들과 혼연일체가 되어 즐겼다. 그 애는 새로운 친구들이 예측할 수 없고 즐겁고 재미있다고 느꼈다.

그러나 올해 라운의 가장 큰 모험은 1년 내내 한 명의 특별한 아이와 직접적으로 같이 일한 데서 비롯되었다. 라운의 인격에 가장 현저한 성장과 발달을 가져온 것은 대부분 프란치스카와 로베르토 소토 그리고 그들의 아들 로베르티토와 함께 노력했던 일이었다.

소토 가족은 그들의 고향 멕시코를 떠나 말도 통하지 않는 낯선 땅으로 왔고 우리 집 근처에 집을 빌려 생활하고 있었으므로 우리는 그들의 아들을 위한 프로그램을 매일 도와줄 수 있었다. 프란치스카와 로베르토는 심각한 자폐증 아이에게 다가가기 위해 대단한 용기와 헌신을 보여주었다. 우리는 그들을 훈련시켰을 뿐 아니라 그들을 돕기 위한 자원봉사자들을 가르쳤다. 활동적이고 열성적 교사인 라운을 포함해서 우리 모두는 가족이 되었고 이제는 로베르티토를 돕는 데 몰두하게 되었다.

다섯 살 반이 된 로베르티토와 집중적 프로그램을 시작하기 전에 우리는 그에게 신경 생리학적 검사를 해보기로 했다. 몇 시간 동안 복잡한 검사를 한 후에 의사는 큰 관심과 동정을 가지고 그 작은 아이를 바라보았다.

"이 아이는 매우 심각한 기능장애를 갖고 있어요." 그는 머리를 흔들더니 세 번째 같은 말을 반복했다. "매우 기능이 낮아요. 당신들은 이 아이에게서 무엇을 이루기 바랍니까? 얘기해 보세요."

"우리는 그 애가 우리 세상으로 나오도록 도울 수 있는지 알고 싶습니다. 우리가 먼저 그 애의 세계로 가야지요." 내가 말했다.

"그 애는 놀랄 만큼 아름답고 호감이 가는 아이예요. 당신도 같은 생각일 겁니다." 그의 목소리가 작아졌다. "아이큐를 적는데 정말 당황했습니다. 7과 14 사이더군요. 나는 아이들을 많이 테스트해 보았지만 이렇게 낮게 나온 적은 없었습니다. 자, 여기 보세요." 그는 두 개의 발달 측정기에 있는 숫자를 가리키면서 말했다. "이 아이는 다섯 살 반이 지났는데 언어로 이해하고 표현하는 능력이 한두 달 된 아이의 수준밖에 안됩니다. 사회성 부족도 그저 놀랄 정도입니다. 어떤 요구에도 귀를 기울이지 않고 관계를 맺지 않으며 말하지도 않습니다. 무엇인가 할 수 있다는 암시도 보여주지 않습니다. 나는 매우 슬픈 일이라고 말할 수밖에 없습니다. 왜냐하면 그 아이는 정말 멋진 소년인데…."

"우리는 그것을 슬픈 일로 보지 않습니다. 우리는 그 아이가 최고라고 생각합니다." 사마리아가 말했다.

"당신들이 당신들의 아이와 한 일은 기적이었습니다. 그러나 내 말은 당신들이 이 아이와 함께한다고 한다면 나는 아무 할 말이 없다는 것입니다. 그것은 기적과도 거리가 멉니다."라고 그 심리학자가 말했다.

로베르티토는 작업실 벽을 마주보고 혼자 앉아 있었다. 자기 얼굴 앞에 대고 손을 팔랑거리고 있었지만 그 애는 곁눈질로 계속 라운을 보았다. 사마리아는 스페인어로 로베르티토에게 말하고 라운을 새로운 놀이 친구로 소개한 후 그를 관찰해 보았다. 그녀의 지시 아래 우리 아들은 매트리스 위에서 뛰고 재주넘기도 하고 블록을 가지고 재미있게 놀았다.

"잘했어, 라운. 나는 네가 지금 로베르티토와 같이 놀았으면 좋겠구나. 그 애가 무엇을 하든 우리가 네게 보여준 대로 따라해봐라." 사마리아가 상냥하게 말했다.

라운은 씩 웃었다. 그리고 라운은 친구 앞에 쪼그리고 앉아 그 애의 얼굴 앞에서 손을 열심히 팔랑거리면서 돌렸다. 몇 분이 지나자 라운은 웃었다. "이것 참 재미있네요." 그 애는 사마리아에게 속삭였다. 두 아이는 몇 분 동안 하나처럼 움직였다. 그러고 나서 로베르티토는 그 방을 걸어다녔고 라운은 그 뒤를 따랐다. 그 애가 끙끙거리는 소리를 내자 라운도 따라했다.

"엄마, 내가 저 아이의 뺨을 만져도 될까요? 그 애가 좋아할까요?"

"잘 모르겠구나. 라운." 그녀는 속삭였다. "조금 더 기다리면 안 될까? 지금은 그저 그 애와 함께 있는 것에 집중하면 어떨까?"

두 아이가 서로 나란히 걸어가고 있을 때 로베르티토는 이상한 소리를 웅얼거리면서 조심스럽게 라운의 발을 보았다. 그러자 라운은 그 애와 똑같은 소리를 반복했다. 그리고 라운은 사마리아를 보고 말했다. "나는 자폐적인 말로 그 애에게 이야기하고 있어요." 라운은 생각에 잠겨 잠깐 멈추고는 결론을 내렸다. "그건 스페인말과는 다른데요."

사마리아는 웃었다. 그리고 그녀가 계속 관찰하는 동안 로베르티토가 라운과 같이 수업을 하면서 자주 웃는 것을 보고 놀랐다.

두 아이의 눈은 뚜렷하게 비슷한 열정을 가지고 있었다. 그 애들은 서로 바라보았고 라운은 손을 뻗어 로베르티토의 뺨을 만졌다. 사마리아는 로베르티토의 손으로 라운의 얼굴을 만지게 했다. 그 애는 라운을 몇 번 흘깃 보면서 자신의 손으로 만지는 것을 허용했다. 그러더니 갑자기 자신의 의지로 라운의 얼굴을 때렸다. 라운의 눈이 커졌다. "보세요, 이 애가 스스로 한 거예요." 라운이 소리질렀다. "굉장하지 않아요?" 라운은 어린 친구의 뺨에 뽀뽀를 했다. 사마리아는 그들의 말없는 친교를 보았다. 소토씨 집을 떠나면서 그녀는 라운에게 물었다. "재미있었니?"

"아주 재미있었어요." 라운은 마치 그 재미있는 부분이 배에 있는 것처럼 배를 만지면서 말했다. "그 애가 너무나 좋아서 나는 그 애가 영어로 말할 거라고 생각했어요" 하고 라운은 웃었다. "나는 그 애랑 같이 흔들고 춤추고 하는 것이 좋아요. 나는 다른 것들도 좋아하지만 그게 제일 좋아요."

"라운, 너는 네가 자폐였을 때 행복했지?" 사마리아가 물었다.

그 애는 잠깐 동안 생각하더니 대답했다. "네, 그러나 지금이 더 좋아요."

사마리아와 나는 몇 주일 후 로베르티토와 함께하는 수업에 라운을 데리고 갔다. 우리 넷은 같이 손뼉치고 흔드는 것으로 수업을 시작했다. 로베르티토는 손을 뻗어서 라운을 만졌다. 라운은 친구가 자신의 어깨를 누르는 것을 느끼자 일부러 넘어지면서 우리에게 속삭였다. "나는 지금 로베르티토가 강한 것처럼 느끼게 하려고 그러는 거예요."

멕시코에서 온 우리의 귀엽고 작은 친구는 손을 팔랑거리고 머리 옆에 있는 줄을 잡아당기고 몸을 흔들고 하는 '행동'을 하기 시작했다. 그리고 그 애는 자기만의 행동을 하고 있는 동안에도 곁눈질로 라운을 계속 바라보았다. 우리 아들은 밝게 웃으면서 로베르티토의 행동을 즐겁게 열심히 따라했다. 그 애가 로베르티토의 행동을 인정하고 받아들이는 것은 확실했다.

가끔 로베르티토는 자기 행동을 중단하고 라운의 얼굴을 똑바로 쳐다보기도 했다. 그 시간은 겨우 몇 초에 지나지 않았다. 그러나 그럴 때마다 라운은 그 사건의 의미를 이해하고 친구와 재빠르게 눈맞추기를 했다.

두 아이 사이에 조금씩 다리가 놓이고 있었다.

후에 로베르티토가 마루 위를 구르자 라운도 따라했다. 라운은 팔로 친구를 껴안고 애정을 표현했다. 놀랍게도 로베르티토는 그의 팔을 라운의 어깨에 두르면서 반응을 보였다. 라운에게는 그런 응답이 로베르티토가 열심히 노력해서 그 애 자신을 조금 밖으로 향하게 하는 것처럼 보였다.

나는 음악을 틀고 두 아이를 춤추게 했다. 그들은 서로 팔을 끼고 단순한 스텝을 밟았다. 얼마 후 로베르티토는 라운에게서 떨어져 마루에 앉았고 손을 팔랑거리는 자기 자극적 행동을 격렬하게 했다.

라운은 친구와 똑같이 부처 같은 자세를 취하고 손을 돌림으로써 자기가 로베르티토의 세계를 이해할 수 있음을 보여주었다. 그러자 로베르티토는 갑자기 손을 팔랑거리는 것을 멈췄고 라운도 같이 멈췄다. 로베르티토는 고개를 들고 어린 인도자의 얼굴을 의미있게 보더니 라운의 눈을 똑바로 응시했다. 우리 아들은 웃고 있었다. 4초가 10초로 늘어났다. 20초라는 믿을 수 없는 시간이 지나갔다. 로베르티토가 중단하지 않고 계속해서 어느 누구와 직접적인 눈맞춤을 한 것이 놀라워서 나는 처음 30초 동안 시간을 쟀다. 사마리아와 나는 숨을 쉴 수가 없었다. 우리는 움직일 수도 없었다. 우리는 로베르티토가 전에 이렇게 한 것을 본 적이 없었다. 단 한 번도!

갑자기 라운이 머리를 우리 쪽으로 돌렸다. 환하고 밝은 영혼의 웃음이 얼굴로 퍼졌다. 라운이 유난히 부드럽고도 떨리는 목소리로 말했다. "우리는 지금 서로에게 진실을 얘기하고 있어요. 우리는 서로의 눈으로 말하고 있는 거예요."

그 후 8개월이 지나자 로베르티토는 자신의 세계에서 우리 세계로 다리를 건너오기 시작했다. 그리고 그 애는 말을 하기 시작했다. 그 애는 상호적 행동을 자주 먼저 시작했고 그 애만의 '행동'은 차츰 줄어들었다. 그렇다와 아니다, 같은 것과 다른 것의 일반적 개념을 이해하는 것은 놀라울 정도였다. 그러나 아직도 그 애는 하루 전에 알았던 것을 기억하지 못하거나 모른다는 표정을 지었다. 이처럼 로베르티토는 내면 세계와 바깥세상과의 사이에서 망설이며 주저하고 있었지만 배우는 속도는 빠른 곡선을 그리며 올라갔다.

어느날 로베르티토는 공원으로 산책 갈 준비를 하고 있었다. 사마리아는 로베르티토의 손을 잡고 나는 라운의 손을 잡고 함께 길을 건너서 놀이동산으로 들어갔다. 나는 네발 자전거를 가지고 갔다. 우리의 작은 친구를 보니까 그 애는 공원에 있는 다른 여섯 살짜리 아이와 같아 보였다. 그리고 오늘 그 애는 우리 세계에 확실하게 발을 딛고 있는 것처럼 보였다. 바로 오늘.

사마리아와 나는 두 아이를 그네에 태웠다. 애들은 서로 장난스럽게 바라보았다. "밀어주세요, 아빠." 라운이 말했다. "로베르티토, 우리는 이제 올라가는 거야." 라운이 영어로 말했다. 나는 스페인어로 로베르티토에게 말했다. "로베르티토, 내 말은…" 라운이 소리쳤다. "우…아리바!"

"키에로 아리바Quiero arriba(올라가고 싶어요)." 로베르티토가 올라가고 싶다는 것을 확실히 하면서 말했다.

우리는 아이들 둘을 공중으로 밀어올렸다. 그러자 라운은 웃으면서 소리질렀다. "더 높이, 더 높이." 로베르티토는 그네에 매달려서 그 앞에 펼쳐져 있는 넓은 들을 바라보았다.

"라운이 어디 있니?" 사마리아는 스페인어로 로베르티토에게 물었다.

로베르티토는 정확하게 가리키면서 말했다. "아퀴Aqui(여기)."

"그래 맞아, 잘했어. 지금 라운을 볼 수 있니?" 그러자 로베르티토의 눈이 한 곳에 고정되었다.

"그래, 로베르티토, 나는 네 친구야. 나를 봐." 라운이 맞장구쳤다.

그 작은 소년은 웃고 있는 친구에게로 얼굴을 돌렸다. 그러고는 라운의 다리를 관심있게 보더니 라운의 동작을 따라하기 시작했다. "보세요, 보세요!" 라운은 기뻐서 소리질렀다. "로베르티토가 지금 따라하고 있어요. 보세요. 이 애가 영리하다고 처음에 내가 말했잖아요."

사마리아와 나는 라운이 그의 친구를 원숭이우리 쪽으로 데려가 둘이 같이 미끄럼을 타고 내려오는 것을 보았다. 그리고 라운은 로베르티토에게 빵조각을 건네며 오리에게 주라고 했는데 작은 친구는 그것을 먹어버렸다.

"나를 봐." 라운은 로베르티토의 팔을 치면서 말했다. 그 애는 느린 동작으로 빵조각을 물 위에 있는 오리들에게 던졌다. "다시 나를 봐."

두 번째로 같은 행동을 한 후에 라운은 친구에게 다른 빵을 주었으나 로베르티토는 이번에도 그것을 재빨리 입으로 가져갔다. "아, 그게 아냐." 라운이 말했다. 그리고 나서 라운은 로베르티토의 어깨를 만져주면서 웃음을 터뜨리고 나서 우리를 보고 웃었다. "나는 오리보다는 친구를 먹이는 것이 더 좋아요."

5분 후에 배가 어느 정도 부른 로베르티토는 빵조각을 오리들에게 던졌다. 그러자 라운은 일어났다 앉았다 하면서 손뼉을 치고 환호했다. 로베르티토도 우리 아들에게 몸을 돌리고는 같이 손뼉을 쳤다.

"라운!" 사마리아가 불렀다. "자전거 탈래?" 그러자 라운은 머리를 끄덕이고 친구의 손을 잡고 우리 쪽으로 왔다.

"아마 네가 어떻게 타는지 보여줄 수 있을 거야." 내가 제의했다.

"로베르티토야, 나를 봐." 라운이 말했다. "자, 나를 봐." 라운은 자전거를 타고 원을 그리며 돌았다. 로베르티토는 몇 분 동안 보더니 시선을 돌리고 자신의 손가락을 자기 머리 옆에다 대고 빙빙 돌렸다. "저 애는 보고 있지 않아요." 라운이 말했다.

"다시 한번 로베르티토를 불러보렴." 사마리아가 제의했다. "그리고 본다는 뜻의 '미라'라고 말해봐 알겠니?"

라운은 고개를 끄덕였다. "로베르티토, 미라. 나 여기 있어. 미라, 로베르티토." 그러자 그 아이는 '행동'을 그치고 다시 라운을 바라보았다.

이번에는 로베르티토를 자전거에 앉혔다. 로베르티토는 자전거 위에서 혼란스러워하는 것 같았다. 라운과 나는 페달을 움직이면 자전거가 나간다는 것을 그 애가 이해하도록 잠시 동안 그 애를 밀었다. 그러나 우리가 미는 것을 그칠 때마다 로베르티토는 그저 앉아서 기다리고 있었다.

"발을 써봐." 사마리아가 그 애에게 스페인어로 말했다. "라운같이 너도 할 수 있어. 나는 네가 할 수 있다는 것을 알아."

"네가 친구에게 다시 한번 보여주렴." 내가 아들에게 말했다. 그러자 라운은 자전거를 타고 둥글게 원으로 돌다가 8자 모양을 그렸다. 라운이 자전거를 다시 로베르티토에게 건네자 그 애는 라운의 눈을 바라보았다. 그러더니 그 애는 우리 아들의 손을 잡고 갑자기 그 손에 입을 맞추었다. 라운이 놀란 것 같았다. 그러나 조금도 주저하지 않고 라운도 로베르티토의 작은 손을 잡고 그 손에 입을 맞추었다.

라운은 자전거 손잡이를 꽉 잡고 웃었다. 나는 로베르티토가 자전거에 타는 것을 도와주었다. "너도 지금 해보는 거야. 알았니?" 라운이 자전거 앞으로 가게 하려고 손잡이를 밀면서 다정하게 말했다. 그러나 로베르티토는 아직 페달을 밟지 않았다. 그래서 라운은 계속 밀다가 갑자기 손을 놓아버렸다. 자전거는 계속 움직였다. 라운이 자전거를 뒤로 밀자 로베르티토는 라운을 따라가려고 이제 처음으로 페달을 밟으면서 자전거를 앞으로 가게 했다. 자전거가 빨리 움직이자 라운은 자전거 주위를 둥글게 돌고 나서 빨리 걷기 시작했다. 라운은 친구에게 따라오라고 말하면서 손을 흔들었다. 그 다음 10분 동안 라운은 웃으면서 빨리 따라오는 로베르티토와 함께 운동장 주위를 달리는 피리 부는 사나이가 되었다.

또 다른 수업이 끝나고 라운은 엄마와 함께 작업실에서 나왔다. "엄마, 그 애는 아주 영리해요." 라운이 말했다. "자폐적인 것이 바보를 의미하는 것이 아니라는 것을 엄마도 아시죠?"

"아무도 바보가 아니란다." 사마리아가 말했다. "그저 여러 종류의 영리함이 있을 뿐이야."

"내 생각엔 로베르티토가 특별한 종류의 영리함을 갖고 있는 것 같아요." 라운은 확신에 차서 말했다.

프란치스카와 로베르티토에게 여러 가지로 도움을 주는 사람들과 더불어 라운과 로베르티토의 마술 같은 연결고리는 1년 반이나 계속되었다.

프로그램을 시작한 지 7개월이 지난 후에 우리는 로베르티토의 발전에 대한 새로운 신경 생리학적 평가를 위해서 처음 검사를 했던 의사에게 갔다.

로베르티토는 사무실에 들어가 의사가 오라고 하자 뛰어서 그의 무릎에 앉았다.

"올라Hola(안녕)! 로베르티토." 그 의사가 불쑥 말했다.

"올라Hola(안녕)!" 그 애는 대답했다. "요 키에로 아쿠아Yo quiero aqua(물 좀 주세요)."

"믿을 수가 없군요. 이 아이는 단어뿐 아니라 문장으로도 말을 하는군요. 굉장한데요."

검사 결과 로베르티토는 단어 이해력은 4세 아동 수준이고 표현능력은 3세 수준으로 뛰어올랐다고 나왔다. 아이큐는 14도 못되던 데서 45이상으로 증가했다. 그 애는 말을 잘 듣고 지시에 잘 따르고 그의 생각을 이야기했다. 그 애는 이제 더 이상 방을 돌아다니거나 손을 팔랑거리지 않았다. 그 애는 지금 사람들을 바라보고 말하고 그들을 만졌다. 그 소년의 발전은 모든 면에서 놀란 만했다.

"전에는 이런 일을 본 적이 없습니다." 그 의사가 인정했다. "정말 이 꼬마가 앞으로 단 한 가지도 더 배울 수 없다 하더라도 당신들이 지금까지 한 것은 기적입니다."

일곱 살의 라운

어느 따뜻한 여름날에 우리는 잔잔한 산정 호수에서 숙박 설비가 된 보트를 빌렸다. 우리 딸들이나 라운은 도시에서 자랐기 때문에 낚시를 해본 적이 없었다. 우리는 호수의 한쪽 구석에 보트를 정박하고 갑판 뒤쪽에 앉아 물 위에 낚싯대를 드리웠다. 브린은 고기를 잡는 것보다는 고기를 놀래주기 위해서 낚싯대를 흔들고 있었다. 테아는 명상에 들어가 먼 곳을 바라보고 있었다. 라운은 누나들과는 달리 낚시에 온 정신을 쏟고 있었다.

"만약에 내가 고기가 미끼를 물었다고 생각하면 고기들이 곧 나오나요?" 라운이 물었다.

"아주 재미있는 생각이구나." 내가 대답했다. "생각은 실제적으로 우리 몸에서 일어나는 신체적인 일이란다. 우리가 생각을 하게 되면 화학작용이 우리 안에서 일어나게 된단다. 어떤 이들은 생각이 우리 밖의 일들을 변하게 하고 움직이게 할 수 있다고 믿는단다. 아빠는 아직까지 어느 누구도 최종적 답을 가지지 못했다고 생각한다. 그렇지만 네가 한번 시도해 보는 것이 어떻겠니? 네 생각에 대해 생각해 봐. 그리고 어떤 일이 일어나는지 봐라."

"아빠, 나도 고기가 내 미끼를 문다고 생각하면 내 미끼를 문 고기를 가질 수 있나요?" 테아가 물었다.

"그럴 거라고 믿니?" 내가 반문했다.

"아니요." 그 애는 어깨를 으쓱하면서 웃었다.

"내 생각엔 네가 할 수 없다고 생각하면 그렇게 되지 않을 거야."

"나는 믿어요." 라운이 말했다. 그 애는 보트에 기대 물 아래로 시선을 집중시키면서 자기가 고기에게 메시지를 보내고 있다고 말했다.

그러나 20분이 지나도 아무것도 낚지 못했다. 그때 라운의 낚싯줄이 조금 움직이는 것 같았다. 그 애는 여섯 번이나 낚싯줄에 미끼를 갈아 끼워야 했다. 갑자기 낚싯줄이 거칠게 움직였다.

"오케이." 나는 말했다. "이제 천천히 줄을 끌어올려라. 흔들지 마라. 천천히, 침착하게, 그래, 아주 잘하고 있구나."

고기가 보트를 향해서 올라올 때 라운의 눈이 빛났다. 마침내 물고기가 물 위로 모습을 드러냈고 브린은 그물을 준비해 서 있었다.

무지개 송어. 적어도 45센티미터는 되어 보였다. 우리 아들이 처음으로 낚은 물고기였다. 송어는 배의 난간 옆을 때리면서 거칠게 팔딱거렸다. 나는 그것을 지켜보는 라운의 표정을 살폈다. 그리고 나는 그 애의 눈에 눈물이 고이는 것을 보았다.

라운은 소리를 지르기 시작했다. "물고기를 살려줘요! 물고기를 도와줘요!" 라운은 송어가 낚싯줄에서 빠져 나오려고 몸부림치는 것을 보면서 계속 소리를 질러댔다. 나는 낚싯대를 잡고 송어를 브린의 그물에 넣었다.

테아는 동생을 위로하려고 애썼다. "라운, 물고기는 아프지 않아."

"누나가 어떻게 알아?" 그 애가 외쳤다. "누나는 물고기가 아니잖아."

그 애는 내게로 와서 "아빠, 물고기를 도와주세요"라고 말했다.

303

그래서 우리는 브린의 도움으로 고기의 입에서 낚싯줄을 빼냈다.

"자, 이제 그 물고기를 다시 물에 넣어주자. 됐지?" 내가 물었다.

"네." 라운이 눈물이 가득찬 눈으로 말했다. "그렇지만 던지지 말고 조심히 돌려보내 주세요."

우리는 다른 그물을 호수 밑으로 낮게 내렸다. 물고기가 헤엄쳐 나가는 모습이 보였다. 그제서야 라운은 눈물을 닦았다.

"나는 더 이상 낚시를 안할 거예요." 라운은 아주 단호하게 말했다. "그리고 다시는 생선도 먹지 않을 거예요. 알았지요?"

"물론, 네가 원한다면 그렇게 해야지. 이제 됐니?"

"네, 됐어요."

나는 그때 호수를 바라보는 내 아들을 보면서 그의 눈에 세상이 얼마나 신기하면서도 신성한 것으로 보였을까를 생각하지 않을 수 없었다.

내 두 번째 책, 『사랑하는 것은 함께 있음으로 행복한 것이다To Love Is to Be Happy With』와 세 번째 책 『거대한 발걸음Giant Steps』을 출판하자 더 많은 사람들이 우리에게 왔다. 그래서 우리는 수많은 요청에 응답하기 위한 방법으로 많은 워크숍에서 가르치기 시작했다. 우리는 질병, 사랑하는 사람과의 사별, 결혼 파탄 또는 경제적 어려움에 직면해 있는 많은 사람들을 도우려고 노력할 뿐 아니라 인생의 일반적 질과 효과를 높이기 원하는 많은 사람들과 함께했다.

우리에게 불행과 감정의 불편함은 정신건강 문제가 아니고 우리가 생각하는 방법의 문제이고 우리가 받아들이는 소신과 판단의 문제다. 생각하는 방법을 바꿔라. 그러면 우리는 인생을 바꿀 수 있다.

우리는 일 때문에 전 세계를 다니게 되었다. 그리고 우리가 아들을 돕기 위한 프로그램에서 사용했던 원칙을 적용함으로써 우리가 그렇게나 깊게 배웠던 것을 회상하고 감사해하지 않는 날은 하루도 없었다. 어느날에는 버려지고 가난한 아이들과 또 어떤 경우에는 거의 죽게 될 지경까지 이른 아이들과 함께한 후에 우리는 한 가지 결정을 했다. 우리는 다른 사람들이 원하지 않는 아이들을 양자로 받아들여 라운과 함께 경험하며 느낀 감사를 구체적으로 표현하고 싶었다.

우리는 우리의 생각을 브린과 테아 그리고 라운에게 말했다. 그들은 많은 질문을 했다. 라운은 그것을 '산뜻한 생각'이라고 부르고 전폭적 지지를 약속했다. 그리고 그 애는 한 가지 요구를 덧붙였다. 라운은 아기들의 뺨을 만져주는 것을 좋아했으므로 뺨이 큰 아기를 원했다. 그렇지만 우리가 뺨이 큰 아기를 양자로 받아들일 수 있을까? 우리는 최선을 다하겠다고 말했다.

몇 달 후에 우리는 남미에서 심각한 영양실조와 신체적 장애 때문에 병원에 버려진 작은 소년을 데려왔다. 아이의 부푼 배 위로 갈빗대가 불거져 나와 있고 장 속에는 벌레가 가득차 있었다(그 기생충을 다 없애는 데 2년이 넘게 걸렸다). 이보다 더 놀라운 일이 있을 수 있을까! 이 귀여운 작은 아이는 볼이 정말 컸다.

그 애가 도착했을 때 라운은 하늘에서 온 선물처럼 그 애를 껴안고 그 애의 뺨을 부드럽게 어루만졌다. 테아는 그 애를 편안하게 안아주었다. 브린은 그 애를 사랑하게 되었고 그 애의 두 번째 엄마가 되었다. 우리는 그 애에게 타요라고 이름을 지어주었다(타요는 하느님이나 우주로 가는 길을 뜻한다). 아무도 타요의 근본이나 버려진 환경을 몰랐지만 의사들은 그 애가 한 살에서 한 살 반 정도 됐을 것이라고 추정했다. 타요는 그 또래 아이들과 달리 앉지도, 뒤집지도, 기어다니지도 못했다. 그러나 타요는 확실히 멋진 웃음을 가지고 있었다.

우리는 곧 그 애가 보여주는 어려움이 기회라고 생각하며 그 애의 발달상황과 능력에 대한 모든 것을 평가했다. 그리고 타요에게 사랑을 보여주고 그 애에게 자극이 되는 프로그램을 계획했다. 우리 아이들도 한 형제로서 같이 도왔다.

라운은 타요에게 앉는 법을 가르치려고 했다. 타요를 돕는 일에 있어 앉게 하는 것이 그가 할 수 있는 중요한 기여라고 여겼다. 학교가 끝난 후에 라운은 타요에게 움직이고 행동하려는 동기를 늘려주는 것뿐 아니라 몸도 튼튼하게 해주는 데 도움이 되는 신체놀이를 했다.

의사들이 음식이나 사랑에 대한 극도의 결핍이 그 애의 신체적·지적 발달에 제한을 가져올 수도 있다고 말해주었다. 그러나 우리는 타요에게 아무런 한계도 두지 않았다. 대신 첫해에 우리는 조심스럽게 계획했지만 정식화하지 않은 프로그램으로 그 애와 함께했다. 타요는 매우 건강하게 잘 자랐을 뿐 아니라 지적 능력도 현저하게 발달되었다.

지금 타요는 열네 살인데 학교 성적도 좋고 매력적인 여자 친구도 있으며 스키도 잘 타고 두 편의 소설을 동시에 쓰고 있는 중이다.

여덟 살의 라운

어느날 저녁 식사시간에 라운이 자기는 영원히 살 계획이라고 말했다. 반 친구 할머니의 죽음에 대해서 학교에서 토론한 것이 그의 결심에 불을 지폈다.

"참 매력적으로 들리는구나." 내가 말했다. "그런데 어떻게 그런 결정을 했니?"

"아빠와 엄마가 항상 신념의 힘에 대해서 말씀하셨잖아요. 아빠가 믿는 것같이 나도 할 수 있어요. 그러니까 아빠가 나를 도운 거예요. 그래서 나는 사람이 죽는 단 한 가지 이유가 아마도 그들이 죽을 것이라고 믿기 때문이라고 생각했어요." 그 애는 말을 멈추고 우리를 신중하게 바라보았다. "나는 내 인생을 좋아해요. 그래서 나는 영원히 살 수 있다고 믿으려고 해요. 그리고 그렇게 할 거예요."

그때 내가 어떤 대답을 해야 할지 생각에 생각을 거듭했던 것을 기억한다. 내 아이에게 현실적이 되라고 가르치기를 원했던가? 갈릴레오는 현실적이지 못했다. 루이 파스퇴르도 현실적이 아니었다. 알렉산더 그레이엄 벨도 현실적이 아니었다. 그들은 가능한 것에 관한 일반적으로 받아들여진 관습적 신념에 반대했고 그 결과 그들은 세상을 도움이 되는 쪽으로 바꾸었다.

아니다! 나는 내 아이들을 어떤 사람들의 신념이나 한계에 맞추어서 제한하고 싶지 않았다. 사실 나는 라운의 생각이 매력적이라는 것을 발견했다. 나는 나도 언젠가는 죽게 될 것이라고 항상 생각해 왔던 것을 깨달았다. 내가 아는 모든 사람들도 똑같은 생각을 한다. 그러나 지금 몇 세기에 걸쳐서 죽은 사람들보다 더 많은 사람들이 이 지구에 살고 있다. 그렇다면, 왜 모두가 죽는다고 생각할까?

어떤 이는 이런 이야기들을 단순하게 두뇌 게임이라고 부를지도 모른다. 나는 그런 정신적 곡예가 우리 마음과 생활의 모습을 풍요롭게 해주기 때문에 좋아한다. 그리고 모든 발명이나 발견은 새로운 것이 가능할 것이라는 어떤 사람의 첫 번째 꿈이나 몽상에 의해 항상 시작되어 왔다. 그렇다면 라운의 그 생각을 왜 고려해보지 않겠는가?

그런 토의가 있은 후에 기회가 있을 때마다 라운은 자기가 영원히 살 것이라고 사람들에게 말했다. 어떤 이는 웃었고 어떤 이는 그 애의 생각을 심각하게 받아들였다. 저녁 식사시간에 죽음에 대한 또 다른 토의가 있었다. 라운이 그 주제를 다시 꺼내 우리는 그 애가 조금 더 생각을 탐구하도록 했다.

"라운, 네가 200살, 아니면 2,065살, 아니면 10,300살을 산다면 무슨 일이 일어나겠니? 그때가 되면 영원히 산다는 마음을 바꾸겠니? 그렇게 산 다음에는 어떻게 될까?" 사마리아가 말했다.

우리 아들은 한참 동안 생각을 하더니 마침내 얼굴에 웃음이 피어 올랐다. "내가 무엇을 할 것인지 알았어요."

"뭔데?" 내가 물었다.

"만약 그런 일이 일어난다면 나는 더 이상 영원히 살고 싶지 않다고 하느님께 말할 거예요. 나를 믿지 마세요."

사마리아와 나는 큰 소리로 웃었다.

사마리아와 라운은 학교가 끝난 후에 같이 산책을 했다. 아들은 그날 있었던 일들을 재잘거렸다. 그 애는 폭풍은 어떻게 일어나고 달이 어떻게 조류에 영향을 주는지 등을 엄마에게 설명했다. 라운은 새로운 정보를 얻는 것을 즐길 뿐 아니라 그것을 누군가에게 말하는 것을 좋아했다. 그럴 때 라운은 자신의 생각을 이야기한 후에야 조용해 졌다.

5분 후에 라운은 사마리아에게로 얼굴을 돌리더니 감정에 복받쳐 말했다. "엄마, 나는 엄마를 너무나 사랑해요."

사마리아는 그 말의 의미를 생각하면서 아들을 보고 웃었다. "나도 너를 사랑한단다." 그녀는 잠깐 멈추었다가 계속했다. "나는 네가 나를 사랑하는 것에 감사한단다. 그런데 어떻게? 왜 너는 나를 그렇게 사랑하니?"

그 애는 산책하는 동안에 엄마의 질문에 생각하고 있었고 자기가 온 머리로 대답을 구하고 있다는 생각이 들었다. 그러다가 갑자기 멈추어서서 엄마의 눈을 똑바로 바라보았다.

"엄마가 너무나 쓸모가 있으니까 엄마를 사랑하는 거예요."

라운의 말은 사마리아를 뱅뱅 돌게 만들었다. 많은 부모들은 그런 이야기에 주춤하고 움찔할지 모르지만 우리는 그 애의 관찰과 판단이 기뻤다. 우리는 우리 아이들에게 쓸모있음으로써 우리의 사랑을 느낄 수 있게 하는 것보다 더 멋진 것을 생각할 수 없었다.

아홉 살의 라운

라운은 자기가 컸을 때 하고 싶은 일을 결정했다(아홉 살의 관점에서).

① 시간 여행하기
그 애는 과거뿐 아니라 미래도 가볼 수 있는 타임머신을 만들고 싶어했다. 제일 가보고 싶은 시간은 우주가 시작되던 순간, 공룡의 시대, 사람들이 동굴에서 살던 시대, 고대 그리스, 서부 개척시대 그리고 백년 후의 시대, 천년 후의 시대 그리고 5천년 후의 시대. 그런 경험을 기초로 해서 그 애는 더 많은 목적지를 선택할 것이다.

② 우주 비행사가 되는 것

라운은 달과 더 멀리 있는 다른 유성들에 로켓을 보내는 것이 아주 큰 모험이라고 믿었다. 라운은 무중력 상태를 매력적인 것으로 여겼다. 우주 비행사로서 라운이 생각했던 모험은 다른 태양계나 은하계를 방문하고 전에는 알려지지 않았던 은하계를 찾아내 자기 이름을 따서 라운 카우프먼 은하수라고 이름 붙이는 것이었다.

③ 록 스타가 되는 것

라운은 흔들리는 무대 위에서 편한대로 옷을 입고 검은 안경을 쓰고 기타를 치는 것이 아주 재미있을 것이라고 생각했다. 라운은 음악 자체는 두 번째로 보았다. 그 애가 피아노·바이올린 레슨을 받고 지금은 비올라와 비브라폰까지 배우고 있지만 실제 음 자체보다는 팔과 손과 손가락으로 음악을 연주하는 것을 더 좋아했다.

④ 여자와 절대로 키스하지 않는 것

라운은 결혼해서 꼭 아이를 낳기를 원했다. 그러나 그 애는 여자에게, 아내에게조차도 결코 키스하지 않을 것이라고 맹세했다.

우리 가족과 라운의 생활에 일어난 또 다른 중요한 사건은 친아버지에 의해서 거의 죽임을 당할 뻔한 후에 고아원에서 몇 년을 보낸 다섯 살 된 사내아이를 입양한 일이었다. 두 살 때 아이 엄마가 죽었다. 그리고 세 살 때 아주 극도로 가난했고 아버지가 칼로 그 애를 공격해 목을 두 번이나 찔렀는데 기적적으로 살아났다.

성대는 온전했지만 그 애는 거의 말을 하지 않았다. 때로 그 애는 서 있는 자세를 유지함으로써 자신을 보호하려는 듯이 선 채로 잠을 자기도 했다. 비록 그런 장애를 가질 수밖에 없었지만 심리학자는 그 애를 정서장애라고 했다. 그러나 우리는 걱정하지 않았다. 우리는 예민하고 놀란 한 작은 소년이 매우 사나운 세상을 알아보고 할 수 있는 한 최선을 다해서 자신을 돌보는 것을 보았을 뿐이다. 그 애가 어떻다고 진단을 내리는 것은 우리에게 필요가 없었다.

우리는 그 애를 태양 또는 떠오르는 태양이라는 뜻으로 라비라고 이름지었다. 처음부터 그 애는 나를 포피라고 불렀는데 이 이름은 우리 집에 양자로 온 다른 아이들이 아빠 대신해서 나를 부르는 이름이었다. 라비는 항상 내 옆에 서서 내 다리를 껴안고 내 옆을 떠나지 않았다. 형제들이 그 애를 장난스럽게 '부하'라는 애칭으로 불렀다.

처음에 나는 라비의 친아빠가 한 짓을 내가 그 애에게 하지 않기를 바라면서 그 애가 나를 좋아하는 것인지, 무서워하는 것인지 쉽게 판단할 수가 없었다. 아마도 그 애는 나를 꽉 잡음으로써 우리 사이의 관계를 단단히 하고 또 다른 어떤 것도 얻을 수 있을 거라고 믿는 것 같았다.

모든 상호행동을 통하여 나는 라비에게 내가 그 애를 사랑하고 결코 상처를 주지 않을 것이라고 확신시켰다. 나는 내 행동을 집중적으로 살펴보는 라비가 놀라지 않도록 모든 신체적 움직임을 부드럽고도 단순하게 했다. 그 애가 나를 껴안을 때마다 내 가슴이 녹아내렸고 또 나는 그 팔이 떨리는 것을 느낄 수 있었다.

우리 식구 모두가 라비를 사랑했다. 타요는 라비가 우리 집에 온 첫 달 동안에 라비의 선생님이자 보호자가 되었다. 브린과 테아는 마치 그 애가 이전부터 항상 우리 가족이었던 것처럼 라비를 대했다. 라운은 언제나 특별히 호기심이 많으므로 라비의 상처를 보고 싶어했다. 우리는 언젠가 라비가 원할 때 맨 먼저 새 형인 라운에게 상처를 보여주게 될 것이라고 설명했다.

몇 년 동안 라운은 우리 집의 영원한 아기였다. 그러나 타요와 라비가 있으므로 이제 라운은 두 아이의 큰 형이 되었다. 그 애는 큰 형의 역할을 좋아했고 그 사실을 심각하게 받아들였다. 라운은 라비가 집에 대해서 배우는 것을 도와주고 그 애와 공놀이도 하면서 영어를 가르쳤다.

이제 라운은 컸으므로 책임감도 생겨났고 식구가 많아진 것을 큰 형처럼 재미있는 도전으로 보았다. 비록 처음에는 심하게 움츠러들었지만 라비는 형제들의 부드럽고도 사랑스러운 도움으로 그의 껍질에서 천천히 모습을 드러냈다. 처음에 라비의 모든 행동은 조심스럽고 긴장되어 있었다. 그러나 점점 건강해지면서 그 애는 우리와 사랑스러움을 나누었고 가장 잘 도와주는 사람이 되었다. 우리가 식탁을 닦거나 차고 고리에 자전거를 걸거나 자동차를 닦을 때 라비는 도와주려고 앞뒤로 뛰어다니면서 큰 공헌을 했다.

라비는 중학교에서 큰 용기를 가지고 기를 활짝 폈고 전교생 앞에서 연설도 했으며 학급 대표를 뽑는 선거에도 출마해 당선되었다. 몇 년이 지난 후 라비는 훌륭한 체육인이 되었고, 자신과 자신의 능력에 대해 훨씬 안정감을 가졌다. 이제 고등학생이 된 라비는 음악을 들으면서 고개를 까닥까닥 흔들고 가장 좋아하는 시카고 불즈팀의 모자를 항상 쓰고 다닌다. 운동 경기에서 받은 상장으로 그의 방은 꽉 찼다. 그리고 아직도 말을 유창하게 하지는 못하지만 그의 빠른 재치와 유머는 우리를 항상 웃게 한다.

열 살의 라운

이 해에 라운은 자신이 알고 있는 집과 즐겨 생활했던 도시화된 환경을 떠나 이사함으로써 큰 변화를 경험했다.

개인·가족·그룹이 우리에게 청하는 도움은 해마다 극적으로 늘어났다. 우리집 밖에서 사람들과 같이 일하는 것뿐만 아니라 늘어나는 요구를 수용하기 위해서 우리는 근처에 시설을 빌렸다. 사마리아와 나는 우리가 사람들과 함께 일할 수 있는 최적의 조건에 대해서 계속 토론해 왔다. 도시의 소란과 복잡함을 떠나 마음이 편안해지고 생기를 줄 수 있는 목가적인 휴식의 자리.

이 해, 1983년에 오랫동안 계획하고 찾아다닌 끝에 우리는 서부 매사추세츠 지방의 산자락에 그런 곳을 마련했다. 우리는 그곳에 있는 오래된 저택에 옵션연구소를 세웠는데 그 기본 구조는 긴 시간 방치해 두었다가 부분적으로 새롭게 고친 집이었다. 그리고 10만평이나 되는 땅에는 자연과 조화를 이루도록 설계된 여러 개의 부속 건물, 상록수, 참나무, 작은 연못, 거대한 석회석 협곡 그리고 작은 폭포와 맑은 물이 있는 깨끗한 연못을 통과해서 골짜기를 지나 굽이쳐 흐르는 샛강이 있었다. 저녁에는 잔디밭에 사슴이 나타났는데 어떤 때는 한 번에 12~14마리가 나타나기도 했다. 도시에서 자란 나는 이곳으로 옮겨온 것이 죽어서 천국에 들어온 것 같았다.

그러나 처음에는 아이들이 이사가는 것을 반대했다. 우리는 생활환경이 극적으로 바뀌는 것에 대해 토의했고, 우리가 함께 투표해서 아이들의 지지를 얻기는 했지만 애들은 우리가 도와주는 사람들과 같이 산다면 우리 가족의 개인생활은 잃게 될 것이라고 우려했다. 또한 우리는 애들에게 매사추세츠와 코네티컷(우리집이 이 두 주의 경계에 있었다) 인근 마을의 영화관·식당·놀이동산과 볼링장을 보여주었는데도 그들은 사슴·소·너구리가 이웃이라고 보았다.

우리는 아이들에게 우리가 시골생활에서도 모든 일을 할 수 있고 무엇보다 우리 가족의 유대와 친화력을 결코 희생하지는 않을 것이라고 확신시켰다. 우리는 우리 가족만의 집도 따로 가질 것이고 평소대로 매주 일요일을 가족의 특별한 날로 만들 것이었다. 우리 손님들과 의뢰인들은 다른 건물에 살면서 함께 가진 것을 서로 나누는 우리의 이웃이 될 것이었다.

브린은 이제껏 알고 지냈던 친구들을 떠나 새로운 고등학교 생활에 적응하는 데 큰 어려움을 겪었다. 그러나 테아는 새로운 환경을 받아들이며 쉽게 적응했다. 타요와 라비는 이제 친한 친구가 되었는데 그들은 인생의 새 장을 준비하면서 서로 우정을 나누었다.

그리고 라운은 그의 독특한 열정으로 새 생활에 뛰어들었다. 우리는 먼저 우리 건물 뒤에 있는 산 정상에 올라가서 멀리 골짜기와 호수를 내려다보았다. 그리고 우리는 협곡에 있는 바위에도 올라갔고 그곳에 살고 있는 물고기·개구리·불도마뱀과 다른 많은 생물들도 보았다. 이제 우리는 더 이상 자연역사 박물관이나 수족관, 동물원을 찾아가지 않아도 되었다. 라운과 그 형제들은 뒷마당에서 자연과 놀았다.

라운이 먼저 시골학교를 방문했을 때 그 애는 그 작은 규모를 이해하지 못했다. 한 학년에 두 학급씩 있었지만 학생들과 선생님들을 합친 숫자는 라운이 뉴욕에서 다니던 학교와 비교가 안되었다.

"정말 작군요." 주차장에 차가 10대밖에 없는 것을 보고 더 놀란 것 같았다. 라운은 머리를 흔들고 어깨를 으쓱하며 웃었다. "사람들이 다 어디로 갔어요?" 아! 라운은 세상을 호기심 많고 순수하고 항상 놀라운 눈으로 보았다.

그 해 후반부에 라운은 리틀 리그에 참가했고 첫 번째 단편을 썼으며 반의 한 여학생과 사랑에 빠졌다. 무엇보다 라운은 어른들과 함께하는 우리의 일에 큰 관심을 보였다. 라운은 특별한 아이들을 둔 가족들을 위한 프로그램을 모두 알고 있었고 또 참여도 하고 있었으며 때로는 부모들과도 대화를 나눴다. 성인들을 위한 프로그램에도 관심이 많았다.

라운에게 주말과 주중의 성인 프로그램을 설명했지만 그 애는 8주간의 여름 프로그램인 '꿈을 살아가기Living the Dream'에 대해서 많은 것을 물어보았다. 내 생각에 이번 여름 프로그램은 몇 년 동안 우리 워크숍에서 우리가 가르친 마음과 정신을 가장 깊고도 포괄적으로 나타내고 있었다.

라운은 모든 참가자들이 두 달 동안 함께 무엇을 할 것인지 알고 싶어했다. 그래서 나는 라운에게 프로그램의 내용을 설명했다. 관계·건강·성·돈·일·부모 노릇·성실함·나이 듦·죽음 그리고 우리에게 도움이 되지 못하는 소신을 변화시키기 위한 기회갖기, 곧 실망과 불안을 가져다주는 생각을 변화시키는 것 등이 프로그램의 목적이었다. 사실 그 프로그램의 의도는 마치 라운이 그 자신의 독특한 착상에 따라 우리 가족의 프로그램 안에 재창조한 것처럼 우리가 누구인가 하는 바로 그 주제를 완전하게 밝히고 우리 자신을 재창조하는 것이었다.

"네 프로그램에서 너는 네가 할 수 있는 한 최선을 다하는 것을 배울 기회가 있었지." 내가 말했다. "이제 교사, 의사, 주부, 법률가, 사업가, 전문가를 돕는 사람, 예술가, 학생 같은 모든 사람들이 그들 자신에게서 새로운 가능성을 창조할 기회를 갖게 될 거야."

라운은 웃음을 짓더니 잠깐 동안 생각에 잠겨 나를 바라보았다. "그때는 나도 여름방학을 하니까 프로그램에 참가하면 어떨까요?" 라운이 말했다.

그 애 생각은 나를 놀라게 했다. 와! 나는 열 살 된 라운이 어른들 사이에 앉아 매우 솔직하고 독특한 방법으로 그들의 관심과 심각한 두려움을 같이 나누는 장면을 상상해 보았다. 라운이 해낼 수 있을까? 그리고 또 그들이 라운과 같이 그 일을 해낼 수 있을까?

여러 번 토의한 끝에 사마리아와 나는 프로그램 처음에는 라운을 참여시키지 않기로 했다. 그리고 나중에 라운이 만약 그 그룹 과정을 잘 소화할 수 있다고 생각되면 제한적인 주제에 그 애가 참가할 수 있도록 할 생각이었다. 그런 때가 며칠이 안 되어 찾아왔다. 우리는 신념과 판단의 힘에 관한 수업에 라운을 초대손님으로 참여시켰다. 라운은 그 일을 아주 즐겼고 놀랍게도 그 그룹의 어느 누구보다도 더 많이 손을 들고 이야기했다. 모든 사람들이 라운을 사랑했고 그 애를 프로그램에 참여시키라고 나에게 용기를 주었다.

여름의 중간쯤에 우리는 참가자들에게 '옵티바 대화Optiva Dialogues'라고 칭하는 과정을 가르치기 시작했다. 옵션 프로세스에 속하는 이 과정은 부드럽고 정중한 자기 탐구 과정으로서 사람들이 신념을 바꿀 수 있도록 해답을 찾는 것을 도와주고 그 결과로 편안함과 명료함이 증가될 수 있는 과정이었다. 라운은 사랑하고 판단하지 않는 자세가 이런 대화 효과에 중요하다는 것을 다른 사람보다 더 빨리 이해했다.

어느날 오후에 우리는 그룹을 두 사람씩 나누었다. 두 사람을 한 팀으로 하고 서로가 충분하게 이 특별한 대화를 할 수 있도록 각각 한 시간씩 주었다. 먼저 한 사람이 조언자가 되어서 다른 한 사람이 자기의 문제를 생각하고 해결해 나갈 수 있도록 판단 없이 질문을 했다. 그런 다음 두 사람이 역할을 바꾼다. 라운은 그 그룹의 가장 나이 많은 사람과 한 팀이 되었다. 찰리라는 이름의 진지하면서도 냉소적인 일흔한 살의 은퇴한 사업가는 그의 어린 파트너와 걸어가면서 불만족스럽다는 듯이 머리를 흔들었다. 라운이 손을 잡자 그는 소리내 한숨을 쉬고 이 작은 아이가 그의 손을 잡은 것에 불만을 표시했다. 그들은 넓은 잔디를 가로질러서 오래된 너도밤나무 아래에 앉았다. 나는 라운 대신에 내가 찰리에게로 갈까 하다가 이것이 찰리에게 좋은 경험이 될 수도 있겠다고 생각하고 그만두었다. 그 사람은 새로운 상황에 저항하면서 오랫동안 그가 짊어졌던 많은 판단에 압도당한 것같이 보였다.

나는 멀리서 라운을 걱정스럽게 바라보았다. 찰리가 먼저 확실하게 조언자 역할을 했다. 우리의 작은 아들은 내가 확신하건대 그 애가 탐구하고 싶은 주제에 대해서 많은 이야기를 하는 것 같았다. 라운과 찰리의 역할이 바뀌었을 때 라운은 찰리 쪽으로 몸을 돌려 그의 말에 집중했다. 때때로 그 애는 신중하게 질문을 했고 다시 귀를 기울이곤 했다.

모든 사람들이 돌아와서 다시 큰 그룹으로 모였을 때 찰리는 머리를 설레설레 흔들면서 손을 들었다. '드디어 올 것이 왔구나' 하고 나는 생각했다. 그러나 그 사람은 나와 다른 모든 사람들을 놀라게 했다.

"라운과 나는 좋은 시간을 가졌다고 말하고 싶습니다. 믿을 수가 없군요. 이렇게 작은 아이가 그렇게 많은 질문을 한다는 것을 말입니다. 그리고 실제로 나는 몇 년 동안 나를 괴롭혀 왔던 문제를 해결했답니다." 그가 말했다. 모두들 손뼉을 치면서 환호했다.

"잠깐만요." 찰리가 다시 손을 들고 말했다. "내게 하지 말고 라운에게 박수를 쳐주세요. 나는 결코 아이들에게서 그렇게 편안함을 느껴본 적이 없어요. 아이들이 내 인생의 이 시점에서 무엇을 줄 수 있겠어요?" 그는 잠깐 멈추었다. "여러분도 아시다시피 이 실전연습이 불행하게 끝날 것이라고 나는 확신했어요. 그런데 그렇지 않았습니다. 아주 큰 도움이 됐답니다. 나는 다시는 어린아이들을 전처럼 생각하지 않을 겁니다."

열세 살의 라운

라운은 학교를 사랑했고 시험에서 대부분 A를 받는 것을 자랑스러워했다. 그 애는 아주 영리한 소녀들을 포함해서 다양한 친구들을 사귀었다. 라운은 테니스와 야구를 좋아했지만 가장 좋아하는 것은 '이야기하는 것'이었다. 그는 실제로 사려 깊은 토론에 몰두하면서 사람들·정치·과학에 대해 질문하기를 즐겼다. 그리고 그렇게 이야기하는 것이 어떤 결과를 가져오는지 알아보려고 애썼다.

같은 해 여름에 특별한 아이들을 둔 부모들이 『썬 라이즈』 프로그램을 배우기 위해서 우리 연구소에 오는데 그들은 정확한 진단을 받기 위해 뛰어넘어야 할 수많은 장애물에 대해서, 또 그런 검사가 아이들에게 별 도움이 되지 못했다는 것을 발견한 것에 대해서 서로 의견을 나누었다. 더군다나 놀랍게도 그들은 미국의 자폐학회로부터 우리 연구소 전화번호를 알아내는 데도 많은 어려움을 겪었다.

우리는 많은 사람들이 몇 년 동안 우리의 철학과 교육에 대해서 비난한 자폐학회와 관계를 맺고 있었던 것을 알았다. 그들은 아이의 자폐적 행동을 따라하는 것이 아이에게 아주 나쁜 결과를 초래한다고 굳게 믿고 있었다. 이들 중 많은 사람들이 아이를 가르치는 프로그램을 집에서 기획하고 부모의 책임하에 수행하는 것에 반대했다. 그 일은 전문가들과 학교가 할 일이라고 믿었으며, 판단하지 않는 자세가 자폐나 발달장애를 가진 아이들을 가르치는 데 좋다는 생각에 반대했다.

우리는 계속되는 우리의 일에 관해 자폐학회에 알려주면서 몇 해 동안 관계를 맺어오고 있었다. 우리는 그들에게 『썬 라이즈』의 책과 특별한 아들을 돕기 위해 멕시코에서 와서 정착한 용기있는 소토 가족과 함께하는 우리의 여정에 대해 쓴 『믿어야 할 기적A Miracle to Believe In』의 책도 같이 보냈다. 그 책에도 라운의 계속되는 발전이 잘 언급되어 있다. 게다가 우리 프로그램에 대해서 연구하는 우리 연구소 직원들을 보낼 기회도 몇 번 있었다.

나는 워싱턴에 있는 자폐학회 사무실에 전화를 걸어 보기로 했다. 전화받는 사람이 자기도 자폐증 형제가 있다고 이야기하면서 우리를 도울 수 있다면 좋겠다고 말했다. 내가 『썬 라이즈』에 나오는 사람들에 대해서 물어보자 그는 라운이 지금 보호시설에 맡겨져 있고 아직도 자폐적이고 기능장애를 겪고 있으며, 사마리아와 나는 이혼하고 우리 아이들은 임시로 양육하는 집에 맡겨져 있다고 말했다. 그래서 내가 누구라고 이야기하자 그는 잠시 동안 기다리라고 하더니 다시 전화를 받았다. 자신이 알고 있는 것이 사실이 아니라고 해도 그는 자기가 믿을 만한 곳에서 그 말을 들었다고 주장했다. 그래서 내가 그 믿을 만한 곳이 어디냐고 했더니 그는 알려줄 수 없다고 했다. 내가 그에게 이제 더 이상 그런 진실이 아닌 이야기를 믿지 말라고 하자 그는 대답을 회피하면서 둘러댔다.

대화를 계속하면서 나는 그가 진퇴양난에 처했다는 것을 알아차렸다. 기능장애를 지닌 자폐증 형제가 있고 자폐증은 고칠 수 없다고 스스로 확신하면서 라운의 정신적 죽음이 믿을 만한 이야기라고 여겨졌을 것이다. 그런데 왜 그는 실제와 반대되는 자료를 그토록 지지하려 했을까? 포기하고 싶지 않아서 나는 그에게 우리 연구소에 와서 아이들과 가족들과 우리가 함께 일하는 것을 보고 라운을 직접 만나보라고 초대했다. 그는 스케줄이 바쁘다면서도 초대해 주어 감사하다고 했다. 나는 그 학회의 모든 임원들도 초대했다.

그들은 결코 오지 않았다. 내가 다른 사람들에게 전화해서 같은 초대를 했을 때도 그 학회의 어느 누구도 우리를 방문하지 않았다.

사마리아와 나는 우리 인생에서 모든 의심스러운 사건을, 배우는 기회로 이용하기 위해 항상 노력했다. 때로는 비록 다른 사람들처럼 비틀거리기도 했지만 우리는 유용한 깨달음으로 곧 다시 일어나려고 애썼다. 인생에서 우리는 몇 번이나 이런 일을 겪었고 그럴 때마다 순리에 맡기기로 했다. 그래서 우리는 새로운 정보가 있는데도 이미 굳어진 소신이나 비전에 머물기를 원하는 사람들과 싸우기보다는 듣기를 원하는 사람들에게 우리가 배운 것을 나누는 데 힘을 쓰기로 했다.

열네 살의 라운

우리 가족의 또 다른 역동적 변화가 라운에게는 진정한 도전의 기회가 되었다. 어떤 여성이 엘살바도르에서 전쟁으로 고아가 된 10세의 여자 아이에 대해서 우리에게 전화를 했다. 그녀는 이 아이에게 가정을 찾아주려고 애쓰고 있었다. 전쟁으로 마음에 큰 충격을 받은 어린 시절을 보낸 그런 또래의 여자 아이를 데리고 있는 것이 얼마나 어려운 일인지를 설명하면서 우리에게 입양할 생각이 있는지 물었다. 그래서 우리는 아이들과 의논한 후에 좋다고 대답했다. 그러자 그 여성은 우리가 마지막 결정을 하기 전에 수도인 산살바도르에 와서 그 아이를 한번 보는 것이 어떻겠느냐고 물었다. 우리는 누구를 사랑하는 것이 선택이라고 믿었기 때문에 그 순간 그 어린 소녀를 보지 않고도 그 애를 사랑하기로 결정했다.

만약에 내가 우리 세미나의 가장 기본이 되는 메시지를 꼭 집어 말한다면 그것은 행복이 선택이라는 것이다. 우리가 그런 관점을 자연스럽게 늘려가면 누구를 좋아하는 것, 정말 누구를 사랑하는 것 또한 선택의 문제이다. 그러므로 우리는 바로 그 순간에 그 애를 좋아하고 사랑하기로 결정할 수 있었다.

우리는 사진과 스페인어로 번역한 편지를 그 아이에게 보냈다. 그 애가 우리 편지를 받은 며칠 후 예기치 못한 일이 일어났다. 사마리아와 내가 각본을 쓰고 미국 NBC에서 만든 영화 『썬 라이즈』가 엘살바도르 전역에서 텔레비전으로 방영되었다. 그러자 우리가 나중에 사즈라고 이름 붙여준 그 여자 아이가 그 영화를 보고 우리 가족이 되고 싶다는 답장을 보내왔다.

도착한 지 24시간도 안 되었을 때, 144cm에 37kg밖에 안되는 어린 사즈는 188cm나 되고 90kg이나 되는 나를 올려다보면서 스페인어로 놀라운 뜻을 전했다. 그 애는 작고 섬세한 손가락으로 나를 가리키며 이렇게 말했다. "하나, 나는 영어를 배우지 않을 거예요. 둘, 나는 학교에도 가지 않을 거예요. 셋, 나는 당신을 좋아하지 않아요."

그 말을 들은 어떤 사람이 이 아이가 큰 골칫거리라고 말했다. 그러나 사마리아와 나에게는 그런 생각이 들지 않았다. 우리는 단지 두려워서 눈을 한 곳에 고정시키고 경계하는 한 어린 소녀를 보았을 뿐이다. 사즈는 자기가 한 말을 지켰다. 그 애는 몇 달 동안 영어 배우기를 거절했다. 그리고 우리가 그 애를 위해서 계획한, 집에서 하는 프로그램을 무시했다. 거기에다 그 애는 살아남기 위해 몇 년 동안 해왔던 대로 물건을 훔치고 거짓말을 했다. 그 애는 자주 분노를 표시했고 어떤 때는 깊은 슬픔을 드러내기도 했다. 그러나 그 애가 우리를 거부할 때마다 우리는 그 애를 행복으로 맞았다. 그 애의 계속되는 불신을 사랑으로 맞았다. 비록 우리가 그 애를 엄격하게 다루기는 했지만 우리는 매우 안전하고 변함없는 환경을 만들어 주고 늘 사랑을 보여주었다. 그리고 아마도 언젠가는 그 애도 우리를 믿고 사랑하게 될 것이다.

특별히 라운에게는 다른 아이들보다 사즈가 말할 수 없이 좋은 기회가 되었다. 믿을 수 없을 정도로 진실되고 상냥하고 멋진 이 아이는 새로운 누이동생의 부정직과 공격적 태도를 납득할 수 없었다. 한 번은 사즈가 훔친 물건을 라운의 옷장에 넣어둔 일이 있었다. 우리가 그 물건을 찾아냈을 때 라운은 그 애가 그런 일을 했다는 것을 믿을 수 없어했다. 그리고 다른 아이들은 사즈가 그들에게도 마찬가지로 죄를 뒤집어씌우려고 하자 라운처럼 기가 막혀했다.

사실 어느 일요일 아침에 테아와 라운, 타요와 라비는 식당에서 만나 사즈를 엘살바도르로 돌려보내려고 투표를 했다. 라운은 그 결정에 대해서 유감스러워하는 것 같았지만 그런데도 만약 그 애가 우리

가족이 되는 것을 고마워하지 않는다면 우리가 그 아이 대신 다른 아이를 찾아보기를 원한다고 말했다.

우리는 라운과 다른 아이들에게 사즈가 엘살바도르에서 살면서 겪었던 어려움과 그 애가 사람들에게 말하고 싶지 않은 일들에 대해서 설명해주었다. "사즈가 화를 내지만 사실은 아직도 두려운 거란다. 그 애는 사람들을 사랑하고 믿는 것을 배우지 못했어. 그 애가 무슨 일을 하든지 참고 사랑해 주는 것만이 사즈를 돕는 길이란다. 아마 그 애가 쓴 가면 안에 그 애의 진정한 마음이 숨어 있을 거야. 사즈에게 시간을 좀더 주는게 어떨까?"라고 내가 말했다.

테아는 내 말을 듣더니 "그렇지만 아빠, 그게 얼마나 걸릴까요? 나는 사즈에게 잘해 주는데 그 애는 나를 싫어해요"라고 말했다.

"우리도 안단다. 아마 너도 마음속 저 밑바닥에서 알 수 있을 거야. 사즈가 너처럼 사랑하고 사랑받고 싶다는 것을. 단지 그 애는 어떻게 하는지를 모를 뿐이야." 사마리아가 말했다.

"그럴까요?" 라운이 물었다.

"우리도 몰라. 그러기를 바라는 거지. 그 애에게 기회를 한번 더 주자."

나는 우리 애들 모두를 보고 말했다. 그러나 그 애들이 믿지 않는 것 같아 나는 새로운 방법을 써보기로 했다. "그래, 얘들아. 우리는 사즈에게 그 애가 원하는 한 우리가 그 애의 아빠와 엄마가 돼주겠다고 얘기했어. 그래서 그 애가 여기에 머무는 거야. 사즈는 계속해서 너희 여동생으로 있을 테니까 너희는 그것 때문에 행복하든지 불행하든지 너희가 선택해야 한단다. 내 생각엔 행복하려고 노력하면 좋게 느낄 수 있단다."

라운은 호기심을 가지고 나를 바라보았다.

"좋아, 라운. 네 머릿속에서 무슨 생각을 하고 있니?" 내가 물었다.

"나는 그 애가 여기 있는 것이 행복하다고 생각하기로 했어요." 라운은 확신에 차서 말했다. "그렇지만 그 애를 돌려보내기를 원하는데 그래도 행복할 수 있을까요?"

모두들 그 말에 웃음을 터뜨렸다.

사즈가 마음을 열고 우리와 하나가 되는 데 거의 3년이 걸렸다. 그 애는 자기 자신을 우리에게 보여줌으로써 우리를 깊이 감동시켰다. 이전에 그 애가 저항하던 힘은 이제 자기 자신을 내놓고 동참하면서 진정한 우리 가족이 되게 하는 힘이 되었다. 지금 사즈는 열일곱 살로 147센티미터 39킬로그램밖에 안 되는 가냘픈 꽃과 같다. 그 애는 자기 방을 사랑과 온화함으로 가꾼 식물로 가득 채워 수목원으로 만들었다. 그리고 지구를 안전하게 보호하기 위해서 우리에게 모든 것을 재활용하라고 하면서 우리 가족의 환경 파수꾼이 되었다. 사즈는 올해 평화봉사단에 들고 싶다고 말했다. 마지막 목표가 무엇이든 이 특별한 젊은 아가씨는 아무리 어려운 곤경이라도 우리가 뛰어넘고 극복할 수 있다는 것을 보여주었다. 그리고 우리가 아무리 잔인하게 굴고 두려웠을지라도 우리 자신을 치유하고 사랑과 보살핌으로 다시 시작할 수 있다는 것을 알게 해주었다.

열일곱 살의 라운

라운은 몇 번의 여름을 컴퓨터 캠프에 참가하고 매년 과외로 제공되는 서커스 프로그램을 선택하면서 보냈다. 사실 어느 해에는 라운이 쇼의 주인공이 되기도 했다. 그 후 캠프 생활에 참여하면서 라운은 어린 참가자들을 가르치는 것을 돕기도 했다.

라운은 초등학교를 올 A로 졸업했고 고등학교에서도 같은 성적을 유지했다. 사실 라운이 지방 고등학교에서는 더 도전할 것이 없어 보였으므로 우리는 그 애를 그 지역에 있는 대학 예비학교로 옮겨주었다. 라운도 사춘기가 되어서 스트레스와 긴장을 경험했으며 여자 친구들에게 열중하기도 했고 한 사람의 젊은이로서 세상과 마주보게 되는 것의 중요성도 경험했다.

라운의 17번째 생일날에 우리는 생일선물로 옵션연구소의 8주 프로그램, '꿈을 살아가기'를 이번에는 완전히 성숙한 참가자로서 받아볼 것을 제의했다. 라운은 7년 전에 제한적이지만 재미있게 참여했던 기억이 있었고 지금 그 기억을 확실하게 써볼 수 있겠다고 생각했다. 후에 그 애는 좀더 신중해졌고 때로 한 사람의 젊은이로서 그 애가 맞이하게 될 미래에 대해서 현재의 사건과 의문에 혼란을 느끼는 것 같았다.

이 프로그램의 주 교사인 나는 처음에는 낯선 사람들의 그룹으로 모였지만 사랑하고 지지하는 강력한 가족 형태를 이루어 가는 41명의 다른 어른들과 함께 라운도 기쁨·영감·두려움을 같이 나누는 것을 지켜보는 영광과 기쁨을 누릴 수 있었다. 라운보다 한두 살 많은 그 또래도 몇 명 있었지만 라운은 이번에도 그 그룹에서 가장 나이 어린 사람이 되었다. 그 애는 온 마음을 다해서 모든 상호 경험을 같이 했다. 라운은 토의 그룹의 가장 활발한 멤버가 되었고 항상 예의를 갖추면서도 솔직하고 용감하게 다른 참가자들을 자극했다. 그해 여름이 끝나갈 무렵 라운은 자기보다 연상인 열아홉 살 소녀와 사랑에 빠져 그 관계를 지속해 나갔다. 그러면서도 수업과 그룹 자체에 대한 열정은 줄어들지 않았다. 라운은 그의 지력을 잘 조정하고 몇 가지 핵심 판단을 버리고 소신을 바꾸면서 일상생활에서 행복을 더 많이 만들어 내기 위해 그 프로그램을 이용했다. 그러므로 나는 부모로서 더 이상 바랄 것이 없었다.

가을이 되자 라운은 다시 학교로 관심을 돌렸다. 라운은 또다시 한 주에 한 번씩 연구소에 오는 부모들을 만났다. 다음해에는 라운이 대학에 가고 이곳에 없을 것이므로 우리는 가족들과 함께하는 그의 수업을 비디오로 남겨 미래의 가족들이 라운을 직접 볼 수는 없지만 테이프를 통해 만나볼 수 있게 했다.

다음 내용은 그런 비디오 중 하나에서 옮긴 것으로, 저녁 방문 동안 자폐아의 부모들이 물어온 질문 내용이 담겨 있다. 그리고 라운의 답에는 그의 생각과 경험뿐만 아니라 발전되어 가는 그의 인격까지도 반영되어 있다. 부모들을 대신해서 아내와 내가 질문했다.

질문: 생애 내내 매우 특별한 가족의 한 부분이었는데, 부모님의 철학과 사는 방법에 대해서 어떻게 느꼈고 그것이 생활에 어떤 영향을 주었나요?

라운: 나는 항상 행복한 아이였기 때문에 인생의 대부분에 있어 그 사실을 충분히 깨닫지 못했어요. 모든 것을 내 방법대로 그래서 나는 정말로 내 인생의 주인이었어요. 내 말은 늘 '나는 내 인생을 사랑한다'라고 말해왔지만 그것이 부모님 덕분이라고는 생각해 보지 않았다는 뜻이에요. 그분들은 나를 독특한 방법

으로 키워주셨지만 내가 그것을 다 이해한다고는 생각하지 않아요. 나는 '좋아요. 그것은 그분들이 생각하는 것이지요'라는 식이었거든요. 그리고 고등학교 다닐 때 나는 조금 덜 행복하다고 느꼈지만 심각한 정도는 아니었습니다. 그저 내가 더 어렸을 때를 기억해 보면 그때가 더 행복했다는 것뿐이지요. 지난여름 부모님께서 나에게 연구소에서 하는 '꿈을 살아가기'프로그램을 받아보라고 하셨어요. 그래서 나는 그렇게 했고 정말 그것은 나의 온 생애에서 가장 좋은 두 달이 되었답니다. 무어라고 꼬집어 말할 수는 없지만 나는 완전히 변했어요. 평범한 두 달이 아니었어요. 전혀 다른, 내 인생의 가장 좋은 두 달이었어요. 그게 중요해요. 지금 나는 우리 부모님의 가르침을 사랑한다고 말할 수 있어요. 그것이 내게는 매우 중요합니다.

질문: 말을 많이 하는 편입니까?

라운: 친구들과 말입니까?

질문: 아뇨. 가족이나 당신이 이야기하고 싶은 사람과 말입니다. 대화를 많이 합니까?

라운: 때때로 그렇게 하지만 자주는 아닌 것 같아요. 내가 대화를 많이 한다고 생각하진 않아요. 나는 단지 사물을 통해서 내 방법으로 생각하는 것을 좋아하지요.

질문: 혼자 말하는 것 같은 거요?

라운: 그런 편입니다. 혼자 있거나 어떤 것에 빠져 있을 때 나는 그렇게 합니다. 나는 스스로에게 질문을 합니다. 그러면 생각을 정리하고 내 태도를 바꾸는 데 도움이 됩니다. 그러나 보통은 누

구와 한 시간 정도 산책을 하거나 이곳에 오는 사람들이 직원들과 하는 것 같은 형식적 대화를 나누거나 하지는 않습니다.

질문: 사춘기의 전형적인 반항 시기를 겪었나요?

라운: 사실 최근에 많이 생각해 봤어요. 왜냐하면 최근 몇 년 동안 자주 멈춰서 지금 내가 어디에 있나를 생각했거든요. 친구들이 더 좋을 때도 있었지만 가족들과 있을 때도 감정적으로 사춘기의 반항 같은 것은 없었어요.

질문: 그런 상태가 판단하지 않고 받아들이는 부모로부터 온 것이라고 생각하나요?

라운: 그럴 거예요. 나는 그런 반항의 충동조차 느끼지 않았어요.

질문: 이곳의 고등학교에 다닙니까?

라운: 지방 공립학교에 다녔는데 그곳에는 더 이상 도전할 것이 없어서 지금은 대학교에 다니고 있어요. 그래서 이렇게 옷을 입은 거랍니다. 이것이 정해진 옷차림이에요. 날씨가 27도일 때를 제외하고는 재킷과 타이를 매야 합니다. 27도가 넘으면 재킷을 입지 않아도 됩니다. 여학생들은 옷 입는 데 규칙이 없어요. 멋지게 보이기만 하면 됩니다. 그러나 남학생들은 옷 입는 데 엄격한 규칙이 있어요. 아주 심합니다. 우리는 토요일을 포함해서 1주일에 엿새 동안 수업을 합니다.

질문: 좋아하는 과목이 있나요?

라운: 학문적으로요?

질문: 네.

라운: 글쎄요. 어렸을 때 수학과 과학에 흥미가 있었어요. 그리고 고등학교에 가기 전에는 영어, 역사, 외국어에 관심이 쏠렸어요. 그런데 우스운 것은 모든 과목의 점수가 비슷하다는 거예요. 그래서 나는 내가 공부하려는 것을 여러 가지 선택할 수 있어요. 그러나 무엇을 전공할지에 대해서는 아직 확실하지 않아요. 어쨌든 지금은 내가 대학에 가서 무엇을 전공할지 잘 모르겠습니다.

질문: 이번 질문은 열일곱 살 된 사람이 받는 질문 중 '오늘 밤 아빠 차를 빌려서 뭘 하려고 하니?'란 것 다음으로 많이 받는 질문일 겁니다. 일생 동안 무엇을 하려고 합니까?

라운: 나는 경제학을 생각하고 있지만 내가 경제학 분야로 끝날지는 모르겠습니다. 50퍼센트의 학생들이 어떤 식으로든 자신의 전공을 바꿉니다. 내가 진정으로 좋아하는 것은 글쓰기입니다. 그러나 전공을 삼고 싶지는 않습니다. 그 과목을 좋아하지만 전공하여 직업으로 하기에는 아직 못미칩니다. 어쨌든 아직도 글쓰기를 좋아합니다. 사실 나는 지금 소설을 쓰고 있습니다. 그것이 아주 굉장한 것이 되기를 바랍니다. 그리고 언젠가는 출판되기를 바라고 있습니다.

질문: 내 생각엔 당신이 아버지의 타고 난 재능을 물려받은 것 같군요.

라운: 그것을 타고 났다고 생각하지는 않습니다. 왜냐하면 아버지가 고등학교에 다닐 때 선생님들이 아버지에게 가난한 글쟁이가 될 것이라고 말했답니다. 그들이 아버지의 재능이 형편없기 때

문에 대학을 마치지 못할 것이라고까지 했지만 아버지는 진정으로 원했기 때문에 아주 열심히 하셨답니다. 동기가 가진 힘을 보여주는 좋은 예가 되지요.

질문: 나는 많은 글짓기 수업을 이수했고 당신 아버지 작품을 좋아합니다. 당신은 아버지의 책을 많이 읽었나요?

라운: 대부분요. 나는 정말 재미있게 읽었습니다. 4학년 때 「썬 라이즈 프로그램」에 관해 리포트를 쓰기도 했습니다.

질문: A를 받았나요?

라운: 물론입니다.

질문: 여가 시간엔 무엇을 합니까? 취미가 무엇인가요?

라운: 운동말인가요?

질문: 운동이나 혹은 그밖에 뭘 하는 것을 좋아합니까?

라운: 테니스를 합니다. 나는 테니스를 좋아하고 시합도 합니다. 배구도 좋아하는데 우리 학교에는 여자팀만 있기 때문에 배구를 할 수가 없습니다. 팀에서 할 수 없기 때문에 친구들과 합니다. 우리 연구소에는 배구 네트가 있어서 여름 내내 배구를 많이 합니다. 나는 정말 운동하는 것을 좋아합니다. 또 축구와 야구도 좋아하지만 운동을 하는 데 시간을 너무 많이 쓰지는 않습니다.

질문: 음악은 어때요? 어떤 책에서인가 당신의 음악에 대해 쓴 내용을 읽은 적이 있어요.

라운: 한때 악기를 했어요. 첼로, 비올라, 비브라폰 등등 여러 가지를 했지만 완전히 끝낸 것은 없어요. 그래서 결국 흥미를 잃었지요.

질문: 나는 당신이 자폐적이었을 때가 기억나지 않는다는 것을 어디에선가 읽은 것 같아요.

라운: 네, 전혀 기억나지 않아요.

질문: 로베르티토와 했던 일은 기억하나요? 그 일은 어땠나요?

라운: 그때를 아주 자세하게 기억할 수 있어요. 정말 중요하지 않은 일, 소토씨네의 숟가락 모양 같은 어떤 특별한 것을 기억할 수 있어요. 우스운 일이지요. 그리고 그 애와 같이 있는 것이 재미있었다고 기억해요. 그때는 그것이 내게 매우 의미있는 것 같지 않았어요. 의미있다는 말이 맞는 말인지는 모르겠지만 아마 심각하다는 말일 거예요. 그것은 '좋아, 여기서 중요한 어떤 일을 하고 싶다. 부지런히 하는 것이 더 좋다'라는 것이 아니었어요. 그것은 '아, 나는 지금 로베르티토와 놀려고 해. 차분하자'라는 것에 더 가깝지요. 나는 그때 여섯 살이었고 확실치는 않지만 그 나이에 약간 자폐적 경향이 있었던 것 같아요. 가장 오래된 기억은 네 번째 생일 때였어요.

질문: 입양한 형제·자매들과는 어땠어요? 내가 알기로는 부모님이 처음 입양했을 때 그들은 심각한 문제를 갖고 있었다고 했는데, 당신도 그 과정을 같이했나요?

라운: 네, 그러나 로베르티토와 함께했을 때보다는 관심을 덜 두었어요. 내 두 남동생과 여동생은 심각한 능력 부족이 아니었기 때문에 내 부모님이 나와 함께했던 방식대로 그들과 하루 종일 보내지는 않았습니다. 우리는 그 애들을 알게 모르게 도왔어요. 그리고 나도 그들을 도왔어요.

질문: 옵션연구소와 어떤 방식으로 관계를 하고 있나요? 프로그램에 관해서, 전체 연구소에 대해서, 이 환경에 살면서 당신 주위에 이 모든 사람들과 같이 있는 것에 대해서 어떻게 느끼고 있냐는 말입니다.

라운: 아주 재미있어요. 그러나 이번 여름 전까지 나는 정말 이런 환경을 고마워하지는 않았어요. 처음에는 '왜 사람들이 이렇게 우리 주위를 걸어다닐까? 나는 그들을 잘 모르는데'라고 느꼈어요. 알다시피 내 개인 생활이 중요하다고 생각했어요. 그러나 조금 지난 후 그것 때문에 생기는 문제는 없었어요. 그렇다고 '와! 여긴 정말 굉장해!'라고 생각하지도 않습니다. 그냥 '여기는 내가 사는 곳이고 나는 우리 집을 사랑한다'일 뿐이었죠. 여름이 지나고 8주 프로그램을 이수한 후에 '하느님, 죄송해요. 저는 여기서 8년을 살고 있으면서도 제가 누리고 있는 것이 뭔지 깨닫지 못했어요'라고 생각했습니다. 그것은 어떤 총체적 깨달음이었습니다. 요즈음 나는 자주 멈추어 서서 주위를 둘러보며 '여긴 정말 굉장한 곳이야'라고 생각합니다.

질문: 어느날 당신이 이곳에 다시 오기를 원할지도 모릅니다. 아마 당신이 세상에서 자신의 길을 선택한 후에는 그럴 겁니다.

라운: 그럴지도 모르죠. 브린 누나도 자기가 이곳에 다시 돌아오리라고는 생각하지 못했으니까요.

질문: 브린은 대단해요. 브린이 남동생에게 한 일들은 정말 훌륭했어요.

라운: 누나도 아이들과 함께하는 것을 좋아해요.

질문: 테아는 무슨 일을 하나요?

라운: 테아 누나는 무용수예요. 누나는 지난 6월에 뉴욕 대학을 졸업
했어요. 나는 누나같이 해보지 못했고 누나 같은 사람을 별로
본 일이 없어요. 누나는 여덟 아홉 살 때부터 무용수가 되기를
원했어요. 나는 목표를 이루기 위해서 그렇게 의욕적인 사람을
본 적이 없어요. 그것은 누나의 유일한 목적이었어요.

질문: 그녀는 발레를 하나요, 아니면 현대무용을 하나요?

라운: 누나는 발레를 좋아하지 않지만 할 수는 있어요. 사실 처음에
누나는 재즈로 시작했어요. 그런데 지금은 현대무용 쪽으로 기
울어졌지요. 누나는 굉장한 안무가이기도 해요.

질문: 친구들과 어울릴 때 무엇을 하나요? 무엇에 대해서 얘기하나요?

라운: 다양한 이야기를 합니다. 여러분들이 우리 또래가 말할 것이라
고 생각하는 그런 것에 대해서 이야기합니다.

질문: 혹시 당신을 유명인사로 대접하지는 않나요?

라운: 아니요. 나는 그것을 원하지 않아요. 아무도 그러지 않고 또 그
래서 좋은 거예요. 친구들은 대부분 알고 있지만 그들은 상관
하지 않아요. 내 친구가 역사 시간에 책을 읽고 리포트를 써야
했어요. 매달 각 수업에서 책을 한 권 선정해 읽고 리포트를 쓰
는 것이 우리 학교 규칙이죠. 그건 아주 간단해요. 그래서 그
는 「썬 라이즈」에 관해 쓰기로 했어요. 그는 내 좋은 친구들 중
한 명인데 그도 나처럼 꾸물거리는 편이에요. 그는 리포트를 끝
내지 못했는데 마감날이 되었습니다. 그래서 그가 말했습니다.
"라운, 내가 뭘 해야 하니?" 그래서 내가 말했어요. "종이를 한
장 꺼내." 그리고 나는 그에게 전체 이야기를 해주었어요. 그러

자 그는 이렇게 말했지요. "와, 굉장하구나, 고맙다. 얘들아! 내 친구는 유명인사다!" 놀리는 말이었지만 정말 재미있었어요.

질문: 여자 친구가 있나요?

라운: 두 명이 있었지만 동시에 있었던 것은 아닙니다. 그리고 지금은 없어요. 나는 이 상황을 빨리 바꿀 겁니다. 큰 댄스 파티가 곧 있을 예정이거든요.

질문: 과외 활동을 하나요? 클럽이나 그 밖의 다른 것?

라운: 학교 신문에 글을 씁니다. 시와 단편을 주로 싣는 학교 문예지 「돔」에도 글을 쓰고 있습니다. 나는 단편을 좋아해요. 그건 정말 근사하죠. 나는 대학에서도 단편을 계속 쓸 것입니다.

질문: 좋아하는 작가가 있나요?

라운: 많이 있어요. 특히 테리 브룩스를 좋아해요. 그리고 많이 알려진 다른 작가들도 있어요. 나는 공상소설 읽는 것을 좋아해요. 그것이 내 일이랍니다.

질문: 과학소설을 좋아합니까?

라운: 과학소설은 미래적이고 기술적인 경향이 있어요. 공상은 더 마술 같죠.

질문: 토키엔 소설처럼?

라운: 네, 그런데 토키엔 소설을 아직 읽어보지 못했어요. 제일 마지막에 읽으려고 남겨두었거든요. 모든 사람들이 토키엔의 소설을 한번 읽으면 그의 책들이 너무나 좋기 때문에 다른 책을 읽기 싫어진다고들 합니다. 스테판 알 도날드슨을 들어본 일이 있나요? 그 사람도 대단합니다. 그리고 나는 피어스 안토니도 좋

아합니다.

질문: 음악은 어때요? 특별히 어떤 음악에 관심이 있나요?

라운: 내가 좋아하는 그룹 말인가요?

질문: 그룹이나 음악 스타일 같은 거요.

라운: 록 음악을 좋아해요. 팝 록이라고 부르기도 하죠. 좋아하는 그
룹도 몇 개 있습니다. 스티브 윈우드를 좋아하고 프린스·빌리
조엘·피터 가브리엘도 좋아합니다. 나는 필 콜린스와 제네시스
도 좋아합니다.

질문: 나는 당신이 천재에 가까운 지능지수를 가졌다고 들었는데 그
전에도 그랬는지 궁금하군요. 당신은 자폐증이 그런 높은 아이
큐와 어떤 관계가 있다고 생각하나요?

라운: 내게는 한 가지 원칙이 있어요. 자폐적이 되려면 영리해야 한다
는 겁니다. 이 말이 이상하게 들릴 거라는 것도 알아요. 그러나
이 말이 다운 증후군이나 그 외의 비슷한 다른 경우에도 다 맞
는다고는 생각하지 않습니다. 자폐적이라면 어떤 지적 능력이
있을 때 가능하다고 믿어요. 그렇지만 자폐적이었기 때문에 내
가 영리하다고 말하는 것은 아니에요. 그러나 아마 높은 지능
은 늘 있었다고 봅니다. 그것에 대해 확실하지는 않지만 생각은
많이 했습니다.

질문: 나는 자폐증 어린이와 자폐 어른에 대해서 나와 생각이 같기
때문에 당신의 대답을 좋아합니다. 그들은 자신이 처한 환경이
아마도 매우 이상할 것입니다. 그리고 그들은 세상과 관계하기
위해 자폐의 길을 선택합니다. 당신은 그것을 알아냈으니 아주

지적이군요.

라운: 아주 어렸을 때 나는 내가 구두상자를 모서리로 세우고 그것을 돌릴 수 있다고 생각했어요. 나는 지금도 그것을 할 수 있어요. 내가 어떻게 그런 동작을 하게 됐는지 모릅니다. 그 말이 터무니없이 들리지만 나는 해냈어요.

질문: 자폐아들은 사물의 중심을 잘 찾아요. 어떤 면에서는 우리에게 없는, 중심을 잡는 놀라운 능력을 가지고 있는 것 같아요.

라운: 그리고 그 애들은 그 밖의 것은 전부 무시할 수 있어요.

질문: 자폐아의 부모에게 할 말이 있나요?

라운: 만약에 당신이 특별한 아이를 갖고 있고 그 아이를 가르치려 한다면, 당신이 매일 아이와 함께할 때 당신이 그것을 원하기 때문에 그 일을 한다고 생각하는 것이 매우 중요합니다. 그 애를 위해서라기보다 당신을 위해서 원한다는 뜻입니다. '그래, 우리 아이는 상태가 안 좋으니까 내가 그 애를 도와주면 나아질 거야'라는 생각보다는 다른 이유로 그 일을 하는 것이 더 낫다고 생각합니다. 당신 자신을 위해서 하는 것이 중요합니다.

열여덟 살의 라운

라운은 우등생으로 고등학교를 졸업했다. 그 해 가을 라운은 입학을 허가한 여러 대학 가운데 상위권에 속하는 명문대학을 선택하여 들어갔다. 누가 상상이나 했겠는가?

스무 살즈음의 라운과 우리 가족

1년 후에 우리 가족에게 또 다른 시련이 찾아왔다. 우리 가족과 함께 가르치고 일하기 위해 연구소로 돌아온 브린이 거의 10년 동안 심장이 약해 고통을 받고 있었던 것이다. 브린은 지금 스물다섯 살인데 심각한 부정맥으로 한 번에 10시간, 12시간, 때로는 40시간이나 심장이 몹시 뛰는 증세를 보였다. 그때마다 브린은 가슴에 심한 통증을 느꼈고 숨이 막히는 것 같았다. 브린은 더 이상 언덕을 걸어다닐 수 없었고 계단을 올라갈 때도 중간에 자주 쉬어야 했다. 지난 3년 동안 두 번이나 죽을 뻔했다.

사마리아와 나는 브린을 도우려고 대화를 통한 학습을 했다. 심장이 뛰는 일은 자주 있었고 몇 시간이나 며칠을 가기도 했다. 그러나 놀랍게도 우리가 함께 배웠던 학습 방법을 사용함으로써 브린은 상태가 나빠지는 동안에도 두려움을 극복하고 평화와 행복까지도 발견할 수 있게 되었다.

마침내 브린은 부정맥을 고치려는 희망으로 실험적인 수술을 받기로 했다. 브린은 그 과정에서 생길 수 있는 합병증을 이겨내려고 노력하면서 시간을 보냈다. 의사는 합병증이 없을지라도 일어날 수 있는 모든 위험에 대해서 알려주어야 한다고 했다. 브린의 머릿속에서는 계속 세 가지 생각이 맴돌았다. 혈전으로 사지를 잃거나, 뇌졸중이나 심장이 멎어 죽게 된다는 생각이었다. 브린은 수술 후에 다시 돌아올 수 없는 상황에 대비해서 준비했다. 그래서 우리는 브린을 포함해서 아이들을 모아놓고 서로 관심을 갖고 느낌과 두려움에 대해 함께 이야기할 수 있는 토의 시간을 가졌다.

수술하기 이틀 전날 밤에 브린은 눈물이 가득한 눈으로 우리 모두를 바라보았다. 그 애는 자기가 두려워하지 않고, 살아있음을 사랑하고, 우리를 사랑하고, 형제자매들이 있음을 사랑하고, 특별한 아이들을 둔 가족들과 같이 일한 것을 사랑하고, 결혼하려 했던 청년 윌리엄을 사랑한다는 것을 우리가 알아주기를 원했다. 산다는 것에 열정적으로 초점을 맞추기로 결정하면서도 동시에 그 애는 다른 가능성도 부딪쳐 보기를 원했다.

우리 모두는 그 애에게 고마움을 표시하기로 했다. 그래서 우리는 한 사람씩 진심에서 우러나온 말을 브린에게 전했다. 그러고 나서 브린은 그녀의 방식대로 일을 처리했다. 브린은 먼저 사즈에게로 얼굴을 돌리고 만약 자기가 죽으면 귀고리들을 가져도 된다고 이야기했다. 그리고 라비에게는 스테레오를, 타요에게는 자전거를, 테아에게는 옷들을 그리고 약혼자 윌리엄에게는 자동차를 주겠다고 했고 라운에게는 그들 둘 다 책읽기를 좋아했으므로 책을 주겠다고 했다.

수술 전에 우리 연구원들이 큰 교실에 함께 모였다. 그들은 친구인 브린에게 용기와 힘을 주기 위해서 왔다. 나는 심장의 모형을 그리며 다른 동맥들로 삽입됐다가 심장으로 직접 가게 되는 많은 혈관들의 경로를 설명하면서 모든 사람들이 의학 절차를 이해하기 쉽게 했다. 우리의 목표는 가능하다면 심장의 전자 생리 현상을 살핀 후 부정맥을 일으키는 세포를 방사선으로 죽이는 것이다. 수술 시간은 8시간 정도라고 했다.

우리 45명은 브린을 포함해서 서로 손을 잡고 큰 원을 만들었다. 우리는 함께 명상을 하고 이 쾌활한 젊은 여성과 우리의 모든 희망 그리고 기원을 나누었다. 그들은 수술이 시작되기 바로 전날 우리가 없을 때 함께 모여 다시 한번 그들의 사랑과 기도를 브린에게 보냈다고 한다.

라운·테아·윌리엄·사마리아와 나는 수술하러 보스턴까지 가는 딸과 동행했다. 우리는 병원측이 마련해 준 작은 방에서 기다렸다. 수술이 시작된 지 세 시간쯤 됐을 때 의사가 우리에게 와서 브린의 심장에 건드릴 수 없는 곳까지 혹이 퍼져 수술을 중단했다고 말했다. 사실 그 애의 상태는 수술할 수 없는 정도였던 것이다.

두 시간 후에 우리는 병원에서 브린의 침대 주위에 모였다. 의사는 그 사실을 그 애에게 전하면서 미안해하고 슬퍼했다. 브린은 아직 비틀거렸지만 그를 보고 웃는 독특한 쾌활함으로 "의사 선생님, 나는 아직 팔다리가 있잖아요. 나는 쓰러지지도 않았어요. 확실히 죽지도 않았고요. 모두 다 양호하잖아요"라고 말했다. 의사는 간신히 웃었다. 브린은 계속 말했다. "사실 선생님이 이 일에 슬퍼할 필요는 없어요. 우리는 항상 감사할 것을 찾을 수 있으니까요."

사마리아와 나는 딸의 손을 잡았다. 브린은 우리를 올려다보면서 말했다. "하느님은 아버지와 어머니에게 고칠 수 없는 아들을 주셨는데 두 분이 하신 일을 보세요. 지금 하느님은 나에게 고칠 수 없는 심장을 주셨지만 두 분은 내가 무엇을 해나가는지 보고 기다리기만 하면 됩니다." 브린은 생각에 잠겨 잠깐 멈추고는 속삭였다. "보장은 없지만 그러나 노력하는 기쁨을 위해서!"

우리는 브린과 함께할 수 있는 것에 감사하며 하루 종일 그 애와 우리 인생을 나누었다. 그리고 제한되어 있기는 했지만 그 애는 삶을 축복으로 만들었다. 그 애가 살아남아 성취하리라고 생각하지 못했던 삶의 목표를 이루어가는 모습을 보는 것은 참으로 놀라운 일이었다. 브린은 윌리엄과 진정 마음에서 우러나는 결혼식을 올렸다.

라운은 스무 살이 되었고 대학 3학년에 다니고 있다. 그 애는 여자친구도 있고, 대학의 토론팀에도 참여하고, 여학생 사교클럽에도 참가했으며, 지난번 회장선거에서 활동적으로 일을 했고 생의학 윤리를 전공으로 선택했다. 그리고 라운은 전국 대학원과 대학교에서 지원한 800명 중에서 50명을 선발하는 데 뽑힌 덕분에 여름 특별 프로그램으로 중고생들을 가르치게 되었다.

올해 라운은 유럽에 있는 대학에 교환학생으로 갔는데 그곳에서 다른 나라의 건강복지제도를 연구해 보려는 생각으로 계속 공부하게 될 것이다. 테아는 끊임없는 열정으로 무용을 하면서 대학에서 6개월 안무 과정을 끝냈다.

사즈, 라비와 타요도 현명하고 사랑스럽게 커갔고 라운처럼 고등학교를 다니면서 도전하는 10대를 보냈다. 브린은 아직도 부정맥으로 조심하고는 있지만 의지력으로 심장을 잘 다스리고 있다. 브린은 연구소

임원으로, 선생님으로 계속 활동하고 있다. 브린의 사랑과 통찰력은 그녀가 가르치는 특별한 아이들과 가족들에게 큰 힘이 되고 있다.

사마리아와 나는 결혼한 지 33년이 지났지만 여전히 깊은 사랑에 빠져 있다.

1999년, 아들의 학교 선생님과 친구가 이 책을 번역해보라고 권했습니다. 영문학을 전공했지만, 졸업 후에 손을 놓고 있어서 처음엔 자신이 없었으나, 시간을 두고 한 단원씩 번역해서 아들 학교의 엄마들과 나눠보았습니다. 그러다보니 결국엔 끝까지 번역하게 되어 책으로 나오게 됐습니다.

라운과 우리 아들은 서로 다르면서도 비슷한 점이 많이 있었어요. 기억해보면 그때 번역하면서 많이 울었습니다. 좀더 일찍 이 책을 알았더라면 우리 아들에게 더 잘해줄 수 있었을 텐데……. 번역 후 17년이 지났네요. 지금 우리 아들 대하는 마흔 둘이 됐습니다. 이제는 서로 눈빛만 봐도 생각을 알 수 있는 사이입니다. 월요일에 학교에 가서 친구들과 잘 지내고 주말엔 집에 옵니다. 집에 오면 나름대로 자기가 원하는 것을 합니다. 식구들이 모이는 것을 좋아해서 "조카, 매형, 제수씨~" 노래를 합니다. 우리 아들은 자기가 원하는 것이 충족되면 아주 행복해합니다. 그 모습을 보는 우리도 행복해집니다. 아들 덕분에 작은 것에서 행복을 얻을 수 있으니 얼마나 감사한 일인지 모릅니다.

처음 책이 나오고 많은 분들에게서 격려 전화를 받았어요. 소식이 끊겼던 친구들에게서도 연락이 왔죠. 부족한 번역이었지만 이 책이 자폐아 부모들과 관련된 일을 하는 분들 사이에서 많이 읽혀지고 있다고 해서 부끄럽지만 흐뭇했습니다. 얼마 전에는 미국에서 유치원을 운영하는 친구도 이 책을 읽었다고 해서 놀랐습니다. 절판됐었는데, 다시 재출간된다고 하니 반갑고 고마운 일입니다.

마지막으로 우리 아들과 같은 자폐 아이들과 그 부모들이 힘들더라도 건강하고 편안하게 지내기를 바라며, 그를 위한 사회 여건도 지금보다 나아지기를 빕니다.

자폐증 발달장애 치료의 작은 기적

사랑의 프로그램 썬 라이즈

초 판 1쇄 발행 2016년 9월 30일

지은이 베리 닐 카우프만
옮긴이 최영희
발행처 바람출판사 **출판등록** 2004년 7월 19일
발행인 류재천   **편집디자인** 류정미

주소 경기도 오산시 금암로 16번길 35
대표전화 0505-301-3133 **팩스** 0505-302-3133 **이메일** barambook@daum.net

값 15,000원   ISBN 978-89-92382-16-8 03370

*이 도서의 국립중앙도서관 출판시 도서목록(CIP)은 서지정보유통지원시스템 홈페이지(http://seoji.
nl.go.kr)와 국가자료 공동목록시스템(http://www.nl.go.kr/kolisnet)에서 이용하실 수 있습니다.
(CIP 제어번호: 2016022197)